Die Bronzehändler

Dr. Klaus-Rüdiger Mai studierte Germanistik, Geschichte und Philosophie an der Martin-Luther-Universität Halle-Wittenberg. Er arbeitete als Regisseur und Autor für Theater und Rundfunk. Als Drehbuchautor und Dramaturg ist er für das Fernsehen tätig. Große Beachtung fanden seine Biografien über *Benedikt XVI.* und *Michail Gorbatschow* (beide 2005). Als Schriftsteller interessiert er sich für historische und zeitgeschichtliche Themen, die im engen Zusammenhang mit der Situation unserer Gesellschaft und unseres Lebens stehen.

Klaus-Rüdiger Mai

Die Bronzehändler

Eine verborgene Hochkultur
im Herzen Europas

Campus Verlag
Frankfurt/New York

Bibliografische Information der Deutschen Bibliothek:
Die Deutsche Bibliothek verzeichnet diese Publikation in der Deutschen
Nationalbibliografie. Detaillierte bibliografische Daten sind im Internet über
http://dnb.ddb.de abrufbar.
ISBN-13: 978-3-593-37912-8
ISBN-10: 3-593-37912-0

Das Werk einschließlich aller seiner Teile ist urheberrechtlich geschützt. Jede Verwertung ist ohne Zustimmung des Verlags unzulässig. Das gilt insbesondere für Vervielfältigungen, Übersetzungen, Mikroverfilmungen und die Einspeicherung und Verarbeitung in elektronischen Systemen.
Copyright © 2006 Campus Verlag GmbH, Frankfurt/Main
Umschlaggestaltung: Büro Hamburg
Umschlagmotiv: © akg-images
Satz: Fotosatz Huhn, Maintal-Bischofsheim
Druck und Bindung: Freiburger Graphische Betriebe
Gedruckt auf säurefreiem und chlorfrei gebleichtem Papier.
Printed in Germany

Besuchen Sie uns im Internet: www.campus.de

Inhalt

1. In unserem Land weit vor unserer Zeit 7
2. Ankunft in der Vergangenheit 17
3. Unsere Vorfahren wandern ein 31
4. Erfolgsgeschichte einer geglückten Einwanderung 47
5. Der Herr des Feuers 68
6. Die Entdeckung der Bronze 74
7. Die Metallzeit beginnt 85
8. Der erste Schmied 99
9. Der Herr der Zeit 111
10. Herr der Ringe oder Knecht der Scheibe 135
11. Der Händler und der Krieger 164
12. Achsenzeit – Die dunkle Epoche 178
13. Der Mann mit dem Goldhut 193

Auswahlbibliografie und Quellen 211

Dank 216

Bildnachweise 218

Register 219

»Um die Naturgeschichte der Welt unverfälscht darzustellen, müsste man ihr also von innen her folgen können: nicht mehr wie einer zusammenhängenden Folge struktureller Typen, die einander ablösen, sondern wie dem Steigen innerer Säfte, die sich zu einem Wald fester Instinkte versammeln. In ihrem tiefsten Innern besteht die lebende Welt aus Bewusstsein, das von Fleisch und Knochen umkleidet ist. Von der Biosphäre bis zur Art ist alles nur eine ungeheure Verzweigung von Seelenleben, das durch alle Formen hindurch sich sucht.«
Pierre Teilhard de Chardin

»Solange die Erde besteht, sollen nicht aufhören Aussaat und Ernte, Kälte und Hitze, Sommer und Winter, Tag und Nacht.«
Genesis 8,22

»Von Süden die Sonne,
des Mondes Gesell,
schlang die Rechte
um den Rand des Himmels:
die Sonne kannte
ihre Säle nicht;
die Sterne kannten
ihre Stätte nicht;
der Mond kannte
seine Macht noch nicht.«
Edda, Der Seherin Gesicht

1. In unserem Land weit vor unserer Zeit

»Der, der die Tiefe sah, die Grundfeste des Lebens,
Der das Verborgene kannte, der, dem alles bewusst ...
(...)
Er sah das Geheime und deckte auf das Verhüllte,
Er brachte Kunde von der Zeit vor der Flut.«
Gilgamesch-Epos

Im Berliner Museum für Vor- und Frühgeschichte ist ein seltsames Kleidungsstück ausgestellt, ein spitz zulaufender kegeliger Hut aus goldfarbener Bronze, überaus reich und mit mysteriösen Symbolen verziert, ein Hut, der auf den ersten Blick an einen mittelalterlichen Ketzerhut erinnert. Doch der Bronzekegel ist nicht nur 500 sondern über 3 000 Jahre alt und wirkt bei genauerem Hinsehen noch geheimnisvoller, eher wie ein Gruß aus Mittelerde als der realen Welt zugehörig. Je wissenschaftlicher man versucht, ihn zu analysieren, umso stärker verschließt er sich jeder Interpretation. Von Mitteldeutschland bis Frankreich lassen sich diese Hüte nachweisen. Wer waren die Männer, die sie sich aufs Haupt setzten? Magier? Fürsten? Priester? Zu welchen vielleicht auch schaurlichen Riten trugen sie diese beeindruckenden rätselhaften Kopfbedeckungen? Nur eins ist gewiss: Die Bronzehüte sind nicht der Imagination eines Fantasy-Autors entsprungen, obwohl er sie nicht hätte besser erfinden können. Mit ihrem eigenen Zauber verweisen sie in die geheimnisvollste aller Zeiten in unseren Breiten, in die sagenumwobene Bronzezeit, der wir uns nähern wollen, die wir wagemutig zu erkunden uns entschlossen haben, denn wir werden viele Gewissheiten und so manch liebgewordene Denkkonvention auf dem gefährlichen Weg der Erkenntnis hinter uns lassen müssen. Wir wollen vorsichtig sein. Bücher, die geschichtliche Ereignisse darstellen, referieren oftmals voraussetzungslos den neuesten Forschungsstand und laufen damit blind in ihr Verhängnis: Haben wir Demut, werden wir nicht zur Geisel der aktuellen Mode. Der jeweils neueste Forschungsstand, dessen Vertreter herabsehen auf die ihnen unerklärlichen Fehler ihrer Vorgänger, könnte morgen schon wieder der große Irrtum sein, für den eine zukünftige, wiederum von sich überzeugte Forschergeneration nur ein müdes Achselzucken übrig hätte. Niemals wird selbst der begnadetste Wissenschaftler sich mit herkömmlichen Methoden der

Vergangenheit nähern können. Das Leben – selbst in seiner kleinsten Manifestation – ist einfach zu groß für die Messlatte der jeweiligen Methode. All die methodisch richtigen Beschreibungen verdecken nur dürftig das mangelnde Wissen über den *Menschen*, dem man begegnen will. Die ganze soziologische oder strukturelle Methode, die seelenlose Modelle über seelenlose Modelle aggregiert, flieht vor dem Menschen, suspendiert sich von der Pflicht zur sozialen Kompetenz. Nicht Modelle gilt es zu finden, sondern Biografien, Schicksale, tatsächlich gelebtes Leben. Die Wissenschaft, die immer in der Gefahr steht, aus unterschwelliger Verzweiflung heraus sich zu überheben, kann nur eine Quelle sein. Wie hatte man Schliemann seinerzeit ausgelacht: Weil er erstens ein Amateur, wörtlich: ein Liebhaber, war und zweitens einer – wie konnte es bei einem Amateur anders sein? –, der einen zwar alten, doch sehr märchenhaften Text lächerlich ernst und sogar wortwörtlich nahm, nämlich Homers *Ilias*.

Dennoch war er es, der Troja fand, und kein anderer. Und er fand Troja, eben weil er den Text wortwörtlich nahm. Literatur, Mythen, Weltbilder, Sprache, Erfahrung und soziale Fantasie müssen hinzutreten, wenn man dem tatsächlichen Menschen früher Zeiten begegnen will. Man wird ihn finden und auch ein wenig er-finden müssen, denn alles Verstehen ist auch Er-Findung. Wer das leugnet, hat nichts begriffen von der Natur der Erkenntnis. Worin könnte sonst der Sinn der beträchtlichen Anstrengung bestehen, wenn nicht im Rendezvous mit unseren Vorgängern, den früheren Verwandten, die in der Bronzezeit bereits wahrhaft europäisch

Der babylonische König Hammurapi (1792–1750 v. Chr.) ließ als Erster Gesetze, die in seinem Reich galten, auf einer Stele schriftlich festhalten. Im oberen Teil der Stele sieht man, wie Hammurapi die Gesetze von dem Gott Schamasch bekommt.

lebten. Buchstäblich unter unseren Füßen harrt eine verborgene Wirklichkeit entdeckt zu werden, die ohne Übertreibung atemberaubend genannt werden darf, eine Schicht und somit eine Geschichte weit vor den Germanen, auch für den esoterisch interessierten Leser weit vor den Kelten, eine Geschichte, die spannender, dunkler, geheimnisvoller daherkommt, als wir es in unseren spekulativsten Träumen für möglich halten. Wenn die Zeit, die man die Vorzeit oder die Prähistorie nennt, endlich aus dem Dunkel der Geschichte in das Licht der Erzählung geholt werden soll, dann mag es helfen, den Umweg über die Zukunft zu nehmen. Denn wie in dem kleinen, doch wirkmächtigen Wort »einst« Vergangenheit und Zukunft vereint sind und die Gegenwart den Angelpunkt bildet, so wird uns der Blick aus einer fernen Zeit auf die uns nur allzu bekannte Gegenwart helfen, die Schwierigkeit der Perspektive und die seriösen Probleme zu verstehen, mit denen die Prähistoriker und Archäologen kämpfen. Manchmal muss man die entgegengesetzte Richtung einschlagen, um anzukommen. Zwischen der Zeit des Ötzis vor 5 000 Jahren und den besser bekannten Zeitläuften der Germanen, die vor 2 800 Jahren begannen, prosperierte in Nord- und Mitteleuropa die Kultur der Bronzezeit. Es ist die gleiche Zeit, in der Homers *Ilias* und *Odyssee* spielen, die Hethiter ein Großreich errichteten, in Babylon der König Hammurapi das erste Gesetzbuch der Welt in Form einer 2 Meter hohen Stele niederschreiben ließ und in Ägypten die Pharaonen des Mittleren Reiches herrschten. Wie viele Maximen müssen die Ägypter auch die banalste bereits gekannt haben: Wer schreibt, der bleibt. Unsere Vorfahren allerdings hinterließen nicht den kleinsten Text. Zufall? Vergänglichkeit des Materials? Unkenntnis einer Schrift oder bewusster Verzicht auf das Schreiben? Ihre frühen Bauwerke blieben ebenfalls nicht erhalten, weil unsere Altvorderen anfangs nicht mit Stein sondern mit vergänglichem Material wie Holz und Fellen arbeiteten. Doch der Boden, der nichts vergisst, verrät dem Adepten, demjenigen, der Luftbildprospektionen, Bodenverfärbungen und Materialwerte lesen kann, einiges über frühere Besiedlungen.

Aus der ersten beeindruckend reichen, vielfältigen und vor allem rätselhaften europäischen Kultur, die vor 4 000 Jahren begann, besitzt man keine schriftlichen Zeugnisse. Um zu begreifen, was das konkret bedeutet, auf keine schriftlichen Quellen zurückgreifen zu können, stelle man einmal folgendes Gedankenexperiment an: In 4 000 Jahren würden zukünftige Archäologen die Fundamente des Kölner Domes ausgraben. Historisch betrachtet wäre das Vergehen der Kultur des 21. Jahrhunderts, ihr Versinken in Religionskriegen und Umweltkatastrophen, ihre Unfähigkeit zu Reformen ja nicht die Ausnahme, sondern leider die Regel. Vieles deutete auf einen Paradigmenwechsel hin, und der unüberwindliche Hang des Menschen, notwendigen Veränderungen zu widerstehen, ließ eine Art von Herbst der Neuzeit durch den Kontinent wehen, dessen Kraftlosigkeit schließlich in einem kalten Winter mündete. Doch auch diejenigen, die es rechtzeitig wahrnahmen, wollten es nicht wahrhaben – bis die sprichwörtliche Uhr tatsächlich zwölf schlug. Besagte Archäologen der Zukunft also fänden in den Fundamenten des Kölner Domes nun ein Kruzifix, nichts weiter, keine Bilder, keine Texte, keine Bibel. In unserem Technikwahn hatten wir alle Texte auf moderne Speichermedien gebracht, wie Chips und CDs, deren Haltbarkeit wir bei weitem überschätzten. Auch unser Papier, garantiert holzfrei, hat längst nicht mehr die Haltbarkeit alter Pergamente, schon gar nicht alter Papyri. Doch auch diese waren in den Feuern verbrannt. So erwies es sich, dass das allerhaltbarste nach wie vor geritzte und gebrannte Tontafeln sind. Deshalb werden die Archäologen der Zukunft wieder nur die Geschichte der Sumerer, Hethiter und Ägypter verfolgen können. Nicht aber unsere. Denn unsere gespeicherte Informationsflut wird sich buchstäblich ins Nichts auflösen! Nehmen wir weiter an, der Albtraum Benedikts XVI., den er einmal als warnendes Gedankenspiel, ja als Menetekel geäußert hatte, träfe ein und es gäbe tatsächlich keine christlichen Kirchen mehr, und auch der Islam wäre im Staub der Geschichte versunken. Überlebt hätten dann, einzig durch die unverwüstliche Überlieferung, wieder nur die ganz alten Tontafelgötter der Sumerer, Hethiter, Ägypter. Gilgamesch und Marduk, Enlil und Ischtar, Isis, Osiris und Horus für immer! Wieder würden alle Göttergeschichten und alle Religionen an ihnen gemessen.

Die Archäologen der fernen Zukunft halten also das Kruzifix, das wundervoll gearbeitete Artefakt in der Hand. Sie sehen ein Kreuz und einen Mann, der an dieses Kreuz geschlagen wurde und offenbar leidet. Zum einen finden sie das Bild barbarisch, zum anderen berührt es den einen oder anderen auf seltsame und nicht ganz zu beschreibende Weise tief und unbewusst, mit einem »Mysterium tremendum« (Rudolf Otto), dem Geheimnis des Schauers, das das Grunderlebnis des Religiösen kennzeichnet. Einer der künftigen Archäologen nun wagt die These, dass wir es mit einem religiösen Symbol zu tun haben und der Mann am Kreuz ein Gott sein könnte, denn die Fundamente des großen Gebäudes, das hier gestanden haben muss, deuten auf einen sakralen Raum hin. Wer aber ist der Mann am Kreuz? Einige sind sich sicher: Das kann kein Gott sein! Ein leidender Gott – welch Widerspruch in sich! Andere Fachleute hauen sich die verschiedenen Mythen um die Ohren, um nachzuweisen, dass es sehr wohl leidende Götter gegeben habe, woraus ein Disput entsteht, welcher Gott per definitionem als leidend und welcher als nicht leidend zu gelten habe. Wieder wird ein ägyptisches Tontäfelchen helfen, denn genau hier finden die Wissenschaftler das Urbild der leidenden Gottheit, Osiris, der Gott, der von seinem Bruder Seth in eine Falle gelockt und ermordet wurde, der Gott, der aufersteht von den Toten. Ist der Mann am Kreuz also Osiris, der von den Toten auferstandene Gott der Fruchtbarkeit und des Wachstums?

Die Opponenten fragen, wer ihn ans Kreuz geschlagen haben sollte. Vom Tod am Kreuz findet sich auf keinem Tontäfelchen etwas. Haben wir es mit einer früheren Götterschlacht zu tun? Und wenn der Mann am Kreuz ein Gott ist, weshalb sieht er dann so menschlich aus? Die Ikonografie passt überhaupt nicht zu den Bildnissen, die man aus ägyptischer Zeit kennt. Andere widersprechen ganz aufgeregt und behaupten, das sei ein

Der leidende Gott Osiris. Von seinem Bruder Seth getötet, von Horus zu neuem Leben erweckt.

Strafbild, damit wurde in Vorzeiten den Leuten gezeigt, was mit ihnen geschehe, wenn sie Übles täten. Nun, so ganz falsch liegen diejenigen damit auch nicht, denn die Kreuzigung war die römische Strafe für Staatsverbrecher, beispielsweise für Aufrührer und Terroristen. Doch die christliche Trinität, die Dreieinigkeit von Gottvater, Sohn und heiligem Geist lässt sich aus diesem Fund wohl kaum konstruieren. Aber vielleicht zitiert ein Ägyptologe aus dem »Buch zur Erkenntnis der Erscheinungsformen des Re« und bringt den getöteten Gott Osiris mit dem Mann am Kreuz und der Dreieinigkeit zusammen: »Ich war entstanden als ein einziger Gott und siehe Drei Götter waren es, zu denen ich geworden war.« Wieder andere können zu Recht darauf verweisen, dass außer der Dreiheit auch die Achtheit oder die Neunheit nach altägyptischer Tradition zur Diskussion stehen. Entnervt von den widersprüchlichen Spekulationen der Religionshistoriker, die sich in den endlosen Weiten des theologischen Denkens verlieren, suchen nun die Archäologen Zuflucht bei den Astronomen, bei den vermeintlich harten Fakten der Naturwissenschaft. Die naturwissenschaftliche Präzision macht großen Eindruck auf die Archäologen, so dass sie das Spekulative, das auch, aber uneingestandenermaßen vor den Formeln der Naturwissenschaftler liegt und auch ihren Befunden anhaftet, im ersten Glücksgefühl einfach übersehen. Die Astronomen, für die alles Astronomie ist, können, und das leuchtet den Archäologen nicht nur ein, sondern ist ihnen auch sympathisch, den Fundort in Konjunktion zu den Winkeln der Kreuzbalken setzen, um daraus astronomisches oder mathematisches Wissen herzuleiten: Mittels der angezogenen Knie des Gekreuzigten ließen sich Peilungen am Kölner Himmel vornehmen, das Kruzifix sei – so die These – eine Art Kalenderkreuz. Wieder andere bringen aber auch gute Gründe vor, dass es eine Fälschung sei, finden aber in der allgemeinen Euphorie kein Gehör. Wie auch, wo der Wunsch nach großen Funden so wirkmächtig ist?

Etwas später erkennt man bei der Freilegung der Fundamente des Domes mit etwas Glück, dass die früheren Menschen das Kruzifix an herausragender Stelle postierten. Das bedeutet, dass es eine religiöse Funktion erfüllte. Haben die Anhänger dieser Religion vielleicht Menschenopfer verübt in der Art, wie es auf dem Artefakt dargestellt wurde? Schlug man an einem bestimmten Tag im Jahr einen Jüngling als Menschenopfer ans Kreuz? Wenn es so wäre, deutet das auf einen Fruchtbarkeitsmythos hin, also doch Osiris? Da man zwar menschliche Skelette findet, nämlich in der Krypta, die aber keine Spuren äußerer Gewaltanwendung aufweisen, lässt man die Vorstellung von Menschenopfern fallen. Zumal man bei der Grabung sehr schnell verstehen wird, dass es sich um einen Begräbnisort handelt, an dem man die Gebeine findet. Allerdings geben einzelne Gliedmaßen wie Finger- oder Beinknochen Rätsel auf. Eine kleine Zahl besteht trotzig auf dem Gedanken der Menschenopfer. Zum Beweis führen sie die Reste dessen an, was wir als Reliquien kennen, die nun aber die Archäologen der Zukunft nicht in den uns bekannten Zusammenhang einordnen können. Denn wie sollen sie ohne schriftliche Quellen darauf kommen, dass es sich bei den Knochen um Körperteile der Heiligen handelt, von denen eine wundertätige Wirkung ausgehen sollte und die man deshalb verehrte. Einzelne mutmaßen, dass hier auch medizinische Behandlungen vorgenommen worden waren, Amputationen vielleicht. Oder sind sie ein Beleg für die Fingeropfer, über die ein Gelehrter forscht?

Und damit würde er ja auch nicht falsch liegen, denn das Fingeropfer stellt die Vorform einer Reliquie dar, indem sie den Teil für das Ganze nimmt.

So wie ein Kruzifix ohne christliche Literatur die Forscher vor große Rätsel stellen würde, so verblüffend und undurchsichtig erscheinen uns Funde der Bronzezeit wie der Sonnenwagen von Trundholm oder die Goldhüte.

Ähnlich den Archäologen der Zukunft ergeht es den Archäologen der Gegenwart, die zwar den Goldhut in den Händen halten, denen aber jede »Gebrauchsanweisung« dafür fehlt. Weder ein Altes noch ein Neues Testament bietet Anhaltspunkte für eine Erklärung, auch ein späteres Werk – um im Beispiel zu bleiben: analog dem Koran, in dem Jesus zumindest noch als Prophet vorkommt – verhilft nicht zum wenigstens mittelbaren Verständnis. Nirgendwo wurde der Goldhut erwähnt, beschrieben oder zumindest karikiert.

Wohlbehalten aus der Zukunft in unsere Gegenwart zurückgekehrt und inzwischen leidlich erfahren mit Zeitreisen, wollen wir uns in die entgegengesetzte Richtung aufmachen, diesmal 4000 Jahre zurück in die Vergangenheit. Das ist das Ziel der Reise durch die Jahrtausende: durch eine unfasslich lange Geschichte unseren Ahnen zu begegnen, den Menschen, mit denen in Mitteleuropa unsere eigene Geschichte beginnt. Die Archäologie hat nur das, was sie findet, und sie findet nur das, was es noch gibt, was der Boden, die Ablagerungen der Jahrhunderte, bewahrt hat. Viele Zeugnisse überdauerten die Zeit nicht, sie zerfielen oder wurden zerstört. Der Weg zu den Vorfahren ist lang, sehr lang, er misst Jahrtausende, Jahrtausende gelebten Lebens: In unserer Geschichte sind es 105 Generationen, die zwischen uns und der Kultur unserer Vorfahren liegen, zwischen uns und den Menschen der Bronzezeit. Im glücklichen Fall begegnet ein Mensch in seinem Leben vier Generationen, seine eigene mitgezählt, allerdings nur, weil sie sich überlappen; würde man sie strikt als Folgen nacheinander setzen, könnte er lediglich eine einzige, nämlich seine eigene erleben. 105 Generationen wurden geboren, sie liebten, hofften, fürchteten sich vor dem Tod, begruben voller Schmerz ihre Angehörigen, empfanden Wut angesichts der Ungerechtigkeit der Welt. Sie waren nicht besser, sie waren nicht schlechter als wir, allenfalls etwas anders. Sicher, sie hatten andere Gebräuche, andere Riten, andere Vorstellungen vom Jenseits, doch sie hatten genauso schwer an ihrer Endlichkeit zu tragen. Der Schmerz, wenn ein geliebter Mensch stirbt, ist so alt wie die Menschheit, das Erschrecken über die Begrenztheit des eigenen Lebens nicht minder.

Wenn man das kürzlich entdeckte Gräberfeld von Eulau in Sachsen-Anhalt betrachtet, ist man erschüttert über die vorzeitliche Katastrophe, die sich so eindrucksvoll in der konkreten Ausgestaltung der Gräber manifestiert, und die Trauer, welche die Überlebenden empfunden hatten. Ein Grab zeigt das Skelett eines Mannes, der ein Kind im Arm hält, und das Skelett einer Frau, das liebevoll das zweite Kind umfasst. Ohne Zweifel, sie sind zusammen gestorben und aufwändig beerdigt worden, nicht einfach so verscharrt. Die Familie, die in diesem Grab beigesetzt wurde, raffte ein erschreckend schnell hereinbrechendes Unheil dahin. Ein zweites Grab birgt das Skelett einer Frau, die einen Säugling im Arm hält. Und einen etwa zwölfjährigen Knaben. An seiner Seite liegt eine Streitaxt. Ein sicheres Zeichen dafür, dass er den Vater, der die Katastrophe überlebt zu haben scheint, im Jenseits vertreten sollte. Solange zumindest bis der Vater folgen konnte und sie nach Drangsal und Tod endlich wieder vereint sein würden. Dieses Grab datiert in die Zeit der so genannten Schnurkeramiker und stellt damit eine Art Vorspiel zur Bronzezeit dar. Unsere Vorfahren mögen alles Mögliche gewesen sein, aber eines mit Sicherheit nicht: primitive Barbaren. Sie fühlten Leid wie wir, empfanden Liebe und Fürsorge, familiäre Zuneigung, sie liebten ihre Kinder. Das alles erzählen die Gräber in ihrer erschütternden einfachen Bildlichkeit. Das Bild des Grabes verdeutlicht mehr als tausend streng wissenschaftliche Abstraktionen. Diese Menschen verteidigten ihre Werte und hielten sie hoch, bis neue Werte buchstäblich über sie hereinbrachen, denn sie lebten im Übergang von der Steinzeit zur Bronzezeit. Eine Gesellschaft, die ihre Werte aufgegeben hat, ist dem Untergang geweiht, sie wird nicht standhalten, weder dem inneren noch dem äußeren Druck. Kulturen werden erst dann überformt, wenn sie keine eigene Dynamik mehr entfalten, sie assimilieren erfolgreich, verleiben sich ein, was sie gebrauchen können, wenn sie noch Entwicklungskraft in sich verspüren. Vor über 4000 Jahren hatte die steinzeitliche Gesellschaft, die in Mitteleuropa eine egalitäre Gesellschaft war mit fehlenden gesellschaftlichen Hierarchien – familiäre existierten sehr wohl –, das Ende ihrer Entwicklung erreicht. Jede weitere Entwicklung bedeutete einen Schritt in eine neue, völlig andere Gesellschaft. Fremde, die einen weiten Weg zurückgelegt hatten, und deren Werte auf dem Weg gehärtet worden waren, brachten eine neue Kultur mit, die der zerfallenden in zwei Punkten überlegen war: Sie besaß eine neue Dynamik sowie eine überzeugende Zweckmäßigkeit. Die positive Seite dieser Verführung durch die Zweckmäßigkeit nennt man Fortschritt; die negative beschrieben die Gebrüder Grimm im Märchen von Hans im Glück, der es sich immer bequemer macht, immer mehr an Gepäck verliert, bis er nichts mehr besitzt. Dynamik heißt, die neue, zweckmäßigere Kultur trug Entwicklungsmöglichkeiten, Raum zur Entfaltung in sich.

So ändert sich immer wieder das Leben, und Veränderung bedeutet Zeit. Was man Geschichte nennt, ist der inhaltliche Ausdruck dieser Veränderung, der innere Sinn der Zeit. Das Empfinden der Zeit ist relativ. Stephen Hawking hat so schön wie niemand zuvor und keiner seither die Möglichkeit von Zeitreisen bejahend verneint, vielleicht hat er sie auch verneinend bejaht. Die theoretische Möglichkeit wollen wir praktisch nutzen. Indem wir in die Frühzeit des europäischen Menschen reisen, versuchen wir durch den ungeheuren Nebel der Vorzeit zu stoßen, um das größte Abenteuer zu unternehmen, das vorstellbar ist: um auf unseren Ahnen zu treffen, um ihm ins Angesicht zu schauen, ihm auf Augenhöhe endlich gegenüberzustehen. Dazu ist es notwendig, 4000 Jahre und mehr in der Zeit zurückzugehen. Suchen wir uns also das nächste Wurmloch. Seien wir mutig, aber nicht tollkühn, reisen wir nicht ohne Ausrüstung! Keine Expedition ohne hilfreiches Gepäck! Auch wenn man sicher sein kann, in bedrohlichen Situationen, an denen es auch bei unserer Entdeckungsreise gewiss nicht mangelt, plötzlich siedend heiß an das erinnert zu werden, was man mitzunehmen vergaß. Doch in diesem abenteuerlichen Moment müssen Kaltblütigkeit und Erfindungsgabe dem Zeitreisenden helfen, wo Vorsorge zu kurz griff. In unserem Rucksack finden sich die Werkzeuge der Archäologie, die Atlanten der Indogermanistik und die nicht minder wichtigen Wegbeschreibungen der Religionswissenschaft, die Erfahrungsberichte der Ethnologie, und natürlich haben wir zur Erbauung einige Bücher eingesteckt mit alten Geschichten: das Epos vom Helden Gilgamesch, die *Awesta*, die *Edda*, die *Rgveda*, die *Ilias*, ferner die *Naturgeschichte* des Plinius, die *Werke und Tage* des Hesiod und natürlich das Buch der Bücher, die Bibel – mit Sicherheit zu viele Bücher zum Tragen, zu wenig letztlich zum Lesen. Wer lesen kann, weiß es: Es gibt immer zu wenig Bücher. Was gäben wir nicht darum, besäßen wir ähnlich des *Gilgamesch-Epos*, einer babylonischen Geschichte aus der Bronzezeit, einen Hymnus, der in Mitteleuropa zur gleichen Zeit spielte, das Lied der Druiden von Stonehenge beispielsweise, die Geschichten der Erbauer von Goseck als Keilschrift auf Tontafeln zum Beispiel, womöglich sogar die Götterlieder der Priester des Sonnenwagens von Trundholm. Wovon würde ein bronzezeitliches *Nibelungenlied* handeln. »Uns ist in alten mæren gar wunders vil geseit ...« Was erzählten diese alten »mæren«? Ob man sie den wenigen Funden, die wie eine Flaschenpost aus Mittelerde wirken, ablauschen kann? Fürs erste ist die Ausrüstung komplett, die Reise kann beginnen, wo sich gerade in Mitteleuropa so ein schönes Zeitloch auftut, das wir unbedingt nutzen wollen.

Wie ein sich immer schneller drehendes Karussell gestaltet sich die Zeitreise, eben haben wir das Jahr 1949 hinter uns gelassen, das Jahr in dem sich die deutschen Nachkriegsrepubliken gründeten, passierten die Schrecken der Weltkriege, die Gründung des Deutschen Reiches. Die Geschwindigkeit nimmt zu. Kaum erkennen wir Napoleon, der in Tilsit den Preußen einen demütigenden Frieden bewilligt, im Vorbeiflug dröhnt noch Luthers Thesenanschlag an das Tor der Wittenberger Kirche in unserem Ohr. Und während uns staunend klar wird, dass wir 500 Jahre, also gut zwölf Generationen in die Tiefe der Zeit bereits zurückgelegt haben, erkennen wir den ersten deutschen König Heinrich, der gerade die Nachricht von seiner Königswahl erhält. Schmunzelnd erblicken wir sein teils ungläubiges, teils leicht verdrießliches Gesicht. Denn er war gerade in der Nähe von Quedlinburg bei seiner Lieblingsbeschäftigung, dem Vogelfangen, der Vogeljagd, weshalb man ihn auch Heinrich den Vogeler nannte. In dem Moment, in dem uns bewusst wird, dass wir bereits über 1 000 Jahre zurückgelegt haben, entdecken wir die dichten Wälder, die Lichtungen, auf denen Großfamilien siedeln, die in Stammesverbänden leben und von den Römern allgemein Germanen genannt werden. Sie selbst nennen sich Chatten, Markomanen, Langobarden und Semmonen, um nur einige aus dem »Volk der tausend Stämme« zu nennen. Vor unseren Augen lichten sich plötzlich die Wälder. Was wird bloß aus unserem schönen deutschen Wald, ohne den wir uns das Land nicht vorstellen können, schon gar nicht in seiner Geschichte? Das Land der Germanen ohne germanische Urwälder? Die Berge und die Hügel, die wir erkennen können, weil sich unsere Reisegeschwindigkeit abrupt verringert, wie bei einem Flugzeug, das auf der Landepiste aufsetzt, sind nahezu baumlos, mit saftigen Wiesen und Gesträuch überzogen. Viele gerodete Baumstümpfe werden sichtbar. Was geschah mit dem Wald in der Vorzeit?

2. Ankunft in der Vergangenheit

»Früher lebten ja doch die Stämme der Menschen auf Erden
Allem Elend fremd und ohne beschwerliche Mühsal,
Ohne Krankheit und Schmerzen, die jetzt die Männer vernichten;
Altern die sterblichen Menschen doch schnell in Übel und Elend.«
Hesiod, Werke und Tage

Die Reise endet. Der Abend kommt. Vor uns eine Höhensiedlung in Mitteldeutschland: Im letzten, schon sehr diffusen Licht der Abenddämmerung verlässt ein Umhang tragender Mann um die vierzig mit einem etwa fünfzig Zentimeter hohen breitkrempigen, aber spitzzulaufenden Goldhut auf dem Kopf geschminkt und tätowiert die Höhensiedlung, die über den umliegenden Siedlungen liegt und sie beherrscht. Die Höhensiedlung schützt auf der zugänglichen Seite ein hoher Wall. Im vorderen Teil der Siedlung, an der Innenseite des Walls befinden sich kleinere Häuser von Bediensteten und Handwerkern, auf dem hinteren Teil, dem Bergsporn ist ein kleiner Palast errichtet. Der Bergsporn wird geschützt durch das natürliche Hindernis der Schlucht. Der Große Mann, der Herrscher über das Gebiet, seine Frau, seine Söhne und Töchter und die anderen Bewohner der Höhensiedlung, Bedienstete, Handwerker und Händler, verabschieden den Mann ehrfürchtig. Schwer trägt er an ihren Erwartungen und Hoffnungen, mit denen er nun allein ist, nachdem sich hinter ihm das große Holztor langsam schließt. Bald schon liegt in dem sich eindunkelnden Nachthimmel grau und düster die Höhensiedlung hinter ihm. Vereinzelt knirscht noch Schnee unter seinen Füßen. Es ist unangenehm kalt und frostig, obwohl die Frühjahrssonnenwende bereits hinter ihnen liegt und sich der Aussaattermin nähert. Höchste Zeit für ihn, sein so wichtiges Werk für die Bauern zu vollbringen. Unterwegs kommt er an jenen kleinen Siedlungen von fünf bis sechs Langhäusern vorbei, in denen jeweils eine der Großfamilien wohnt, die im Laufe der Jahrhunderte in der Auenlandschaft entstanden waren. Die Bauern mit ihren Familien treten trotz später Stunde und widriger Temperatur aus ihren Häusern an den Weg und nicken ihm gespannt und schweigend zu. Für sie ist das Gelingen seines alljährlichen Unterfangens lebenswichtig. Schlägt seine Mission fehl, würde das für alle den Untergang bedeuten. Doch wagen sie es nicht, ihn zu begleiten. Dort, wo er hin will, muss er allein hingehen. Er hat sich auf den Weg zum heiligen Berg gemacht, der heute Kyffhäuser heißt. Wie er damals genannt wurde, weiß niemand, aber vermutlich hieß er in der Sprache der Menschen, die am Ausgang der Bronzezeit vor 2800 Jahren in seiner Umgebung lebten, einfach nur »der heilige Berg«. Der Mann, nennen wir ihn Hadhu, begibt sich sogleich zur heiligen Höhle, in der die Vegetationsgötter wohnen. Für alle, außer für ihn, für den von den Göttern Auserwählten, birgt der Ort bei Mondlicht schlimme, tödliche Gefahren; zu viele Dämonen hausen dort ebenfalls in den Höhlen und treiben ihr Unwesen. Er allein weiß, wie er sich gegen die Dämonen, die von den Brosamen und dem Abfall der Götter leben, schützen kann. Der Vollmond geht von den Sternen begleitet auf, wie wir ihn von der Himmelsscheibe von Nebra kennen. Unweit von ihm werden die Plejaden, das Siebengestirn, sichtbar, das erste und früheste aller Sternenbilder. Nun, im fahlgelben Mondlicht opfert er den Vegetationsgöttern unter tiefen gutturalen Gesängen. Die Gesänge erzählen die Geschichte der Götter und die Geschichte von Hadhus Clan. Der Mann, Hadhu, ist ein Priester, ein Seher, ein heiliger Mann, einer, der mit den Göttern zu sprechen vermag. Um die Götter günstig zu stimmen, schenkt er ihnen goldfarbene Schiffchen aus Bronze und goldene Ringe, die er in einen tiefen natürlichen Schacht wirft. Schließlich ritzt er sich mit einem triangulären Dolch in den linken Unterarm und besiegelt den Pakt mit den Göttern durch sein Blut. Soll die Ernte gelingen, muss etwas Lebendiges wie Blut dazu, denn nur aus Leben entsteht Leben. Die Schöpfung ist nichts anderes als eine immerwährende Zeugung. So lernte er es von seinem Lehrer, und so wird er es seinen Schüler lehren, er, der Priester, der heilige Mann, derjenige, der das gesamte Wissen seiner Welt in den Tiefen seines Gehirns verwahrt. Er benötigt keine Schriften, keine Bücher, seine Bibliothek befindet sich in seinem Kopf. Er weiß wohl, dass alles Wissen, das niedergeschrieben wird, nicht geheim gehalten werden kann. Jahrtausende später werden keltische Druiden es ablehnen, ihr geheimes Wissen aufzuzeichnen, obwohl sie des Schreibens kundig waren, weil die verschriftlichten Mysterien dann nicht mehr geheim zu halten wären. Jeder der sich in den Besitz einer Niederschrift gebracht hätte, hätte es lesen oder entziffern können, und die allzumenschlichen Schwächen wie Gier oder Wichtigtuerei hätten das geheime Wissen wie ein Lauffeuer verkündet, denn nichts bietet eine sicherere Gewähr dafür, rasant verbreitet zu werden, als das Etikett Geheimnis. Jahrhunderte vor uns verfügten indische Brahmanen bereits über Gedächtnistechniken, mit deren Hilfe ein mäßig gebildeter Brahmane das Wissen einer Bibliothek von circa 3 000 Bänden in seinem Gedächtnis bewahren konnte. Es ist anzunehmen, dass Hadhu bereits über ähnliche Techniken verfügte. Sein Wissen teilte er nur dem Schüler mit, der durch viele Initiationsriten und Prüfungen gegangen war, bis feststand, dass er ebenso zuverlässig sein würde wie der Meister. Die Ägypter hingegen waren geradezu besessen davon, alles aufzuschreiben. Deshalb weiß man sehr viel über ihre Hochkultur, kaum aber ist etwas bekannt über die zeitgleiche europäische Hochkultur nördlich der Alpen, weil bis jetzt keinerlei Texte gefunden worden sind. Nichts bleibt von Hadhu, dem Magier, außer seinem die Fantasie anregenden goldenen Hut, außer den geheimnisvollen goldenen Schiffchen, den imposanten goldenen Ringen. Nicht sein Name, nicht sein Antlitz, nicht sein Wissen noch ein Tontäfelchen, dessen Inschrift seine Taten verherrlichte, wurden überliefert, nichts außer diesen Artefakten und seiner Asche in einer beeindruckenden Urne. Er selbst ist vor 2 800 Jahren zum Himmel aufgestiegen, seine Seele im schützenden und reinigenden Mantel des Rauchs gekleidet. Dreimal werden die Begräbnissitten in der Bronzezeit sich fundamental ändern und damit einen grundlegenden kultischen und religiösen Wechsel in der Gesellschaft dieser Epoche anzeigen. Der Mann mit dem Goldhut gehörte nach Hockergräber- und Hügelgräber-Leuten der letzten Kultur der Bronzezeit an, der Urnenfeldkultur, die ihre Toten verbrannte, weil sie glaubten, dass nur so die Seele in den Himmel zu wandern vermochte. Das Aufregende daran ist, dass sie an eine *Seele* glaubten. Ihre Vorgänger meinten noch, dass der Tote so wie er ist, in das Jenseits wechselte. Sie hingegen dachten bereits, dass im Tod Köper und Seele sich trennten, mehr noch, dass man die Seele aus dem Körper befreien und ihr den Weg zum Himmel ebnen müsse, deshalb sollte der Leib, das Gefängnis der Seele, zerstört werden.

Den kultischen Goldhut Hadhus ziert ein wiederkehrendes Muster, fast wie eine Stele, wie ein Fresko an einer Steinsäule. Doch was bedeutet dieses Muster? Stellt es einen Kalender dar, den ersten in der Menschheitsgeschichte, oder sind es Zaubersprüche, Götternamen oder rituelle Texte der Anrufung? Hat man es mit einer Schrift zu tun, die man nur nicht zu deuten vermag? Oder mit Piktogrammen, die bisher nicht als solche identifiziert wurden? Nur eins ist sicher: So verbreitet wie der Goldhut war auch seine Religion in Europa. Goldhüte, wie Hadhu ihn trug, fand man auch im Pariser Becken.

Fast 3 000 Jahre sind inzwischen vergangen seit den Tagen des Magiers Hadhu, der der Priester einer Hochkultur war, die verborgen unter den Füßen der modernen Europäer ihrer Entdeckung harrt, unter den Füßen der Engländer, der Spanier, der Franzosen, der Deutschen, der Polen, der Tschechen, der Österreicher, der Schweizer, der Rumänen, der Bulgaren, der Ungarn liegt, wie sie heute heißen – viele Namen von Ländern und Völkern, die bemüht werden müssen, wenn der Lebensraum der fernen und geheimnisvollen bronzezeitlichen, universellen Kultur unserer Vorfahren benannt werden soll. Nur mit Wagemut kann das große Abenteuer gelingen, unsere frühe Kultur zu entdecken. Der Weg zu dem Priester mit dem Goldhut, zu Hadhu, führt 1200 Jahre quer durch die erste europäische Zivilisation, an deren Ende er steht. Diese frühe Hochkultur war, wie es schon die Verbreitung des Goldhutkultes nahe legt und andere Funde eindrucksvoll zeigen, wahrhaft europäisch in einer Art und Weise, mit einer natürlichen Konsequenz und vor allem anders als das Gebilde, das heute unter Europa verstanden wird. Es schadet nicht, sich an das prähistorische Europa zu erinnern.

Wäre der Mensch nicht dazu bestimmt, beständig in seinem Inneren zu suchen und zu graben, so hätte er auch nicht den Drang, sich mit dem Spaten Zugang zu tieferen Schichten seiner kulturellen Herkunft zu verschaffen. Zur geheimnisvollen Kultur im Herzen Europas gibt es diesen Zugang, den die Spaten der Archäologen freilegen. Sie tun es, weil im Innersten des Menschen unablässig eine Ursehnsucht und eine Urangst danach fragen, zuweilen offen, zuweilen unbewusst, wer wir sind und woher wir kommen. Nicht akademisches Interesse oder selbstgefällige Gelassenheit treiben immer wieder die Neugier an; die Motivation steckt viel tiefer, sie kommt aus einem atavistischen Horror Vacui, aus der Furcht vor dem Chaos, der Unordnung, in der der Mensch jederzeit rettungslos versinken kann. Das Chaos aber ist der Tod, der nicht umsonst der große Gleichmacher genannt wird, er setzt die wahre Gleichheit in Gang. Doch Leben ist Unterschied, nicht Gleichheit. Versucht man diese frühe europäische Kultur zu verstehen, muss man zurück zu den Quellen des Denkens, des Glaubens, der ersten Weltsichten. Jahrzehnte steter Begriffsverwirrung und dümmlicher Denunziation zwingen dazu, sich zu erinnern, was einmal gemeint war mit dem Begriff Ordnung. Archäologie bedeutet auch, durch den Schutt der Ideologeme, durch die Vor-Urteile, die eingefahrenen Muster des Denkens zur ursprünglichen Bedeutung zu gelangen, sich der Wahrheit des Lebens zu nähern. Von Anfang an meint der Begriff immer das Gleiche: Unsere althochdeutschen Vorfahren sagten *ordinunga*, was so viel wie Reihe, Einrichtung meinte, und ihre mittelhochdeutschen Enkel nannten es *ordenunge*, was wiederum Reihe, Reihenfolge, Anordnung, Regel, Vorschrift, Lebensweise meinte. Man stelle sich vor, was es bedeuten würde, ein Leben ohne Ordnung zu führen. Einen Tag vielleicht, aber keine Woche würde der Mensch ohne Ordnung überleben. Ohne Ordnung wüsste der Mensch nicht, in welchem Jahr, in welchem Monat an welchem Tag zu welcher Stunde er existiert. Ein dumpfer gestaltloser Dämmerzustand wäre die Folge, ein rein instinktives Agieren im Terror der Gleichzeitigkeit, ein Treiben in der Auflösung der Gleichheit, ein Sinken ins Koma des Ununterschiedenen. Es gäbe kein Gestern, es existierte kein Morgen, und das Heute zerflösse in einem ewigen Jetzt. Jeder Mensch wird im Lauf seines Lebens mit diesem Zustand konfrontiert: in der Narkose oder im Albtraum, mancher auch im Drogenrausch. Durch die Ordnung, die der Mensch in seinen frühesten bewussten Handlungen erschuf, um die Welt für sich einzurichten, wurde er erst zum Menschen. So wie die Götter in den alten Mythen am Anfang immer damit beschäftigt sind, aus dem Urchaos zunächst Gegensätze herauszubilden, sodass das Leben überhaupt anheben kann – und es fängt immer damit an, dass die Götter oder der eine Gott Himmel und Erde kreieren, Wasser und Land, Frau und Mann, Tag und Nacht –, begann auch der Mensch, in einer chaotischen Welt Ordnungen einzurichten. Ordnungen schaffen bedeutet, sich aus dem Ausgesetztsein und Getriebensein des Tieres zu befreien und – wie die Schöpfungsgötter – Unterscheidungen treffen zu können, die es dem Menschen ermöglichen, auszuwählen, zu urteilen, aus eigenem Willen und aus eigener Vorstellung heraus selbst zu handeln. Nur so kann der Mensch sein Leben gestalten, seine Angst vor dem Ende dämpfen und die Zukunft bewältigen, die ihn, das kleine, in seiner Lebenszeit beschränkte Individuum, sonst in Panik versetzen muss. Das Interesse an der Vergangenheit wurde aus dem Drang zur Zukunftsbewältigung gespeist. Der Konjunktiv des Morgen entspringt dem Indikativ des Gestern.

Unsere Zeitreise, die nur kurz am Ende der Bronzezeit um 800 vor Christus Station machte, bevor wir weitere Jahrhunderte hinter uns lassen, um an den Anfang zu kommen, wird uns erleben lassen, wie unsere Vorfahren im Herzen Europas vor circa 4200 Jahren daran gingen, eine erste Hochkultur zu schaffen, wie sie zunehmend ihre Atavismen hinter sich ließen und sich aus der Dunkelheit befreiten. Der philosophische Materialismus hat Unrecht, wenn er mit freundlicher Naivität verkündet, dass das Sein das Bewusstsein bestimme, dass der Mensch die Götter erfinde und seine Vorstellungen von der Welt, vom Kosmos, von der Zeit bilde, nachdem er seine materiellen Existenzgrundlagen gesichert habe. Im Gegenteil, erst die Ordnung der Welt nach einem großen Prinzip sichert die Existenzgrundlage des Menschen, der sich dadurch der Natur entfremdet und Kultur schafft, sie bedingt die Sicherung der materiellen Existenzgrundlage. Religiöse Riten bilden das Gedächtnis, das den Menschen konstituiert. Frühe Heiligtümer in der Art von Stonehenge, wie es sie zu Tausenden in Alteuropa gibt, schützen, wie man sehen wird, den Menschen vor der Natur. Ohne den Glauben an Fruchtbarkeitsgötter würde der Bauer nicht den Acker bestellen, weil es für ihn keine Fruchtbarkeit gäbe, ein nutzloses Unterfangen. Säen ist nicht nur Säen, es ist vor allem eine kultische, eine religiöse Handlung.

Die moderne Ethnologie zeigt beeindruckend, wie Stämme, die auf neolithischer oder bronzezeitlicher Stufe stehen und heute noch im Innern Australiens, Asiens, Afrikas und Südamerikas beobachtet werden können, großer Verwirrung, ja auch dem Tod anheim fallen können, wenn die Verbindung zu den Göttern abreißt. Verfolgt man offenen Auges die Geschichte der Bronzezeit in Mittel- und Nordeuropa, so erkennt man nur zu deutlich, wie sehr die Ordnung der Welt, die Einteilung von Zeit und Raum für die Menschen überlebenswichtig war und ihre materielle Kultur bestimmte. Zeit bedeutete in diesem Fall nicht nur Jahreszeit, obwohl das für Bauern besonders wichtig war, Zeit schafft auch Geschichte, verhilft zu einer Einordnung des sterblichen und begrenzten Menschen in eine Kette von Geschlechtern und von Generationen. Oben und unten, gestern und morgen, diesseits und jenseits, Götter, Menschen, Dämonen. Jede notwendige Hierarchie, wobei man Hierarchie auch als ein anderes Wort für Ordnung lesen kann, bedarf einer höheren Legitimation. Um akzeptiert zu werden, muss sie von Göttern und Ahnen besiegelt werden. Das kommt bereits im Wort Hierarchie selbst zum Ausdruck, denn Hierarchie heißt wortwörtlich nicht nur Herrschaft, sondern heilige Herrschaft: Hier-Archie. Diese Ordnung agiert im Auftrag eines Weltprinzips. Die Verletzung dieses Prinzips wird sinnfällig geahndet, beispielsweise mit einer Sintflut. Die Hybris des Menschen führt zu seiner Vernichtung, das Ignorieren des Prinzips fällt auf den Ignoranten zurück. Machen wir in unseren Tagen in den politischen und meteorologischen Katastrophen nicht wieder diese Erfahrung? Erleben wir nicht wieder unsere Hilflosigkeit vor den Sintfluten, die all unsere beeindruckende Technik leicht wie Kinderspielzeug zerbrechen? Wird unser Glauben an die sichernde Wirkung des Fortschritts nicht immer löchriger und hinfälliger?

Der Magier mit dem Goldhut leitete seine Stellung von der uralten, Generationen umschließenden Abfolge seiner Vorgänger ab, bis er auf den ersten Magier kam, der gleichzeitig auch der erste Mensch war und der in allen Mythen noch mit am Tisch der Götter saß. Wachsender Hochmut, man sollte das Menetekel nicht vergessen, hat ihn von dort vertrieben.

So entstand eine Vorstellung von der Welt, wuchs ein Ordnungsprinzip mit den Generationen unserer Vorfahren. Die Legitimation kann man aber auch ganz praktisch verstehen: Sie definierte Hadhus kultische Handlungen. Hadhus magische und religiöse Praktiken vollzogen die Vergangenheit immer aufs Neue nach, wiederholten sie, wie um sich ständig ihrer zu versichern. In der Vergangenheit sucht der ewig beunruhigte Mensch den Weg, den er gegangen ist, um Gefühl und Trost zu finden für den Weg, der vor ihm liegt. In der regelmäßigen Wiederholung des Fruchtbarkeitsmythos oder des Schöpfungsmythos, der im Ritus dramaturgisch gestaltet ist, setzt der Mensch die Schöpfung oder die Fruchtbarkeit immer wieder symbolisch in Gang und verewigt sowohl die eine als auch die andere über die regelmäßige Durchführung des Ritus. In der Durchführung des Ritus schafft der Mensch die Möglichkeit der Zukunft, des Morgen. Erinnern schafft Zukunftsbewältigung. Religiöses Denken beginnt damit, dass im religiösen Ritus durch die Priester die Schöpfung, der Anfang, die Zeugung durch Gott oder die Götter immer aufs Neue wiederholt werden, um sich dieser existenziellen Notwendigkeit des Menschen zu vergewissern. In der Geschichte der Sintflut verweist die Bibel auf das erste, älteste und geradezu mythische Ordnungsprinzip des Menschen: »Solange die Erde besteht, sollen nicht aufhören Aussaat und Ernte, Kälte und Hitze, Sommer und Winter, Tag und Nacht.« (Genesis 8,22) Man kann getrost auch Jahr, Jahreszeit, Monat und Tag sagen. Diese Geschichte, die im Alten Testament erzählt wird, erlebte nicht in diesem Buch ihre Premiere, sie ist wesentlich älter, obwohl der geschilderte Mythos aus der jüdischen Bronzezeit stammen mag. Die Geschichte von der Wut der Götter, die den Menschen mit dem großen Wasser bestrafen, mit dem katastrophalen Toben der Naturgewalten, findet sich bereits im Weltschöpfungsmythos der Babylonier wieder und wurde zu einer Zeit im Vorderen Orient aufgeschrieben, als in Mitteleuropa die Himmelsscheibe von Nebra geschmiedet wurde als erste bis jetzt bekannte Darstellung des Sternenhimmels in der Weltgeschichte – wenn sie wirklich zu der angenommenen Zeit entstanden ist. Der bronzezeitliche Held Gilgamesch, »der das Tiefste weiß«, kannte bereits die Geschichte vor der Sintflut, als der Mensch noch am Tisch der Götter saß. Bis an die Geschichtsscheide geht unsere Reise zurück. So wie man als Zeitenwende Christi Geburt ansetzt, gab es in vorgeschichtlicher Zeit die Einteilung vor und nach der Sintflut. Bis zu diesem urhistorischen Moment wollen wir es wagen, hinabzusteigen in die Tiefe der Geschichte.

Die Vergangenheit, mag sie auch noch so weit entfernt scheinen, ist nicht tot und sie ist noch nicht einmal vergangen. Was vergeht, kehrt wieder, was war, wird sein. Man kann die Augen davor verschließen, aber damit macht man es nicht ungeschehen. In der Geschichte früherer Epochen finden wir Elemente unserer Zukunft. Aufstieg, Blüte und Verfall der ersten europäischen Epoche, der Bronzezeit, erzählen wie ein Menetekel kulturelle Veränderungsprozesse, die durch Einwanderung von vielen Menschen, durch Konkurrenz der Religionen, durch Verlust an authentischer Kraft der Gesellschaft und schließlich durch kulturelle wie zivilisatorische Überlagerungs- und Überformungsprozesse in ihrem Verlauf bestimmt wurden. Dort, wo eine Gesellschaft die Entwicklung nicht mehr verarbeiten kann, sie nicht mehr akkumuliert, nur noch auf Besitzstände beharrt, dort zerbricht sie daran. Dort, wo sie sich nicht mehr neu erfinden kann, wird sie erbarmungslos hinweggefegt. Wenn diese Gesellschaft ihr Greisenalter erreicht hat, wird nichts mehr sie retten. Die Menschen aber, die in dem Gebiet leben, in dem die betreffende Gesellschaft oder das Weltreich untergeht, bleiben. Sie leben nun unter anderen Bedingungen, die sie sich nicht aussuchen konnten und unter anderen Herrschern in anderen, in neuen Kulturen. Die Eliten wechseln, doch das verändert nicht die Konstanz der Bevölkerung. Das geschieht innerhalb der Bronzezeit in den Übergängen der verschiedenen bronzezeitlichen Kulturen, es passiert im Übergang zur Eisenzeit, es definiert das Ägyptische Reich wie das Römische Reich in den verschiedenen Phasen, und es verschont auch nicht, wie man sich noch erinnern kann, das kommunistische Imperium Russlands, die Sowjetunion. Auf den nachfolgenden Seiten wird das Drama der Bronzezeit im Gleichnis der Menschen dieser Epoche erzählt, der wir in unserer gewagten Zeitreise beggenen werden. Diese Menschen sind in der Tat unsere Vorfahren in Europa. Die lange gehegte Vorstellung, dass große Einwanderungen, Völkerwanderungen genannt, die frühere Bevölkerung vertrieben und verdrängten, übersieht die Realität von Überlagerung und Überformung. Sie stellt sich die Geschichte ganz simpel wie ein Billardspiel vor: Eine sich bewegende Kugel stößt eine andere an, die wiederum die nächste verdrängt. Aber in diesem migrantischen Billardspiel stellen die Menschen eher das grüne Tuch des Tisches dar als die Kugeln, die in unserem Bild mit Eliten gleichzusetzen wären. Die Menschen setzen ihr Leben in neuen Kulturen fort. Warum sollen sie fortgehen und wohin können sie schon gehen? Die Beschreibung mag die Gegenwart erhellen, zuallererst aber skizziert sie vor allem und überraschenderweise die Realität vor 4000 Jahren, diese unbekannte und für uns heutige höchst spannende Ära, aus der man lernen kann, wenn man den Mut aufbringt, sich von einer platten Fortschrittsideologie zu verabschieden. Zurückblicken, um nach vorn zu schauen! In dieser archaischen Epoche wird man mit den Grundfragen des eigenen, nur zu überschaubaren Lebens, mit den vier letzten Dingen: Tod, Gericht, Hölle und Himmel konfrontiert, also damit, woher wir kommen, wohin wir gehen, was uns nach dem Tod erwartet und ob es ein ewiges Leben, eben auch ewige Jugend gibt oder geben kann. Der dumpfeste Mensch, der coolste Typ, der zynischste Spötter, der größte Verbrecher, angesichts des eigenen Endes hat jeden noch Heulen und Zähneklappern befallen. Eine Ausnahme bilden vielleicht Fanatiker, die glauben mit ihrem Tod, den Freifahrtschein für das Paradies zu bekommen – aber vielleicht auch nicht, denn niemand kennt ihre letzte Minute. Deshalb sind seit jeher die letzten Fragen die ersten Fragen des Menschen und seiner Kultur.

Wenn man den Sonnenwagen von Trundholm im Original sieht, so berührt einen der Schauer der Jahrtausende, so ist es in der Tat, als ob man eine Bundeslade vor sich hat. Die Goldhelme in ihrer ganzen ursprünglichen Verbindung von Kult und Welt treffen uns nicht weniger ins Herz, als der heilige Gral es täte, wenn man ihn fände, mit all seinen Geheimnissen und Legenden, die sich im Laufe der Jahrhunderte um ihn versammelten. Diese Artefakte bedeuten in der Tat nicht weniger als die Bundeslade und der heilige Gral. Sie sind ihnen mehr als ebenbürtig. Die Funde, die in Nord- und Mitteleuropa geborgen wurden, geheimnisvoll und einzigartig, rätselhaft und sakral, stehen in einem Zusammenhang mit der zeitlich frühesten Schicht der Erzählungen der Bibel und zu den von Schliemann entdeckten Schachtgräbern von Mykene und dem von ihm georteten Troja. Wie um diesem Hinweis unübersehbare Deutlichkeit zu verleihen, fanden sich überraschenderweise in den griechischen Schachtgräbern Stabdolche, die in Mitteleuropa geschmiedet wurden. Diese Stabdolche taugen bei näherem Hinsehen nicht als Waffen, sie galten als Statussymbol und versinnbildlichten die große Macht seines Trägers, der als Erster unter den Menschen seines Umkreises galt.

Nicht wenig erfuhr die Öffentlichkeit mittlerweile über die Urmenschen in unseren Gefilden. Gespannt verfolgte man deren Leben, ließ sich begeistern von den frühen Künstlern, die vor 15 000 Jahren die Höhlen von Lascaux und Altamira ausmalten, sah den Neandertaler aufsteigen und verdrängt werden durch den Homo sapiens sapiens – unseren ersten direkten Vorfahren in der biologischen Entwicklungskette des Menschen. Aus dem Dunkel der Vorgeschichte konnte man Jahrtausende später einem frühen, sehr konkreten Menschen begegnen, einem Individuum, dessen besonderes Leben sogar rekonstruiert wurde: dem sagenhaften Ötzi, dem Jäger, der vor 5 000 Jahren starb und im ewigen Eis konserviert wurde.

Doch nach der Zeit des Ötzis versank zumindest für das große Publikum Europa, das riesige Gebiet zwischen dem heutigen Spanien, Frankreich, Großbritannien, Deutschland, Skandinavien bis ins russische Nowgorod hinter einen dicken Nebel, mehr noch: Es fiel der Dunkelheit anheim, um erst 3 000 Jahre später wieder aufzutauchen in den Schriften des römischen Schriftstellers Tacitus. Da war Europa bereits geteilt. Diesseits des Limes lag das von den Römern unterworfene Gallien, jenseits des Limes das freie Germanien und die geheimnisvollen und gefahrvollen Gebiete der Skythen. Wohl kaum ein Germane nannte sich je Germane, Germanien lautete eine Sammelbezeichnung der Römer für die vielen Stämme östlich des Rheins. Beginnt aber mit den Germanen, den Kelten und den Skythen wirklich unsere Geschichte? Ist das der Anfang Europas? Entsteht Europa tatsächlich in den germanischen Urwäldern, im Gemurmel der wackeren Rauschebärte? Oder kennzeichnet das nicht bereits den Zeitpunkt, an dem Europa das erste Mal in der Geschichte verloren gegangen, geteilt worden war? Die Geburtsstunde eines europäischen Kulturraumes, der von Mittelfrankreich bis weit in das heutige Polen, vom Alpenrand bis nach Skandinavien reichte und dessen Verbindungen zu Irland und Großbritannien belegt werden konnten, schlug vor mehr als 4 000 Jahren. Das Zeitalter der Bronzezeit (2200 bis 800 vor Christus) war wahrlich das erste europäische Zeitalter, eine frühe, dabei aber auch außerordentlich kommunikative Hochkultur ohne Grenzen, ohne Limes, die sowohl verborgen wie auch gründlich vergessen worden ist. Wie einst Schliemann ausgerüstet mit dürren Fakten, viel Engagement und dem sturen Glauben an die Wahrheit der *Ilias* steht man unmittelbar davor, die erste europäische Hochkultur zu entdecken. Hochkultur wurde bisher immer festgemacht an dem Vorhandensein einer Schrift – wir werden sehen, ob diese Definition noch zeitgemäß ist. Und was bitte schön ist Vor-Geschichte? Gibt es ein Leben vor dem Leben, ein Atmen vor dem Atmen, ein Geborenwerden vor der Geburt? Die Unterteilung zwischen Geschichte und Vorgeschichte reicht weit zurück und schied die schriftlosen, eben vorgeschichtlichen Kulturen von den Schriftkulturen, die ihre Geschichte schriftlich überlieferten. Da die Unterscheidung so fragwürdig wie andererseits auch eingeführt und eingebürgert ist, soll sie auch in diesem Buch weiter benutzt werden, aber mit Wissen um ihre Problematik.

Der antike Großdichter Homer überliefert im 18. Gesang der *Odyssee* eine aufschlussreiche Episode: Odysseus beobachtet als Bettler verkleidet, dass seiner Frau Penelope von den Freiern Geschenke gemacht werden. Besonders eine Stelle des Epos, das in der griechischen Bronzezeit spielt, lässt bei der Aufzählung dieser Gaben aufhorchen: »Für Eurymachos eine kunstreich gefertigte Kette, Gold mit Bernstein durchreiht; sie leuchtete hell wie die Sonne.« Plinius der Ältere weiß in seiner *Naturgeschichte* zu berichten, dass der Bernstein aus Germanien stammt. »Man hat kürzlich erfahren, dass jene Küste Germaniens, von der der Bernstein eingeführt wird, von Carnuntum in Pannonien etwa 600 Meilen entfernt ist ...« Das römische Carnuntum lag östlich vom heutigen Wien nahe der slowakischen Grenze. Die Entfernung zur Bernsteinküste wurde von Plinius korrekt angegeben. Auch wenn der römische Schriftsteller wesentlich später

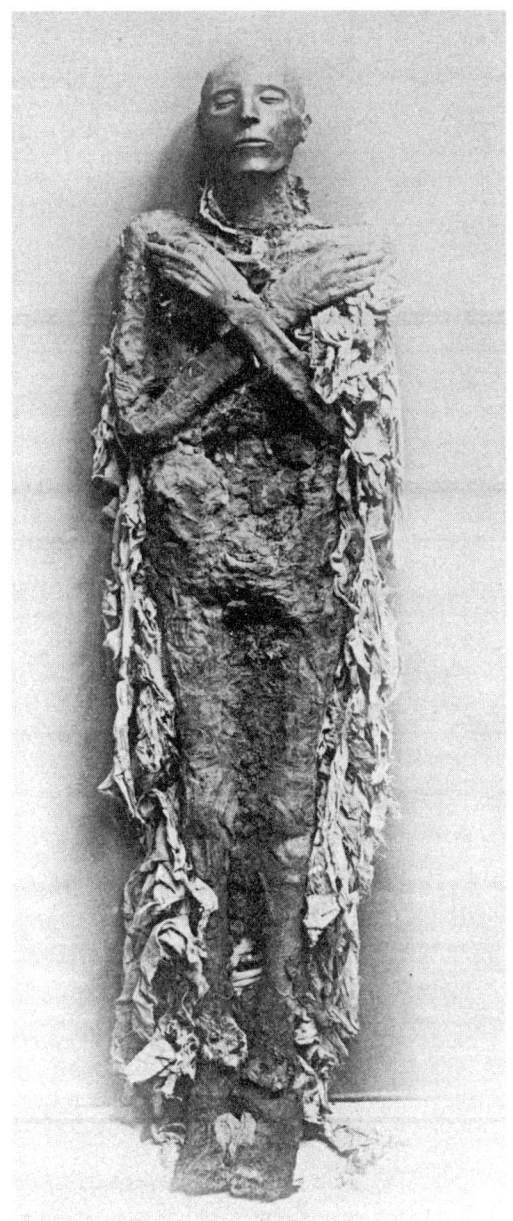

Die Mumie Sethos I. Im Grab seines Nachfahren Sethos II. fand man Bernstein von der Ostsee, Indiz für uralte Handelswege, die längst vergessen sind.

diesen Handel beschrieb, so belegt es neben den Funden nur die Konstanz des Bernsteinhandels von den Zeiten des Odysseus über die des ägyptischen Pharaos Sethos II., in dessen Grabkammer man ebenfalls Bernstein fand, bis in die ersten nachchristlichen Jahrhunderte. Die Europäer waren über Jahrtausende von Nord nach Süd durch Handelswege miteinander verbunden.

Wer aber brachte bereits in der Bronzezeit Bernstein von der Ostsee ins archaische Griechenland? Wer waren die Männer, die den Bernstein fanden, wer durchquerte das bronzezeitliche Europa, um die Tränen der Götter, wie der Bernstein auch genannt wurde, nach Ithaka zu bringen? Tausend Kilometer legten diese kühnen Männer zurück von der Ostsee über Mitteldeutschland, über die Alpen nach Italien und dann über die Adria nach Griechenland. In unserer Zeitreise werden wir ihnen auf den staubigen Straßen Europas begegnen, an ihren Lagerfeuern verweilen und ihren Geschichten lauschen. Werden uns die Geschichten am Lagerfeuer auch von dem mysteriösen Volk der Indogermanen berichten, dem verschollenen Urvolk?

Zwischen der bekannten Welt der Griechen vor 4 000 Jahren und der unbekannten Welt vor unserer Haustür bestanden stabile Handelsbeziehungen. Unterhielt Odysseus' Ithaka Beziehungen zum mitteldeutschen Raum, zu den Großen Männern von Leubingen, wo man Ende des 19. Jahrhunderts ein sensationelles Grab fand, das man auch als mitteldeutsches Pendant ägyptischer Pyramiden begreifen muss? Funde belegen es zumindest. Die Händler jedenfalls erwähnt der griechische Historiker Herodot bereits, wenn er in seinen Historien die Ankunft der Nordmänner auf der griechischen Insel Delos, die als Heiligtum Apollons immer etwas Besonderes war, beschrieb. Einen dieser Händler wird man auf seiner weiten und beschwerlichen Reise durch das bronzezeitliche Europa im Buch begleiten können. Mit ihm wird man durch Länder reisen, die entfernter sind als der entfernteste Punkt der Welt: Sie liegen 3 500 Jahre weit weg und doch scheinbar zu unseren Füßen. Kein größeres Abenteuer existiert: Der Raum wird zu einer Dimension der Zeit. Bedarf es einer deutlicheren Vorstellung, um zu erkennen, dass in dem Wort Geschichte sich das Wort Schicht abbildet, Geschichte als ein kunstvolles Gebilde unzähliger Schichten, Schichten, die die Archäologie mit großem Können abträgt? In folgender Anekdote kommt das exemplarisch zum Ausdruck: Rom ist die Stadt der Städte, weil sich Schicht für Schicht in der Tiefe Jahrhundert für Jahrhundert abbildet. Und so geschah es vor etwas mehr als 500 Jahren, dass römische Künstler große körperliche Anstrengungen auf sich nahmen, um die schuttbedeckten unterirdischen Säle des Goldenen Hauses des Kaisers Nero zu erkunden und dessen Dekoration wiederzuentdecken. Bizarre Malereien und seltsame Motive verzierten die alten Wände. Rasch wurden die originellen Zeichnungen der Antike zur Mode, zum Dernier Cri des 15. Jahrhunderts. Den Stil dieser Kunst, die jahrzehntelange en vogue blieb, nannte man »grotesk«, *grottesco*, was auch »wild«, »fantastisch« bedeuten kann, nach Art der Grotte eben. Man könnte auch leicht übertrieben sagen, da *la grotta* die Höhle ist, befleißigten sich die modebewussten Maler der Renaissance der Höhlenmalerei: Alles kehrt wieder, nichts geht verloren. Aber auch in Mittel- und Nordeuropa muss man nur den Spaten ansetzen und man buddelt sich Jahrhundert für Jahrhundert durch Kultur um Kultur. Denn nicht weniger grotesk als der Fund der neugierigen Künstler wirken die Steinzeichnungen im Grab von Kivik. Menschen siedeln in dem großen Kulturraum nördlich der Alpen seit Tausenden von Jahren und prägen die Landschaft. Weshalb soll man auch gute Siedlungsplätze meiden und nicht konstant beibehalten? So kommt es, dass eine Kultur sich auf die nächste setzt, dabei natürlich auch vieles zerstört. Nicht zu vergessen die vielen Artefakte, die im Zuge der Christianisierung als heidnisches Blend- und Götzenwerk vernichtet wurden! Vielleicht haben unter Lebensgefahr missionierende Mönche wie der wackere Bonifatius Darstellungen wie die Himmelsscheibe von Nebra en masse als Zeichen des Teufels eingeschmolzen? Und man kann nur von Glück sagen oder den paganen Göttern danken, dass dem christlichen Eifer die Scheibe von Nebra entging, weil ein heidnischer Priester sie beigesetzt hatte und somit dem Schutz der Götter, an die er glaubte, anvertraute. Wie man sieht, hätten in diesem Fall die Götter Wort gehalten.

Will man die geheimnisvollen Artefakte der Bronzezeit entschlüsseln, die mit kaum verständlicher innerer Kraft in unsere heutige Geschäftigkeit dringen, muss man die Zeit, das Denken und das Leben der Menschen der Bronzezeit versuchen zu begreifen. Man muss die Menschen in dieser Epoche suchen. Dazu allerdings bleibt es unerlässlich, sich der ersten Frage zu stellen: Wo kommen diese Menschen her, die diese erste universelle Gesellschaft begründeten? Wenn Hadhus Leben erzählt werden soll, muss man Jahrtausende in der Geschichte zurückkreisen, in unser Land weit vor unserer Zeit, zu unseren Ahnen.

Die Expedition in das Herz unserer Vergangenheit kann beginnen. Auf wen beruft sich Hadhu, wenn er mit einem Goldhut bekleidet zum heiligen Berg geht, um die Götter zu bitten und die Ahnen zu ehren?

Am Ende dieser so großen wie geheimnisvollen Epoche steht Hadhu, am Ende der Geschichte der Bronzezeit, die vom kriegerischen Eisen abgelöst wird, so viel ist gewiss, aber mit wem beginnt diese aufregende Ära? Wer sind unsere Vorfahren tatsächlich, und woher stammen sie? Verlassen wir Hadhu, und reisen wir am heiligen Berg weiter zurück in die Zeit, tiefer hinab in die verschüttete Vergangenheit.

3. Unsere Vorfahren wandern ein

> »Einen weiten Weg kam er her, um (zwar) müde
> doch (endlich) zur Ruhe gekommen zu sein.
> Festgehalten auf einem Steinmonument ist all die Mühsal.
> Er baute die Mauer von Uruk, der Hürden (umhegten),
> die des hochheil'gen Eanna, des reinen Schatzhauses.«
> *Gilgamesch-Epos*

Szenenwechsel, unsere Reise hat uns, ohne dass wir es wollten, tiefer in das Dickicht der Zeit gerissen als ursprünglich geplant war. Dergleichen unbeabsichtigte Landungen gehören zum Wesen der Zeitreise, weil unser Wissen vom Wesen der Zeit so unvollkommen ist, dass wir nicht präziser navigieren können: Früher, nebliger Morgen in der Nähe des heiligen Berges an einem Fluss, der sich durch das Tal zwischen zwei dicht bewaldeten Bergrücken schlängelt. Es könnte der Fluss sein, der heute Unstrut, Saale oder Werra heißt. Dort wo das Tal breiter wird, haben Jäger und Sammler auf einer Anhöhe ihr Lager errichtet. Kreisförmig bauten sie um einen zentralen Platz größere Zelte aus Fellen und Holzhütten, die ebenfalls eher an ein Zelt als an ein Haus erinnern. Rauch steigt aus der Mitte der Zelte und Hütten auf und verliert sich in dem diesigen Himmel, der fast die Erde zu berühren scheint. Noch gehört die Stunde den Dämonen. Deshalb verjagt der Schamane mit rituellen Tänzen und Gesängen die gefährlichen Geister. Die Männer bereiten sich unterdessen vor, zur Jagd aufzubrechen. Für den 14-jährigen Gmr ist dieser Morgen der aufregendste seines bisherigen Lebens, denn er wird heute zum ersten Mal seinen Vater und die anderen Männer zur Jagd begleiten. Gestern hat ihn der Schamane mit in die heilige Höhle oberhalb des Flusses genommen und den Initiationszauber an ihm vorgenommen. Er hat ihn eingeführt in die Welt der Jäger. Denn für die Jäger besteht die Welt nicht nur aus dem, was sie sehen können, sondern auch daraus, was ihren Blicken verborgen bleibt. Auch wenn sie die Geister ihrer Ahnen, die verstorben sind, nicht mit ihren Augen erfassen können, sind sie doch um sie, wie auch die Geister der Tiere, mit denen sie verwandt sind und die sie dennoch jagen, beständig in ihrer Nähe leben. Nur der Schamane kann sich auf die mythische Reise zu ihnen begeben und sich mit ihnen beraten. Sie alle wurden von der Großen Mutter geboren und in eine Welt der

Pflanzen, der Tiere, der Menschen, der Dämonen, der Geister und der Totems versetzt, in eine Welt, die vor 7000 Jahren in Mitteleuropa existierte.

Ende der Kindheit bedeutet für Gmr, in diese Welt eingeführt zu werden, ihre Regeln zu lernen: Kein Tier darf gequält werden, denn es ist dein Bruder, niemals zum Spaß töten, sondern lediglich, um vom Fleisch des Bruders zu leben. Der Schamane führt Gmr ein in den religiösen Akt, den die Jagd darstellt, denn man übertritt beim Jagen und Töten eine Grenze und wird schuldig. Diese Schuld muss immer wieder gesühnt werden. Als Mittler tritt der Schamane auf, der zwischen Himmel und Erde, zwischen Menschen und Geistern die Balance immer wieder von neuem erschafft. In diese neue Welt hat der Schamane Gmr eingeführt. Es gibt keinen Weg mehr zurück in die Kindheit, in die Unwissenheit und in die Unschuld. Gmr wird töten müssen, um zu leben und um dereinst seine Familie zu ernähren. Mit dem Bewusstsein hat sich die Schuld eingestellt, die später Sünde, Erbsünde gar heißen wird. Die großen Rhythmen des Lebens: Geburt, Pubertät, Fortpflanzung und Tod prägen die religiöse Ordnung; sie sind wie Lebensräume, die man nur durch Übergänge erreicht. Das Leben gleicht einer Reise, genauer einem Teil der großen Reise, die jeder unternimmt. Die Übergänge sind wie schwere Tore, die geöffnet werden durch Riten, die dem Menschen ermöglichen, von einen Lebensabschnitt in den anderen, von der einen Welt in die nächste zu wechseln und in ihr zu leben. So mächtig sind diese Rhythmen, dass jene Übergangsriten bis heute in allen Religionen aufgehoben worden sind. In der christlichen Kirche werden Sakramente gespendet. In ihrer grundlegenden religiösen Idee ist die Kommunion nichts anderes als ein Übergangsritus, so wie ihn Gmr in der Schamanenhöhle erlebt: Er wird aufgenommen in die Welt der Erwachsenen. Die Welt der Erwachsenen ist aber der religiöse Bund, der mit den Geistern oder mit Gott geschlossen wird, er ist die Conditio sine qua non allen Lebens. Nichts geht verloren, alles, was einmal gedacht wurde, bleibt erhalten und setzt sich fort, wird aufgenommen und weiterentwickelt, es mag uns freuen, ärgern, beglücken oder verstören. Gmr bricht zum ersten Mal in seinem Leben mit den Männern zur Jagd auf. Die Jäger begleitet der Schamane, ein Wesen, das einerseits menschlich ist, andererseits auch nicht menschliche Züge besitzt, das Tierfelle trägt und dessen Gesicht mit einer Tiermaske verhüllt ist, die von einem Hirschgeweih bekrönt wird. Ihre grobe Gesichtsstruktur, die durch die aufgetragene rote Farbe noch furchterregender wirkt, lässt keinen Rückschluss auf das Geschlecht ihres Trägers zu. Und das ist beabsichtigt. Der Schamane ist als Schamane kein Mensch, er hat kein Geschlecht, er ist der Mittler zwischen der Welt der Menschen und der Welt der Geister. In ihm erkennen wir den Geistreisenden. Er vermag es, sich von seinem Köper zu lösen, die hindernde Hülle zurückzulassen, sein eigenes Skelett zu schauen, wie Mircea Eliade es so treffend ausdrückt, und sich in die zwar nicht sichtbare, aber deshalb nicht weniger reale Welt der Geister und Ahnen zu begeben. Diese Geistreisen der Schamanen kennt die Ethnologie von allen rezenten Jäger- und Sammlervölkern, von einigen sibirischen Stämmen bis hin zu den Aborigines oder einigen Indiostämmen im undurchdringlichen Amazonas. Man sollte sich hüten, darüber die Nase zu rümpfen oder sie wohlfeil in Esoterik umzumünzen.

Die Geister für die Unternehmungen der Menschen günstig zu stimmen, ist die Aufgabe des Schamanen, dämonisches, nachteiliges Wirken auszutreiben seine Verpflichtung. Ihn unterscheidet von den anderen Menschen seiner Gruppe, dass er über den Tod hinaus reisen und wieder zurückkehren kann in die für alle sichtbare Welt der Lebenden.

Kaum sind die Jäger einige Zeit durch den Wald geschlichen, um die Fährte des Wilds aufzunehmen, hören sie immer deutlicher das krachende Geräusch brechender Baumstämme und das dumpfe Getöse fallender Baumwipfel. Kein Zweifel, es werden Bäume gefällt. Große Bäume – welch Frevel. Hat ein anderer Stamm sich in beängstigender Nähe niedergelassen? Denn ein Jäger benötigt ungefähr 100 Quadratkilometer Wald, um sich in der aneignenden Produktionsweise, die die Jagd darstellt, zu ernähren. Die Männer müssen dem auf den Grund gehen, die Situation wirkt beunruhigend genug, denn es bleibt ungewiss, ob es gelingt, die Konkurrenten zu überzeugen, freiwillig weiterzuziehen, oder ob es zu kriegerischen Auseinandersetzungen, die nicht die Regel sind, kommen wird. So pirschen die Jäger leise, als ob sie einen Hirsch entdeckt hätten, zur Quelle des Lärms. Der Schamane und Gmr bleiben etwas zurück, denn der Schamane ist zu wichtig, als dass er gefährdet werden dürfte. Stämme, die ihren Schamanen verlieren, bevor die Nachfolge geregelt ist oder es zumindest einen ernsthaften Kandidaten hierfür gibt, sterben. Sie sind ohne Führung und Schutz in der Welt. Sie verfallen der Orientierungslosigkeit, einer Art gruppenhafter Demenz.

Was die Jäger entdecken, verschlägt ihnen den Atem, Gmrs Vater macht ein Zeichen, Gmr und der Schamane sollen kommen, denn was sie sehen, verstehen sie nicht, obwohl es sich klar und deutlich vor ihren Augen abspielt. Der Schamane muss es deuten! Diejenigen, die unsere Jäger entdeckt haben, sehen zwar wie Menschen aus, doch sie sind anders gekleidet und dunkelhäutiger als sie. Vor allem aber fällen sie große Bäume und stecken sie, nachdem sie sie mit unbekannten Werkzeugen bearbeitet haben, in tiefe Löcher, die sie hintereinander und quer nebeneinander angelegt haben. Und während die Männer damit beschäftigt sind, suchen die Frauen und Kinder Äste und graben ein großes Loch, aus dem sie gelbe Erde holen. Einige Frauen sind damit beschäftigt, das Gras auszureißen, bis der Boden nackt ist. Aber das Seltsamste entdeckt Gmr, der die Männer darauf aufmerksam macht: In einem Pferch befinden sich Tiere, die dem Steinbock und dem Widder und dem Wildschwein ähneln. Der Schamane beobachtet sehr genau das unverständliche Treiben der seltsamen Menschen, die vielleicht keine Menschen sind, sondern nur Dämonen, fremde, gefährliche Dämonen, denn auf keiner seiner Geistreisen hörte er von ihnen oder begegnete er ihnen oder zumindest ihren Ahnen. Die Jäger ziehen sich in den Wald zurück. Der Schamane sammelt Kräuter und Beeren, dann begeben sie sich in eine mit Wasser gefüllte Senke in der Nähe. Rauch steigt auf. Der Schamane inhaliert den Duft, der von den Kräutern aufsteigt. Die Jäger, die mit ernsten Gesichtern um ihn herum sitzen, lauschen seinen gutturalen Gesängen. Sie wissen, dass er in die Welt der Ahnen reist, um sie zu befragen. Diese Begegnung, die nördlich der Alpen hundert-, ja tausendfach vor 7000 Jahren stattfand, dürfte die gleiche Verunsicherung und Irritation ausgelöst haben, wie das Aufeinandertreffen europäischer Siedler und nordamerikanischer Jäger und Sammler, die wir Indianer nennen, im 17. Jahrhundert. Cooper hat diesen Vorgang in seinen Lederstrumpferzählungen anschaulich beschrieben. Welten trennten die Neuankömmlinge von den Bewohnern, Welten und Zeiten, vor 400 Jahren in Nordamerika wie vor 7000 Jahren in Mitteleuropa.

Jahrtausendelang durchstreiften Jäger und Sammler die dichten Wälder Mitteleuropas. Sie ernährten sich von gesammelten Früchten und gejagten Tieren und fühlten sich im Einklang mit dem Rhythmus der Natur. Sie lebten in kleinen Gruppen und siedelten häufig in der Nähe von Teichen, Seen und Flüssen. Ihre große Zeit lag vor 30 000 bis 7000 Jahren, in einer Zeit, die Altsteinzeit (Paläolithikum) und Mittlere Steinzeit (Mesolithikum) genannt wird. Ihr Universalwerkzeug war der Faustkeil, mit dem sie ihre Jagdwaffen vervollkommneten. Den geistigen Mittelpunkt bildete der Schamane, der verantwortlich zeichnete für die Orientierung in Zeit und Raum, der den

Kontakt zu den Ahnen der Menschen und der Tiere herstellte, mit dem Herrn der Tiere verhandelte und im Notfall die Große Mutter bat, ihre Kinder zu unterstützen, indem sie den Herrn der Tiere überredete, Hirsche und Wildschweine, Wildschafe und Wildziegen, Bären und Auerochsen in ihre Nähe zu führen. Hierarchien bildeten sich unter ihnen nicht heraus, denn jeder konnte von heute auf morgen, wenn er anmaßend wurde, aus der Gemeinschaft verstoßen werden. Natürlich befolgte man die Ratschläge des Schamanen, der aber für den Kontakt zu den »parallelen Welten« zuständig blieb, und hörte man erfahrenen und geschickten Jäger aufmerksam zu, doch letztlich gab es weder eine vertikale Organisation der Gruppen noch einen hierarchischen Druck. So wie ihr Leben gestalteten sich auch ihre religiösen Vorstellungen. Es existierte weder ein Pantheon noch eine Hierarchie, keine heilige und auch keine unheilige Herrschaft. Und genau genommen kannten sie auch keine Götter, die sie verehrten, sah man von der Großen Urmutter ab. Die Welt bevölkerten zahllose Geister, mit denen man versuchte, auszukommen, und die Ahnen, die man zu ehren hatte.

Die Jäger wissen, dass der Schamane auf der Reise zu den Ahnen ist. Nach geraumer Zeit kehrt er zurück und wirkt nun sehr ratlos. Soweit er auch reiste in die Höhe und in die Tiefe, nach Norden und nach Süden, nach Osten und nach Westen: Nirgends traf er die Ahnen der Tiere im Pferch, und niemand kannte die Ahnen dieser seltsamen Menschen, die große Bäume fällen und die Baumgeister verärgern, die die Erde verletzen, indem sie sie kahl reißen. Doch Menschen ohne Ahnen sind Schatten, ein Trugbild der Dämonen, von denen man sich besser zurückzieht. Seit unvordenklichen Zeiten hatten sie die Gebiete nördlich der Alpen durchstreift, indem sie den Wanderungen der Tiere folgten, die sie zu jagen beabsichtigten. Sie lebten in kleinen variablen Gruppen. Wurde eine Gruppe zu groß, musste sie sich teilen, denn im überschaubaren Umkreis der Gruppe gab es nur ein bestimmtes Quantum an Wild. Innovation kam zum Erliegen. So wie sie seit jeher Europa durchquerten, hätte es bis auf unsere Tage weitergehen können, wenn nicht vor 7000 Jahren Neuankömmlinge aus dem Süden eingetroffen wären. Zunächst einige, dann immer mehr.

Doch wer waren diese Neuankömmlinge, diese Siedler, die in immer neuen Wellen aus dem Süden drangen? Die Frage nach ihrer Herkunft wird spannender, weil sie die eigentlichen Vorfahren Hadhus, des Priesters mit dem Goldhut, den wir kurz verließen, waren! Ihre Geschichte beginnt, wo jede Geschichte beginnt, nicht in Europa, sondern im Vorderen Orient vor mehr als 10000 Jahren.

Die Siedlung von Norsuntepe in Ostanatolien reicht bis ins fünfte Jahrtausend vor Christus zurück, bis ins Chalkolithikum des Vorderen Orients, und wurde durchgehend bis ins erste Jahrtausend vor Christus besiedelt.

Inmitten einer blühenden Landschaft wurden Häuser in Trockenbauweise aus Ziegeln errichtet, die kunstvoll und auch haltbar aufeinander geschichtet wurden. Es sollten noch Tausende von Jahren vergehen, bis Häuser in der uns vertrauten Feuchtbauweise mit Mörtel errichtet werden. Auf die Haltbarkeit hatte das keinen Einfluss, einige von diesen trocken gebauten Häusern überstanden Jahrtausende. Eine der ältesten Städte, die man fand, wurde in Anatolien ausgegraben an einem Ort, der heute Çatal Hüyük heißt. Diese kleine Stadt, in der sich Haus an Haus schmiegt, und deren Häuser man nur von oben über eine Leiter betreten konnte, die ins Innere des Hauses führte, wurde vor fast 8 000 Jahren errichtet. Auch nach dem Tod trennten sich die Menschen nicht von ihren Verwandten. Die Körper wurden vor der Stadt begraben, während die Köpfe, die man von den Körpern abgetrennt hatte, im Haus aufbewahrt wurden, denn den Kopf begriffen diese Menschen als den Sitz der Seele. So nahmen die Toten Anteil am Alltag der Lebenden, und die Lebenden wussten, dass sie sich tagtäglich in der Gegenwart der Toten befanden. Während die Männer Häuser bauten, sammelten die Frauen Ähren und Körner von wilden Nutzpflanzen. Was hier dem Sammeln der Jäger und Sammler noch verblüffend ähnelte, entpuppte sich bei genauerem Hinsehen als der Beginn des Ackerbaus. Die Übergänge verliefen fließend. So mag es gewesen sein über einen langen Zeitraum: Die Männer gingen zur Jagd, während die Frauen im Umkreis Pflanzen sammelten. Schließlich begriffen sie, dass die Pflanzen jedes Jahr erneut aus einem Samenkorn sprossen und die Tiere Nachkommen bekamen wie die Menschen Kinder. So wuchs nach und nach durch Beobachtung die Idee, die gesammelten Körner des Wildgetreides nicht nur zu Mehl zu mahlen, sondern einen Teil auf einer Fläche vor dem Haus im Frühjahr in den Boden zu legen, um von nun an vor dem Haus sicher zu ernten. Nicht mehr dem Zufall oder dem Wind sollte die Entscheidung über die Verteilung der Samenkörner überlassen werden, sondern dem Menschen. Man wollte auch nicht hin und wieder eine Wildgetreidepflanze oder eine Linsenpflanze finden, sondern sie dicht an dicht auf einem Feld versammelt haben. Die Männer schlussfolgerten, dass sie ein paar Tiere auch im Pferch halten können und diese Tiere sich vermehrten und eine Herde bildeten. Man musste nicht mehr zur Jagd gehen und auf das Glück hoffen, man nahm sich ein Tier aus der Herde und schlachtete es. Man hatte lediglich darauf zu achten, dass genügend Tiere beiderlei Geschlechts übrig blieben, um die Herde bei konstanter Größe zu halten, sie beständig zu reproduzieren. Dass Menschen vor 10 000 Jahren, vor 250 Generationen, begannen, Wildtiere wie Widder und Steinbock zu halten und zu domestizieren und Emmer, Einkorn, Wildlinse und Wildgerste abzuernten, veränderte das Leben grundlegend. Vielleicht war dieses »Stirb und werde« die erste existenzielle Grunderfahrung, die der Mensch machte. Diese Erfahrung übertrug er auf seine Umgebung, und Umgebung bedeutete ihm Welt, denn es gab nichts anderes als diese Umgebung. Darin unterscheiden sich die Bauern von den Sammlern und Jägern, die Neuankömmlinge von Gmr und seinen Leuten: sie leben sesshaft an einem Ort. Gmr und seine Sippe wohnten nur zu einer bestimmten Zeit an einem Platz, sie sind Nomaden, die den Wegen der Tiere folgen, die sie jagen. Orientierung verschafft ihnen der Schamane, der in die Welt der Geister und Ahnen reist und der Spur des Lebens folgt. Also den großen Routen des Wildes. Ein erstes Zeitsystem kennen aber auch Gmrs Leute schon, ein grobes, das sich nach dem Mond richtet.

Ganz anders die sesshaften Bauern. Der Mittelpunkt der Welt, die »Axis Mundi« (Weltachse), ist ihr Haus, ist ihr Herd. Deshalb sind auch ihre ersten Häuser, die Vorläufer von Çatal Hüyük, rund. Runde Hütten, die auf den Äckern errichtet wurden. Sie symbolisierten die

Weltachse, das Universum. Ein großer Gott hatte sie und die Pflanzen und die Tiere und alles, was sie umgab, Kälte und Wärme, Feuer und Wasser, Licht und Finsternis geschaffen. Von ihm kamen sie und zu ihm kehrten sie dereinst zurück. Obwohl sie den großen Gott fürchteten, war er andererseits auch sehr weit weg, unerreichbar fern. Anders verhielt es sich mit ihren Ahnen, die sie immer noch umgaben. Ihnen kam im Laufe der Zeit immer mehr eine Schutzfunktion zu. Deshalb bestand das strikte Gebot, mit den Ahnen im Einklang zu leben und sie zu ehren. Und möglicherweise verwandelten sich in einem langen Prozess von Jahrhunderten die ersten Ahnen in Götter, in Hausgötter, in Fruchtbarkeitsgötter, später womöglich über viele Transformationen zu Engeln. So vollzog sich der zivilisatorische Prozess der Religionsbildung aus einem Zusammenwirken von »unten« und »oben«, von Erde und Himmel. Die Axis Mundi führte direkt in den Himmel, zwischen dem Himmel und dem eigenen Herd existierte eine unauflösliche Verbindung, so etwas wie eine Nabelschnur. Oben thronte der Weltenschöpfer, von unten kamen die Geister der Ahnen. In einigen historischen Religionen bildeten sich in den Geistern der Ahnen die Heroen oder Halbgötter ab. Doch bis es zu dieser theologischen Transformation kommen sollte, mussten noch Jahrtausende vergehen.

Noch haben wir die Bronzezeit nicht betreten, noch verfolgen wir den Anfang der Zivilisation. Ohne diese Prozesse zu kennen, wird man die Bronzezeit nicht verstehen. In Göbekli Tepe, einem Ort in Anatolien, fand man Rundhäuser mit Säulen, die diese Axis Mundi, die Verbindung zu den Göttern symbolisierten, im rumänischen Cascioarele grub man einen Tempel aus, der ebenfalls eine zwei Meter hohe Säule und eine kleinere Säule enthielt. Auch die geheimnisvollen Kreisgrabenanlagen wie die in Goseck und die englischen Henges, zum Beispiel das berühmte Stonehenge, sind rund, weil sie alle den sakralen Raum manifestieren, der nichts anderes ist als die Verbindung zum Himmel, zu den Göttern. Später in der Bronzezeit wird man schließlich Tempel bauen, Zikkurate, sozusagen als Transitraum zwischen Erde und Himmel. Noch aber sind wir bei den ersten Bauern, bei denen, die im fruchtbaren Halbmond den bedeutsamen Schritt wagten. Der berühmte Religionshistoriker Mircea Eliade bemerkt, dass im Gegensatz zu den mesolithischen religiösen Ideen, den Ideen der Jäger und Sammler, in deren Mittelpunkt Blut und Knochen stehen, im Zentrum der Kulte der Neolithiker, der Bauern und Viehzüchter, sich Samen und Blut befinden. Es ist das »Stirb und werde«. So entwickelte sich das Neujahrsfest, das Fest, an dem die Natur neu geboren wird, zum ersten Fest der

Neolithiker. Nicht zu allen Zeiten und keineswegs in allen Gegenden fand und findet das Neujahrsfest zwischen Dezember und Januar statt, im alten Babylon feierte man es nach unserer gegenwärtigen Zeitrechnung im Juni. Aus dem Tod erwächst das Neue – und fortan bis auf den heutigen Tag wird das die zentrale religiöse Botschaft werden: Das Samenkorn muss sterben, damit die Pflanze leben kann. In allen historischen und zeitgenössischen Religionen wurde dieses neolithische Erbe aufbewahrt. Der babylonische Mythos erzählt die Episode, wie Ischtar, die Göttin des Krieges und der Liebe – auf die uns Heutigen widersinnig anmutende Verknüpfung werden wir noch zurückkommen – in die Unterwelt reist. Möglicherweise ist diese Verbindung aber gar nicht so widersinnig, möglicherweise haben wir nur die Grundlagen unserer Kultur vergessen, und möglicherweise liegt in diesem Vergessen eine Gefahr, die Gefahr eines Untergangs, denn Kulturen, die ihren Ursprung vergessen, sterben: Man nennt das Dekadenz. Ischtar nun reist zu ihrer Schwester Ereschkigal, der Herrin der Unterwelt, um dort die Herrschaft zu übernehmen. Das Unternehmen misslingt gründlich. Ischtar wird in der Unterwelt festgehalten. Sie darf den ungastlichen Ort nur verlassen, wenn ein anderer an ihre Stelle tritt und sie auslöst. Es wird ihr Geliebter sein: Dimurzi. Nach langem Hin und Her schließt man einen Vergleich, Dimurzi muss ein halbes Jahr in der Unterwelt verbringen und darf für das andere halbe Jahr auf die Erde zurückkehren. Dieser Dimurzi ist, wie könnte es anders sein, ein Vegetationsgott. Jedes Jahr stirbt die Vegetation, und jedes Jahr erwacht sie zu neuem Leben.

Der Rhythmus der Natur wird zum anthropomorphen religiösen Vorgang. Mehr noch, die ersten Bauern verstehen diesen Vorgang in der Natur, weil sie ihn als Ritus interpretieren und nachspielen. Deshalb ist der Vegetationsgott für die Bauern besonders wichtig, sie sind von ihm abhängig, sie opfern ihm, auf dass er jedes Jahr erneut die Pflanzen belebt und sie jedes Jahr wieder ernten können. Ohne die Vorstellung der Wiedergeburt gäbe es auch nicht die Idee der Ernte. Die religiöse Idee ist ein Ordnungsprinzip, ein Modell, nach dem man handeln kann, ein Versprechen, ein Bund. Würde dieser Bund aufgelöst, zerfiele das Leben. Die Nahrung ist heilig. In einigen Ursprungsmythen, die aus dieser Zeit stammen, wird ein Halbgott oder Gott getötet und auf der Erde zerstreut – aus seinem zerstückelten Leib und aus seinem Blut wächst die Vegetation, die Pflanzen, die Nahrung. Im Opferritus wird dieser Vorgang in jedem Frühjahr aufs Neue wiederholt, indem ein Mensch oder ein Tier getötet und zerteilt wird. Der Ackerboden wird mit Blut übersät, Körperteile in ihm vergraben, dass daraus die neue Ernte hervorgehe. Einer alten aztekischen Legende zufolge bereut ein junger Kazike (Held) bitter seine Untaten. Der Regengott Teáloc erlöst ihn von seiner Schuld, indem er ihm ermöglicht, von nun und für alle Zeit Gutes für die Menschen zu tun, indem er ihn in die Agave verwandelt, aus denen die Azteken seitdem das Brot und die Pulque machen, den Zucker gewinnen, die Tuchfasern, die Nägel und Nadeln, sogar das Holz für ihre Hütten. Es füllte ein ganzes dickleibiges Buch, würde man die Ursprungsmythen zusammentragen, die aus der Steinzeit stammen und ihre Transformation in spätere Vorstellungen verfolgen beziehungsweise ihre aktuelle Gültigkeit im mythischen Gut von Völkern identifizieren, die auf der Stufe der Steinzeit am Amazonas, auf Papua-Neuguinea oder im innersten Afrika leben, in denen wichtige Pflanzen ihren Ursprung der Verwandlung, der Zerstückelung und Wiedergeburt eines Helden, (Halb-) Gottes, eines heiligen Mädchens oder einer Jungfrau verdanken. Indem man die heilige Nahrung verzehrt, nimmt man auch das Göttliche in sich auf. So alt sind unsere Transsubstantiationsvorstellungen, aus dieser tiefen Schicht stammen sie. »Das Brot ist mein Leib, der Wein ist mein Blut.«

Vergessen wir nicht, wir befinden uns in einer Zeit, in der das Heilige noch nicht vom Profanen geschieden ist. Der Mensch lebt in einer Welt voller Götter, Ahnen und Dämonen. Und im Zweifel sind die realer als er selbst. Deshalb bedeuten seine Handlungen zugleich auch kultische Handlungen und die Tätigkeiten werden immer mehr von Riten begleitet. In Hacilar und in Çatal Hüyük wurden im Haus Köpfe aufbewahrt und Idole, Steinfigürchen, die die Ahnen symbolisierten. Auch hier gab es Zwischenstufen: So fand man in Jordanien einen Schädel, der mit Lehm nachmodelliert worden war, das heißt, auf dem realen Schädel wurde das Gesicht mit Gips nachgestaltet und an die Stelle der Augen wurden Muscheln eingesetzt. Vom nachmodellierten Kopf des Ahnen zum Idol war es dann nur noch ein Schritt. Typisch in dieser Zeit war die Zweitbestattung. Der Verstorbene wurde in der Nähe des Hauses begraben, dann nach gewisser Zeit wieder ausgegraben und als Skelett unter dem Haus beigesetzt, den Schädel allerdings bewahrte man im Haus selbst auf.

Gordon Childe, der zum ersten Mal diese gesellschaftliche Veränderung beschrieb, die vor 10 000 Jahren im Vorderen Orient begann und ihren ersten Abschluss dort vor 8 000 Jahren erreichte, war so begeistert von seiner Entdeckung, dass er diesen Prozess euphorisch »neolithische Revolution« nannte. Später wurden noch die metropolitane oder urbane Revolution, die industrielle Revolution und die informelle Revolution als einschneidende Veränderungen des menschlichen Lebens ausgerufen. Der Begriff der Revolution ist aber für den Übergang zur Bauernwirtschaft und mithin für den Beginn einer Gesellschaft oder den Übergang zur Herrschaft der Städte, der großen Metropolen oder der Siegeszug der Industrie völlig fehl am Platz, denn in keiner der grundsätzlichen und tiefen Veränderungen kam es zu plötzlichen und in einer kurzen Zeit zusammengepressten eruptiven Veränderungen, zu gesellschaftlichen Explosionen, wie sie typisch für Revolutionen sind, sondern alle benannten Prozesse verliefen extrem langfristig. Im Fall der »neolithischen Revolution« über Jahrtausende.

In dem fruchtbaren Gürtel, der wie ein Halbmond oder eine Sichel von Palästina über Syrien, Anatolien bis nach Mesopotamien ins Zweistromland führt, begannen Menschen sesshaft zu werden, Pflanzen anzubauen und Tiere zu halten und bald auch schon zu züchten. In dem so genannten fruchtbaren Halbmond wurden Jäger zu Bauern. Der gesellschaftliche Wechsel kann gar nicht groß genug gedacht werden. Die Menschen sicherten ihre Ernährung bis dahin durch Aneignung dessen, was die Natur mehr oder weniger zufällig bot. Grob betrachtet, taten sie nichts anderes als die Tiere auch, sie jagten wie die Löwen, so viel wie sie als Nahrung benötigten, sie sammelten wie die Schimpansen ihre Nahrungsergänzung. Zwar unterschieden sie sich bereits von den Tieren, weil sie planten, Werkzeuge herstellten, sich mittels Sprache verständigten, Vorstellungen entwickelten, ihre verstorbenen Angehörigen begruben, aber ihre Produktionsweise war strikt aneignend. Sie lebten mit der Natur im Einklang, sie verstanden die Natur, weil sie in ihrem Rhythmus gefangen waren. Man stelle sich das nicht allzu romantisch vor. Der edle Wilde ist ein Denkfigur des 18. Jahrhunderts, und die Vorstellung von den Naturvölkern, die das Ursprüngliche bewahrten, ist leider nichts anderes als der realitätsferne esoterische Aufguss einer schönen Vorstellung der Romantik, die dem Schrecken der Industrialisierung entgehen wollte, indem sie ihr Ideal in eine damals unüberprüfbare Vergangenheit projizierte. Not, Mangel, ungeschütztes Ausgesetztsein gegenüber den Naturgewalten, hohe Kindersterblichkeit, geringe Lebenserwartung, eine hohe Rate von letal verlaufenden Geburtsvorgängen definierten das Leben der Mesolithiker.

Durch den Übergang zur produzierenden Produktionsweise konnte der Mensch planen, mehr herstellen als er brauchte, um so Menschen freizustellen für andere Tätigkeiten. Der Neolithiker wurde durch Ackerbau und Viehzucht immer weniger in direkter Weise von der Natur abhängig, mehr noch, er griff in sie ein, er veränderte sie und wurde ein wenig wie Gott. Er schuf die Zivilisation und entfremdete sich dadurch bereits der Natur. Es mag paradox klingen, aber im Grunde verstand der Bauer die Natur schon nicht mehr, deshalb benötigte er keinen Schamanen, sondern ein Pantheon von Göttern und einen Priester. Mit der größer werdenden Distanz zur Natur entsteht ein Zwischenraum, eine Zwischenwelt, ein Jenseits, das gefüllt und belebt werden muss. Zivilisation beginnt mit Theologisierung, die Entfernung wird zum Lebensraum des Sakralen. Eine immer komplizierter werdende Welt bedurfte einer stärkeren Vermittlung, die eine Erklärung und eine lebbare Ordnung bot und so den Verlust der Unbefragtheit ausglich. Zu dieser Zeit entstehen die großen Schöpfungsmythen, die Ursprungsmythen und schließlich auch das Pantheon der Götter. Um sich in der Welt, der man sich zunehmend entfremdet, zurechtzufinden, wird die Welt anthropomorph.

Die Bevölkerung wächst, weil immer mehr Menschen ernährt werden können und wesentlich mehr Kinder überleben. So machen sich die Familienangehörigen, die nichts erben, die nicht mehr von den Äckern ihrer Vorfahren leben können, auf den Weg, um neues Land urbar zu machen und ihre eigene Sippe zu gründen. Über Jahrtausende hinweg wird es immer diese Wanderungsbewegungen von Söhnen geben, die nichts erbten, die zur Besiedlung und Kolonisation, friedlich oder kriegerisch führen. Diejenigen, die zwischen Euphrat und Tigris nach Süden ziehen und bis zum Golf vorstoßen, müssen durch Bewässerung erst Äcker schaffen. Die Bewässerungskanäle, die vom Euphrat und vom Tigris ins Land reichen, bedürfen der ständigen Instandhaltung und Pflege, was dazu führt, dass eine Verwaltung entsteht. Schließlich benötigt diese Tätigkeit einen Koordinator, einen Leiter, der irgendwann sowohl Administrator als auch Priester wird, denn er muss für dieses Amt legitimiert werden. Und da alles von den Göttern abhängt, ist er gezwungen, seine eherne Autorität von dem Auftrag der Götter herzuleiten. In den Vorstellungen der Menschen kommt es zum Bruch. Wenn man voraussetzt, dass religiöse Vorstellungen nicht verloren gehen, sondern sich allenfalls transformieren, kann man in den überlieferten Göttern verschiedene Altersstufen und sich deutlich voneinander abhebende Schichten ausmachen. Als religiöse Vorstellung bildete sich ein Paradies der Jäger und Sammler, ein goldenes Zeitalter heraus, ein Ort, an dem sich der Mensch nahm, was er brauchte – je entfernter diese Zeit zurücklag, desto stärker.

Gmr weiß nicht, dass er im Paradies lebt, als solches würde er es auch nicht empfinden. Es ist auch kein Paradies, es ist ein Leben, das bestimmt wird durch die Jahreszeiten und die großen Wanderungen der Tiere, denen die Jäger folgen. Doch in der kollektiven Erinnerung der Bauerngesellschaften wird dieser Zustand zum Paradies verklärt, aus dem der Mensch vertrieben wurde, weil er zu überheblich geworden war oder vom Baum der Erkenntnis gegessen hatte.

Die Mythen mögen in den Gründen für die traumatische Vertreibung variieren, aber eines ist ihnen gemein: Der Mensch wird vertrieben, weil er gefrevelt hat. In dem Wort Frevel, das bereits unsere althochdeutschen Vorfahren kannten, für die *fravali* Vergehen, Frechheit, Übeltat bedeutete, steckt bereits das ungeheuerliche Vergehen und die Kraft zugleich, die zu diesem Vergehen befähigt. Frevel heißt Vermessensein, so sein zu wollen wie Gott. Und ist der Mensch nicht tatsächlich ein wenig wie Gott, wenn er in die Schöpfung eingreift, wenn er sät und Pflanzen hervorbringt wie der Vegetationsgott und Tiere züchtet wie der Herr der Tiere? Die neue Existenz beginnt mit Schuld, deshalb muss den Göttern geopfert werden, muss sich ständig entschuldet werden, deshalb werden die Werke des Menschen zu den Werken der Götter, zu Geschenken. Die Götter schenken den Mais und das Getreide, die Ernte, wie auch die Nachkommen von Mensch und Tier. In der Vorstellung der ersten Bauern mischen sich Erinnerungen an einen paradiesischen Zustand, in dem man nicht zu produzieren hatte, sondern im Garten Eden einfach pflücken durfte, mit dem Bewusstsein einer Vertreibung. Es existiert eine weitere Erinnerung an einen Schöpfergott, der alles einmal schuf aus dem Urchaos und an eine große Urmutter. Daneben gibt es die Ahnen und vor allem die vielen aktuellen Götter, die Götter, mit denen der Mensch tagtäglich zu tun hatte, den Vegetationsgöttern, den Fruchtbarkeitsgöttern. Es soll hier nicht weiter untersucht werden, inwieweit die Fruchtbarkeitsgötter Transformationen der großen Urmutter darstellen. Wichtig ist nur: Die Bauern haben für den Schamanismus keine Verwendung mehr. Sie unternehmen keine Reisen, sie sind sesshaft. Die Natur ist nicht ihr Partner, sondern sie gilt es zu beherrschen mithilfe der zuständigen Götter. Aus dem Vorderen Orient beginnt der große Zug der Bauern nach Norden, nach Süden, nach Westen und nach Osten. Diese kulturellen Prozesse verwandelte das menschliche Gedächtnis in Mythen, in Geschichten und bewahrte es auf, indem es sie unablässig weitergab. Auf sie stoßen wir, wenn wir die Bibel aufschlagen: »Der Herr sprach zu Abraham: Zieh weg aus deinem Land, von deiner Verwandtschaft und aus deinem Vaterhaus in das Land, das ich dir zeigen werde. Ich werde dich zu einem großen Volk machen, dich segnen und deinen

Namen groß machen. Ein Segen sollst du sein. Ich will segnen, die dich segnen; wer dich verwünscht, den will ich verfluchen. Durch dich sollen alle Geschlechter der Erde Segen erlangen.« (Genesis, 12,1–3) Und Abraham, der Mann aus Mesopotamien, aus Ur, zog auf Geheiß seines Gottes fort und suchte sein Glück, seinen Segen in der Fremde, dort, wo er eine Sippe, schließlich ein Volk begründen sollte. Das kann man wörtlich wie auch metaphorisch verstehen. Andere, Bauern aus Anatolien zogen nach dem Nordwesten und besiedelten Griechenland, den Balkan und Norditalien. Wie in jeder Geschichte verknappt, pointiert und personifiziert die Bibel. Abstrakt kann man nicht erzählen. Die Bibel schildert in der Geschichte Abrahams präzise den Vorgang der Besiedlung. Es ist ganz und gar nicht lächerlich oder naiv, uns der Bibel anzuvertrauen, wir müssen sie nur richtig zu lesen verstehen: Theologen und christliche Wissenschaftler haben in unfreiwilliger Allianz mit Archäologen und Historikern den Aussagewert der Bibel herabgesetzt, die ersten indem sie die Aussagen der Bibel verabsolutierten, die zweiten indem sie sich gegen diese Verabsolutierungen zu Recht verwahrten, aber zu Unrecht diese Verabsolutierungen mit der Bibel gleichsetzten. In Finckelstein und Silbermanns Buch *Keine Posaunen vor Jericho*, das im deutschen Untertitel reißerisch heißt: *Die archäologische Wahrheit über die Bibel*, wird das Desaster deutlich, das aus einer inadäquaten Herangehensweise resultiert. Man kann sicher trefflich streiten, ob es erkenntnistheoretisch überhaupt eine »archäologische Wahrheit« geben kann, denn es gibt entweder eine Wahrheit oder keine. Was bitte soll eine archäologische Wahrheit sein? Eine Wahrheit, die nur für Archäologen gilt? Allerdings muss man den Autoren zugute halten, dass der Originaltitel wesentlich vorsichtiger ist: *Archaeology's New Vision of Ancient Israel and the Origin of Its Sacred Texts*. Die Autoren stellen die beschriebenen Ereignisse der Bibel als Wahrheit in einem Zeithorizont dar, um anschließend archäologisch nachzuweisen, dass alle Ereignisse so in diesem Zeithorizont nicht stattgefunden haben können. Allerdings kommen sie letztlich zu dem Schluss, dass die beschriebenen Ereignisse in anderen zeitlichen Zusammenhängen plausibel sind. Im Grunde viel Lärm um nichts, denn es ist evident, dass die Berichte der Bibel nicht nach den Kriterien heutiger historischer Wissenschaft verfasst worden sind. Erst mit der Aufklärung wurden die Kriterien wissenschaftlichen Arbeitens, wie wir es heute verstehen, geschaffen, also 2600 Jahre später.

Allein das Empfinden von Zeit hat sich völlig verändert. Wir befinden uns während unserer Zeitreise in Epochen, in denen die Zeit nach

Tagen, nicht nach Stunden und Minuten gemessen wurde. Zeit wurde nicht mit der Atomuhr als naturwissenschaftlich messbar begriffen, sondern sie wurde erfahren als Rhythmus von »… Aussaat und Ernte, Kälte und Hitze, Sommer und Winter, Tag und Nacht« in einem religiösen Raum mit Namen Welt. Die Zeit war der Rhythmus, den die Götter oder Gott den Menschen gaben. Ob es die babylonischen Königslisten oder die Geschlechtertafel der Bibel betrifft, die vorzeitlichen Könige und Ahnen hatten ein erstaunlich langes nach Jahrhunderten zählendes Leben. Allein Abraham wurde 900 Jahre alt. Umso näher die Propheten, Stammväter und Könige dem Zeitpunkt des Lebens der Autoren kamen, wurden auch die Lebensdaten »menschlicher«, von 900 auf 600 bis siebzig oder fünfzig Jahre. Aber stimmt das nicht in erstaunlicherweise überein mit der Dauer von Prozessen, die im Verlauf der Geschichte immer kürzer werden. Zehntausende von Jahren lebten Jäger und Sammler im Paläolithikum und Mesolithikum, Tausende von Jahren Bauern im Neolithikum, 2000 Jahre währte die Bronzezeit, 1000 Jahre die Eisenzeit, etwa 800 bis 900 Jahre das Mittelalter, alle weiteren Epochen bestehen nur aus ein bis zwei Jahrhunderten oder zählen bereits nach Jahrzehnten. Das Faktum des Weggehens aus der vertrauten Umgebung, den die Bibel am Beispiel Abrahams beschreibt, gilt auch für die Anatolier, die sich über Hunderte von Jahren bis ins Karpatenbecken ausbreiten. Doch auch hier hält der verfügbare Raum mit dem Anwachsen der Bevölkerung und ihrer extensiven Produktionsweise nicht mit. Düngung gab es noch nicht, auch kannten die ersten Bauern noch nicht das Verfahren der Drei-Felder-Wirtschaft, sodass man einfach weiterzog, wenn der Boden ausgelaugt und erschöpft war. Vor 7000 Jahren brachen immer wieder kleine Gruppen aus dem Karpatenbecken auf und besiedelten Mittel- und Westeuropa bis ins Pariser Becken. Dort, wo sie ankamen, errichteten sie, je nachdem, wie große die Gruppe war, ein oder zwei Langhäuser. In einem Langhaus, das schon mal eine Länge von dreißig und eine Breite von sieben Metern aufweisen konnte, lebten vierzig bis fünfzig Personen, ein Sippenverband, wenn man so will. Diese Leute waren es, die Gmr und die anderen Jäger beobachtet hatten. Zunächst zogen sich Gmrs Leute zurück und gingen den Neuankömmlingen aus dem Weg, doch es kamen mit der Zeit immer mehr. Der Wald verschwand Baum für Baum, die Siedlungen und Äcker hingegen wuchsen in die kahle Landschaft hinein. Dadurch vertrieben die Bauern das Wild und zerstörten den Lebensraum der Jäger und Sammler.

Gmrs Gruppe entschließt sich, nach Norden auszuweichen. Niemals würden sie ihre Seele verkaufen und ihre Ahnen verraten, im Dreck wühlen und ihre Brüder – die Tiere – einsperren. Für den freien Jäger bedeutet die Arbeit des Bauern, auf die er herabsieht, eine seelenlose, nichtswürdige Beschäftigung. Sicher, man könnte die Eindringlinge auch vertreiben, doch es kommen wie aus einer nie versiegenden dämonischen Quelle immer neue nach. Was gewönnen sie, wenn man ein paar von ihnen vertriebe. Die Jäger können den Kampf nicht gewinnen. In der Nacht vor dem Aufbruch schleichen sich Gmr und sein Freund Thdr fort. Sie haben sich entschlossen, nicht mit ihrer Sippe zu ziehen. Monatelang beobachteten sie heimlich das Leben der Fremden und verliebten sich schließlich in zwei Mädchen aus der Siedlung, die sie zufällig im Wald trafen. Sie freundeten sich an, und die Sippe der Mädchen, für die aus unglücklichen Umständen heraus ein gefährlicher Männermangel bestand, hatten nichts dagegen, sondern boten sogar den beiden Jungen an, bei ihnen zu leben. So zieht Gmrs Gruppe nach Norden, während Gmr und Thdr ins Langhaus zu den Bauern ziehen, um ebenfalls Bauern zu werden. Gmrs und Thdrs Leute sollten in ihr Verhängnis gehen. Denn an den Küsten ließen sich andere Einwanderer nieder, die große Felshäuser für ihre Toten bauten und Steinkreise und Steinsäulen aufstellten. Zwischen den Bandkeramikern und den Megalithleuten wurden die Jäger und Sammler schließlich aufgerieben.

4. Erfolgsgeschichte einer geglückten Einwanderung

»Wenn das Gestirn der Plejaden, der Atlastöchter, emporsteigt,
Dann beginne die Ernte, doch pflüge, wenn sie hinabgehn;
Sie sind vierzig Nächte und vierzig Tage beisammen ...«
Hesiod, Werke und Tage

Gmrs und Thdrs Eltern, all ihre Verwandten, die kleine Gruppe der Jäger und Sammler, der Gmr und Thdr bis zu diesem Tag angehörten, in die sie hineingeboren worden waren und aufwuchsen, brechen gen Norden auf, und die beiden jungen Männer bleiben zurück. Weh ist ihnen ums Herz, als ihre Leute ihren Blicken entschwinden, denn die beiden jungen Männer wissen nur zu gut, dass es ein Abschied für immer ist. Niemals in ihrem Leben würden sie ihre Mutter, ihren Vater, ihre Geschwister und auch nicht den Schamanen wiedersehen. Sie haben nicht nur ihre Gruppe verlassen, sie brechen mit ihrer Welt, mit ihren Ahnen. Fortan sind sie auf sich allein gestellt. Doch so schwer es ihnen in diesem Augenblick auch ums Herz sein mag, so bedeutet die Aussicht für Gmr mit Libia und für Thdr mit Rheda zu leben alles Glück dieser Erde. Denn wie heißt es so treffend in der Genesis, dem ersten Buch der Bibel: »Darum verlässt der Mann Vater und Mutter und bindet sich an seine Frau, und sie werden *ein* Fleisch.« (Gen. 2,24)

Von Anfang an, schon bei ihrer ersten Begegnung beeindruckte Gatur, der alte erfahrene Bauer und Anführer der Sippe durch seine ruhige bedächtige Art, durch sein Wissen und seine Weisheit Gmr. Ob sich der junge Jäger letztlich wirklich dazu entschieden hätte, seine Leute zu verlassen, wenn es nicht Gatur gegeben hätte, bleibt fraglich. Gatur würde ihn einweihen in die Mysterien seines neuen Lebens, in die Vorstellungswelt der Bauern, die aus dem Süden kamen. Schnell lernt Gmr die Sprache seiner neuen Familie, die so anders ist als seine eigene, beinah genauso rasch wird er seine alte Sprache vergessen. Kein Wort seiner Muttersprache wird er in das neue Verständigungsmittel einbringen, denn Sprache bildet auch eine Vorstellungswelt ab, und die Vorstellungswelt der Jäger und Sammler erweist sich für dieses neue

Leben als unpassend. Gmr erfährt im Laufe der Zeit alles über die Vergangenheit, über die Heimat und über die Ahnen seiner neuen Familie. Aus dem Süden kamen sie auf der Suche nach genügend Platz und ausreichend fruchtbaren Äckern. Sie haben drei rechteckige Langhäuser errichtet, jedes dreißig Meter lang, sechzehn Meter breit. Dreißig bis vierzig Menschen, eine Großfamilie, eine Sippe wohnt in jedem Haus. Fast den ganzen Berg haben sie abgeholzt, weil sie das Holz der Bäume zum Bau ihrer Häuser und ihrer halb in den Boden eingegrabenen kleineren Scheunen benötigen. Außerdem verwenden sie Holz zum Kochen und zum Heizen im Winter, als Material für die Gatter der Pferche und für die Griffe und Stangen der Steinwerkzeuge. Die dichten »germanischen Urwälder« überwucherten Europa zur Zeit der Jäger und Sammler. Die Bauern holzten ihre Umgebung rigoros ab, sodass es in Mitteleuropa in der Jungsteinzeit und in der Bronzezeit weit weniger Bäume gab als heute. Unbewaldete Hügel und baumlose Ebenen wurden zur Regel. Erst in der Eisenzeit, als die Menschen sich in kleinen Stammesverbänden organisierten, wuchsen Wälder nach. So lebten die Germanen nicht in Urwäldern, sondern in nachgewachsenen Hainen. Gmrs und Thdrs Wissen über die Jagd kommt der Sippe sehr gelegen, denn zur Nahrungsergänzung erlegen beide Auerochsen und Hirsche, Bären und Wölfe. Besonders, wenn im Winter die Vorräte dramatisch zurückgehen, weil wie in diesem Jahr zu allem Überfluss der Winter früh kam und sich einfach nicht verabschieden will, wohnt die Sorge ums Überleben mit im Langhaus. Hohläugig können die Bewohner zuschauen wie ihre Vorräte zur Neige gehen. Damit die Bauern in ihrer Verzweiflung nicht das Vieh schlachten, das die Herde reproduzieren muss, ziehen Gmr und Thdr auf die Jagd. Immer weiter entfernen sie sich von ihrer Siedlung, ein gefahrvolles Unternehmen. Denn sie wissen, welchen Frevel sie begehen, ohne Schamanen, der den Herrn der Tiere besänftigt, zu jagen. Je weiter die Märsche reichen, umso stärker wächst die Gefahr, dass sie die Orientierung verlieren und nicht mehr zurückfinden in diesem grausig kalten Winter. Gmr denkt das erste Mal in seinem Leben über die Möglichkeit nach, sich im Raum zu orientieren. Es gibt keinen Schamanen mehr, der das übernimmt, und die Bauern, die am Ort siedeln, müssen darüber nicht nachdenken. Sie haben andere Sorgen, beispielsweise, wie der perfekte Aussaattermin bestimmt werden kann, denn wir befinden uns in einer Zeit ohne Kalender. In unserer terminverliebten Gegenwart können wir uns kaum vorstellen, wie es ist, wenn es keine Uhren und keine Kalender gibt. Obwohl Gmr seine Welt verließ und diese neue Welt mit ihren Göttern und Riten mit allen Fasern seines Herzens aufsaugt, nutzt er dennoch die Erfahrungen seines früheren Lebens.

Den Winter setzen die Bauern mit dem Tod gleich. Die Vegetationsgötter haben sich in die tiefste Erde zurückgezogen, wie der sumerische Dimurzi halbjährlich in der Unterwelt gefangen gehalten wird. Jedes Jahr aufs Neue beten, opfern und hoffen die Bewohner des Langhauses, dass er wieder aus der Unterwelt zurückkehren möge. Doch in diesem Jahr hoffen Gmr und Thdr nicht nur darauf, sondern weit mehr noch, dass mit der Rückkehr des Vegetationsgottes im Frühjahr auch ihre Kinder glücklich zur Welt kommen, denn Rheda und Libia sind schwanger. Die Frauen und Männer suchen in der Umgebung Futter für die Tiere, Eicheln oder getrocknetes Gras, das sich unter dem Schnee glücklicherweise an der einen oder anderen Stelle noch finden lässt. Allerdings müssen sie auf der Hut sein, denn der harte Winter treibt die Männer der einen oder anderen Siedlung dazu, auf Raubzug auszugehen, damit ihre Familien nicht verhungern. Doch Gaturs Sippe hat Glück, sie bleibt in diesem Winter vor Marodeuren verschont. Aber ein anderes, unerwartetes Unglück bricht herein. Gmr und Thdr kämpfen sich durch einen schlimmen Schneesturm, dessen eisiger Wind mit Millionen kleiner, spitzer Zähne in die Bronchien beißt. Völlig entkräftet gelingt es ihnen mit ihrer Beute, einem Bären, den sie erlegt haben, heimzukehren. Im Langhaus herrscht Feiertagsstimmung. Doch Thdrs Seele ist krank. Am Herdfeuer macht sich seine Seele auf die Reise und lässt einen heißen, fiebrigen und zitternden Körper zurück. Gatur mischt Kräuter, doch sie helfen nicht. Gmr weiß, dass niemand außer einem Schamanen helfen kann, denn Thdr hat sein Totemtier, den Bären, getötet. Tagelang stapften sie durch den hohen Schnee, wissend, dass ihre Frauen, die Leute im Langhaus am Verhungern waren. Ihr Unternehmen blieb wie verhext erfolglos, bis sich endlich dieser Bär zeigte. Gmr warnte Thdr, doch niemand konnte ihn aufhalten. Er tat es, um seine Frau, die sein Kind in ihrem Bauch trug, vor dem Verhungern zu schützen. So einleuchtend Gmrs Erklärung für ihn selbst sein mochte, der wahre Grund der Erkrankung Thdrs lag nicht im Frevel. Die Bauern, die seit Jahrhunderten mit den Tieren unter einem Dach lebten, waren immun gegen die Krankheiten der Tiere, nicht aber die Jäger. Die Mediziner nennen diesen Vorgang Zoonose, die Übertragung von Krankheiten von Tieren auf Menschen, gegen die die Menschen keine Abwehrkräfte besitzen. Die Männer oder Frauen der Jäger und Sammler, die sich den Bauern anschlossen, und es waren die wenigsten, weil die freien mesolithischen Jäger die an der Scholle klebenden und im Dreck wühlenden neolithischen Bauern verachteten, schwebten in der Gefahr, sich durch die Tiere mit Krankheiten zu infizieren, die für sie tödlich verliefen, weil sie ihnen mangels Abwehrkräfte schutzlos ausgeliefert waren. Betrachtet man es etwas metaphorischer, was genau genommen ja nicht weniger real ist, hatte Thdr die Trennung von seinen Ahnen und seiner Familie mit der Tötung des Totemtiers vollzogen und war tatsächlich daran gestorben, dass er seine Familie verlassen und zu den Bauern gegangen war. Gmr sieht, wie Thdrs Seele nach Norden wandert zu seinem Clan, wie sie den glühenden Leib verlässt. Wie gern würde er die Seele des Freundes aufhalten, doch wer kann das schon. Und mit Wehmut folgt er ihr in Gedanken. Weiß er doch, dass sie dorthin reist, wo die Seelen seiner Ahnen leben. Und diese Seele begleitet wie in einer Parallelwelt seine Mutter, seinen Vater, seine Schwester. Wo sie inzwischen wohl sein mögen? Irgendwo im Norden. Er kann nicht wissen, dass die Jäger und Sammler auf dem Rückzug fast bis zur Nordsee gekommen sind und dort wiederum auf Hirten und Bauern treffen.

Man kann sich die Besiedlung Europas vorstellen wie eine eher zufällige Zangenbewegung. Aus dem westlichen Mittelmeerraum drangen nach Spanien und Portugal, zu den britischen Inseln und entlang der Küsten und Flussmündungen Frankreichs, Belgiens, der Niederlande, Nordwestdeutschlands und Dänemarks seefahrende Siedler vor, die rätselhafte Steinbauten hinterließen und der hamitisch-semitischen Sprachfamilie zugeordnet werden. Noch heute können wir in Portugal oder besonders eindrucksvoll im bretonischen Carnac Menhire und Megalithgräber bestaunen, Steinkreise, die die Verbindung zum Himmel herstellten, eine Art steinerne Seelenleitung von den Gräbern in den Himmel. Unter den großen Steinen, auch Hünensteine genannt, setzten diese Siedler ihre Angehörigen bei. Hatte man einmal ein Großsteingrab errichtet, begruben Generationen ihre verstorbenen Angehörigen hier. Als Gmrs Leute entkräftet und dezimiert im Norden ankamen und auch hier Bauern vorfanden, drang der Frost tief in ihr Herz. Der Schamane war auf dem Weg gestorben und einer nach dem anderen folgte ihm aus Entkräftung. Nur wenigen gelang es, sich weiter in den hohen Norden durchzuschlagen in eine Gegend, die wir heute Lappland nennen. Halbtot wurde Gmrs Schwester von einem Siedler gefunden und gepflegt. Von den berühmten Tempeln in Malta bis zu den Hünengräbern in Norddeutschland hinterließen diese seefahrenden Siedler, die wir die Megalithleute nennen, bis heute ihre Spuren. Dass sie eine geschlossene Kultur oder ein Volk bildeten, steht nicht zu vermuten, denn bei Licht besehen unterscheidet der Tempel von Malta sich von den Steinkreisen in Carnac wie die Pyramide des Cheops von dem Zikkurat in Ur. Gemeinsam ist ihnen lediglich, dass sie große Steinwerke darstellen, doch schon die Theologien gehen weit auseinander. Verlassen wir die Megalithleute im Norden einstweilen.

Viel entscheidender ist die Frage, wer die Siedler, denen sich Gmr anschloss und die jene Gesellschaften bildeten, die schließlich die Bronzezeit hervorbringen sollten, eigentlich waren? Aus Südosteuropa kommend stießen sie vor 7000 Jahren bis zum heutigen Mecklenburg in den Norden und Westen vor, bis ins Weichselland und die Ukraine im Osten und bis ins Pariser Becken im Westen. In der Forschung werden diese Siedler die Bandkeramiker genannt. Ihnen gestehen die Archäologen zu, einer einheitlichen Kultur anzugehören, weil die Formgebung und das auffällige Banddekor ihrer Keramik, das ihnen auch den Namen gab und hier sozusagen das Leitmuster bildet, weitgehend identisch sind und zudem noch ähnliche bis gleiche Bestattungsformen vom Karpatenbecken über Mitteleuropa bis ins Pariser Becken hinein existierten. An den Küsten und Flussmündungen wird ihre Kultur begrenzt durch die Megalithleute, und in Nordwestdänemark bildete sich eine eigenständige Gruppe heraus: die Ertebölle-Kultur. Dazwischen irren die Jäger und Sammler als ältere Bewohner des Kontinents umher und werden zum größeren Teil aufgerieben, zum kleineren assimiliert, manche, wie bereits erwähnt, wandern noch weiter in den Norden. Ureinwohner wollen wir sie nicht nennen, denn da bleibt es zweifelhaft, ob als Ureinwohner nicht der ausgestorbene Neandertaler zu benennen wäre. Unserer heutigen Welt, in der der Schein alles und die Realität nichts ist, die Meldung sich dreist an die Stelle der Wahrheit setzt, erscheint die Wirklichkeit immer öfter als eine endlose sich überbietende Show von Nachrichten, als ein Reigen der Superlative. Wissenschaft, die sich aus Marktzwang darauf einlässt, verliert ihre Seriosität, zumal ihre Befunde viel komplexer sind, als es die Schlagzeile abbilden kann. Bei jedem Untersuchungsergebnis tönt es bereits, dass die Geschichte umgeschrieben werden müsse – es würde bei weitem genügen, wenn sie überhaupt erst einmal geschrieben werden würde, denn bisher gibt es nur Fragmente einer Geschichte der Bronzezeit, der Steinzeit und so fort. So verständlich der Marktzwang in Zeiten immer leerer werdender Kassen auch sein mag und sich der Wissenschaftler bemüht, den Anforderungen der Medienshow »Deutschland sucht den Superwissenschaftler« zu entsprechen – zumeist sicher in bester Absicht –, so senkt dieser Mechanismus das Niveau nachhaltig. In diesem Klima, in dem sich Wissenschaft in der Vermittlung in ihr Gegenteil verkehrt, verwundert es nicht, wenn die sensationalistische Vermarktung einer interessanten Untersuchung etwas völlig anderes aussagt als die Studie selbst. Die Medien berichteten darüber, dass die Europäer nicht von den neolithischen Einwanderern abstammen, sondern von den Mesolithikern, von den Jägern und Sammlern. Überspitzt formuliert: Die Jäger und Sammler wären demnach organisiert zum Erfahrungsaustausch in den Süden gedüst und hätten sich dort Ackerbau und Viehzucht angeschaut. Wieder in Nord- und Mitteleuropa zurück, hätten sie Pfeil und Bogen beiseite gelegt und begonnen, munter die Wälder zu roden.

Las man hingegen in längeren und seriöseren Artikeln oder gleich in der Urveröffentlichung in *Science* nach, ergab sich folgendes divergierendes Bild. Die Anthropologen der Universität Mainz hatten von 57 menschlichen Skeletten von 16 europäischen Fundplätzen Proben genommen, alles Fundorte, die den Bandkeramikern, also unseren Einwanderern aus dem Süden zugerechnet worden sind. In 24 dieser 57 Skelette wurden brauchbare Proben gefunden. Von diesen 24 hatten sechs Individuen die Buchstabenkombination, die die Genetiker Haplotyp nennen: N1A. Der N1A-Haplotyp der sechs untersuchten Steinzeitbauern kommt im Genpool der heutigen europäischen Bevölkerung nur noch zu 0,2 Prozent vor. Daraus wurde dann voreilig die Schlussfolgerung gezogen, dass erstens die Steinzeitbauern nicht unsere Vorfahren gewesen sein können und zweitens wir von den Jägern und Sammlern, also den Mesolithikern abstammten, die sich massenhaft zum Ackerbau und zur Viehzucht bekannt haben müssten. Natürlich mag man diese Hypothese äußern und diskutieren dürfen, nur wird sie wissenschaftlich nicht und schon gar nicht durch die Mainzer Studie gedeckt, und zwar auf verschiedenen Ebenen nicht. Die Studie gibt keinen Anhaltspunkt dafür, dass wir von den Mesolithikern abstammen, sie schlussfolgert ausschließlich ex negativo, weil wir nicht von den Neolithikern abstammen, können wir nur von den Mesolithikern herkommen. Das kann, muss aber nicht sein. Hier stehen die Untersuchungen noch aus, sie sind allerdings geplant. Warten wir es ab. An dieser Stelle ist es notwendig, auf die Beweisfähigkeit von DNA-Proben hinzuweisen, weil in Zeiten von *CSI* und anderen Polizeiserien geradezu legendäre Vorstellungen davon existieren. Wie die Untersuchung selbst zeigt, freuten sich die Wissenschaftler zu Recht, dass sie bei 57 Funden eine so reiche und glückliche Ausbeute von 24 verwendbaren Proben hatten. Die DNA darf nicht durch Fremd-DNA verunreinigt sein. Die Wissenschaftler selbst arbeiten im Labor im Schutzanzug, um zu verhindern, dass die Probe mit ihrer DNA unbrauchbar gemacht wird. Bereits eine Hautschuppe des Analysten, die auf die Probe schwebt, würde dafür genügen. Besonders alte Knochen, die seit Jahrtausenden in der Erde liegen, wurden mit mannigfaltiger DNA verunreinigt, und wir können von Glück sagen, dass die Mainzer Anthropologen nicht festgestellt haben, dass wir von Totenkäfern oder Regenwürmern abstammen. Wenn man von 4 500 Menschen ausgeht, die vor 7 000 Jahren Mittel- und Nordeuropa besiedelten, würden sechs untersuchte Skelette ca. 0,14 Prozent der Bevölkerung ausmachen. Mithin wäre die statistische Basis zu gering, um eine Aussage zu treffen, im Gegenteil, wenn sich dieses Erbgut immer noch bei 0,2 Prozent der heutigen Bevölkerung nachweisen lässt, wäre es ja fast konstant geblieben, denn wir haben keine Aussage darüber, in welchem prozentualen Verhältnis der N1A-Haplotyp in der damaligen Bevölkerung vertreten war. Die Proben wurden von unterschiedlichen Fundplätzen entnommen, deren Träger zu verschiedenen Zeiten gestorben sind, da können gut und gern einmal 500 Jahre dazwischen liegen. Um es zu veranschaulichen: Eine Probe könnte von Johannes Paul II., die andere von Martin Luther stammen. Möglicherweise stammen zwei der sechs Proben in der Tat von Mesolithikern, nämlich von den wenigen, die sich assimilierten, denn letztlich bestimmte das Zufallsprinzip der Erhaltung der DNA die Analysebasis. Nichts wissen wir über die Menschen, deren DNA ausgewertet wurde. Unberücksichtigt bleibt in der Studie, woraus sich der Genpool des heutigen Europäers zusammensetzt. Allein zur Zeit der Einwanderung unterscheiden wir zwei große Gruppen, die anhand von archäologischen Befunden nur kulturell definiert werden, nämlich die Megalithleute und die Bandkeramiker. Hinzu kommen inneralpine Gruppen, Dänemarks Ertebölle-Leute, Iberer, Basken und die Jäger und Sammler des hohen Nordens. Damit ist der Gencocktail Europas längst noch nicht fertig gemixt. Spätere Zeiten bringen neue Einflüsse: Denken wir nur an die Völkerwanderung, an die Hunnen, an die Mongolen des Dschingis Khan, an die türkische Invasion, die in ihrer größten Ausdehnung bis an die Tore Wiens reichte. Sollten all jene ihre Gene für sich behalten und keine genetischen Spuren hinterlassen haben? Und schließlich und letztens findet sich dieser Haplotyp nur in der weiblichen DNA, das heißt, sie bildet lediglich die Vererbung seitens der Mutter ab, macht aber keine Aussage über den Vater. Das alles sagt gar nichts gegen die Mainzer Analyse, sondern alles für ihre Fortsetzung auf breiterer und mithin repräsentativer und statistisch relevanter Materialbasis.

Doch kehren wir in die Zeit Gmrs zurück. Wie einheitlich sind die Bandkeramiker genetisch, bilden sie lediglich eine archäologische Kultur oder auch ein Volk mit einer einheitlichen Sprache? Wir, die wir an Völker und Nationen gewöhnt sind, könnten schnell archäologische Kulturen als Völker oder Stämme missverstehen. Aber ein Volk der Bandkeramiker hat es nicht gegeben. Der Bauer am Fluss Seine, der nebenbei töpferte und die hergestellten Vorratsbehälter aus Ton mit Bandmuster verzierte, wird sich kaum als Angehöriger der großen bandkeramischen Nation empfunden haben, die bis zum Donaudelta und zum Schwarzen Meer reicht. Auch der Bauer an der Moldau oder der an der Unstrut oder jener am Rhein wird sich nicht in Beziehung zu seinem Kulturkollegen an der Seine gesetzt haben. So wollen Archäologen zu Recht auch nicht den Terminus der archäologischen Kultur verstanden wissen. Sie können nur anhand von dem, was sie an materieller Hinterlassenschaft im Boden finden, wie beispielsweise Keramik, Gräber, Tierknochen, Getreidekörner, Bauholz, Steinwerkzeuge, Gewandnadeln und so weiter, Vergleiche anstellen, Datierungen vornehmen und somit Gemeinsamkeiten und Unterschiede in einer Zeit ausmachen. Man spricht hier von einem Zeithorizont oder nur Horizont. Das bedeutungsvollste Merkmal übernimmt dann die Funktion eines »Leitfossils«, das heißt, es gibt der Kultur den Namen, etwa nach Art der Keramikverzierung: Bandkeramiker, Schnurkeramiker, oder nach Art der Bestattung: Urnenfelder, Hügelgräber, Megalith, oder eben nach dem bedeutendsten oder ersten Fundort: Rössener Kultur, Aunjetitzer Kultur, Straubinger Kultur und so weiter. Ob die Menschen in den einzelnen Siedlungen der archäologischen Kultur oder Gruppe wirklich etwas miteinander zu tun hatten, bleibt fraglich. Politische Verbände oder Ethnien können davon nicht abgeleitet werden. Alles, was man positiv aussagen kann, ist, dass die Menschen, die dieser Kultur angehört haben, zur gleichen Zeit und in ähnlicher Weise gelebt haben.

Dort, wo es keine schriftlichen Zeugnisse der betreffenden Menschen oder schriftliche Zeugnisse über sie gibt, wissen wir nicht, wie sie sich genannt haben oder wie sie von anderen genannt wurden. An dieser Stelle wird Archäologie gezwungenermaßen ein wenig Voodoo, indem sie das gefundene Artefakt wie eine Voodoo-Puppe beschwört, ihr aber der Mensch, der nicht benannt ist, fremd bleibt. Der Name aber ist Anfang und Ende. Was nicht benannt ist, existiert nicht. In einem der berühmtesten Grimmschen Märchen findet die Königin in höchster Not den Namen eines Männchens heraus, das ihr das Liebste, nämlich ihr Kind wegnehmen will: »Heißt du Kunz, heißt du Heinz, heißt du gar Rumpelstilzchen?« Und kann dadurch verhindern, dass ihr der kleine Mann, der sich vor Wut darüber in der Mitte entzweireißt, das Kind raubt. Mit der Kenntnis des Namens kann die Gefahr gebannt werden. Mit der Kenntnis des Namens gewinnen wir Gewalt über den anderen. Moses will Jahwe erkennen und er fragt ihn, wer er sei. Doch Jahwe lässt sich nicht in einen Namen sperren und antwortet: Ich bin, der ich bin – JHWH. Gott führt in der Schöpfungsgeschichte dem Menschen die Tiere zu, denen dieser Namen geben soll. So wie er sie nennt, so sollen sie auch heißen. Erst nachdem er ihnen Namen gegeben hat, existieren sie wirklich.

Nun wissen wir also, dass es keine Bandkeramiker gab, sondern Menschen, die aufgrund der Ähnlichkeit in den archäologischen Funden zusammenfassend Bandkeramiker genannt werden. In unserer Zeitreise begegneten wir Gatur und Libia, und auch Gmr, der zu ihnen stößt. Bleiben uns wirklich in der Wissenschaft nur ein paar Hauspfostenabdrücke im Boden, ein paar Scherben, ein paar Hockergräber und ein paar Steinäxte von einem reichen, gelebten, erlittenen und geglückten Dasein auf dieser rauen Welt? Sind die Hoffnungen, die Siege und Niederlagen, die Mühsal und die Freuden unserer Vorfahren wirklich dem Vergessen anheim gegeben, nur weil sie keine schriftlichen Zeugnisse hinterließen, gelten sie uns statt als Menschen nur als anonyme Neolithiker oder saloppe Bandkeramiker? Sollte man so von Menschen sprechen, sie so betiteln in einem unangemessenen Jargon der Eigentlichkeit? Können wir nicht mehr von ihnen wissen, als wir meinen?

Gründlich scheint es in Vergessenheit geraten zu sein, vielleicht auch aufgrund der schuldbewussten Selbstbeschränkung der Disziplin nach 1945, aber eine der eindrucksvollsten Leistungen des induktiven Verstandes hat darin bestanden, durch reine Sprachwissenschaft die Spuren eines Volkes gefunden zu haben. Es sind keine Scherben, es sind Namen. Die Sprachwissenschaft vermochte es tatsächlich, ein Volk zu entdecken, das in der Geschichte verschollen war. Von diesem Volk berichten keine Tontäfelchen, keine Epen und keine antiken Schriftsteller, weil seine Geschichte zu weit in die schriftlose Geschichte zurückreicht. Es ist das Volk vor den Griechen, vor den Ägyptern, vor den Sumerern, es ist das Missing Link zwischen Çatal Hüyük und dem Heiligtum von Goseck. Und dennoch finden wir seine Spuren in der Bibel und im *Gilgamesch-Epos*, auf Tontäfelchen verzeichnet, in der *Ilias* und Hesiods *Theogonie* und auch bei Herodot, Plinius und Tacitus. Dieses Volk bildete sich im fruchtbaren Halbmond und besiedelte Südosteuropa. Von hier brach es vor 7000 Jahren auf, sich Mittel- und Nordeuropa anzueignen, aber auch in die südrussische Steppe zu ziehen und anschließend zurück nach Anatolien, nach Griechenland, nach Italien, nach Indien und in den Iran. Durch Sprachvergleich der ältesten bekannten Sprachen gelang es dem beharrlichen Franz Bopp in der Mitte des 19. Jahrhunderts eine Ursprache, die gemeinsame Wurzel mehrerer europäischer und vorderasiatischer Sprachen zu definieren und einige ihrer Wörter zu rekonstruieren. Aus dieser Ursprache entstanden das Altindische, das Altiranische, das Venetische, das Illyrische, das Keltische, das Hethitische, das Germanische, das Gotische, das Baltische, das Slawische, das Armenische und das Thrakische, um nur einige zu nennen. Der mörderische Unfug des Nationalsozialismus hat auch hier zu Verwirrung und zum Tabu geführt. Ähnlich wie das vedische Symbol des Hakenkreuzes missbraucht wurde, ist auch der Begriff des Indoarischen für immer durch albtraumhafte Assoziationen kontaminiert. Dazu haben die geistesschwachen, dafür umso brutaleren Möchtegernarier der jüngsten Vergangenheit zu viel Leid über die Menschen gebracht. Da allerdings der Begriff der Indoeuropäer nur unzureichend ist – als ob die hamitisch-semitische Kultur der Megalithleute oder die Basken oder Ugro-Finnen keine Europäer wären –, scheint es am besten, vom Indogermanischen zu sprechen. Mithilfe von Reduktion auf den Wortstamm und des Bildens von Sprachgleichungen konnten Wörter und Namen rekonstruiert werden, Namen für Gegenstände des Alltagslebens der Sprecher dieser Sprache. So gleichen sich beispielsweise die Wortstämme für Vater, Mutter, Bruder, Schwester, für Gott, für Pferd, Rind, Schaf, Ziege in allen Sprachen, die aus dem Indogermanischen entstanden. Die Indogermanen lebten als Bauern, sie kannten typische Begriffe des Ackerbaus, der Viehzucht, aber auch das Pferd und den Wagen.

Gmr lernt von seinen neuen Verwandten das Indogermanische. Nach Thdrs Tod beschließt Gmr, sich auch um Rheda, die ohnehin von Gaturs Sippe beschützt wird, und ihren Sohn, den sie zur Erinnerung an Thdr Thoru nennen, zu kümmern. Wenige Wochen nach Thorus Geburt, setzen auch Libias Wehen ein. Im Langhaus herrscht Aufregung, zumal die Geburt nicht schnell verläuft, sondern sich hinzieht. Gmr läuft vor dem Haus auf und ab, er repariert die Scheune, sucht sich die schwersten Arbeiten, nur um sich abzulenken, denn er ist so aufgeregt und so unruhig wie niemals zuvor in seinem Leben. Nicht einmal am Tag seiner Initiation durch den Schamanen oder vor seiner ersten Jagd spürte er diese alles verzehrende Unruhe, die ihn förmlich zerreißt und in den Adern kocht. Dann endlich, die Sonne war aufgegangen hinter dem heiligen Berg und wanderte inzwischen zum großen fernen Berg im Westen, wo sie einkehren würde, kommen Gatur und Rheda zu ihm. In ihren Armen hält Rheda ein kleines Mädchen, das putzmunter strahlt, ihn aus den Augen seines Vaters anblinzelt. Gmr spürt wie eine Welle des Glücks jede Zelle seines Köpers wohltuend flutet. Wenn er in diese Augen schaut, die Augen seiner Tochter, sieht er das Glück, das ganze große Glück, das in seinem Leben, das zumeist Arbeit und Kampf bedeutet, auch existiert und nun zu ihm gekommen ist. Er hat das Gefühl, plötzlich eine Aufgabe zu haben, eine Verantwortung, die ihm niemand abnehmen kann, wofür er ganz allein zuständig ist. Doch da ist noch etwas. Rheda nimmt ihm seine Tochter wieder ab, und Gatur führt ihn zum Haus. Sie betreten den großen Raum, in dem es merkwürdig still ist. Und instinktiv spürt Gmr, der nicht weiß, was ihn erwartet, dass er nicht hier sein möchte und weder sehen will, was er gleich zu sehen bekommt, noch bereit ist, zu hören, was ihm gleich gesagt wird. Schwach und durchscheinend liegt Libia, und Gmr spürt, dass das Leben mit dem Blut, das die erfahrene Frau nicht gestillt bekommt, unaufhaltsam und unwiederbringlich aus ihr entweicht. Gmr kniet sich zu Libia. Er nimmt ihre Hand in die seine und möchte nicht nur die Hand, sondern auch sie festhalten und fühlt dabei doch nur hilflos, wie sie ihn verlässt und in die Ewigkeit wechselt. Zu schwach ist sie, um ihn mit Worten zu bitten, aber ihre erlöschenden, langsam kalt werdenden Augen tragen es ihm auf, dass er auf ihre Tochter aufpassen soll. In diesem Moment, in dem er spürt, dass das Leben sie verlassen hat, stürzt für ihn der Himmel ein.

Etwas später hat er seine Tochter erneut im Arm. Rheda wird die kleine Libia stillen. In der Nähe des Langhauses, dort, wo auch Thdr begraben worden war, hebt Gmr eine große Grube aus, und es ist trotz der wärmenden Frühlingssonne kalt in seinem Herzen. Bald darauf stehen alle Bewohner des Langhauses um die Grube herum, Gatur hat die kleine Libia auf dem Arm, Rheda Thoru. Die Frauen hüllten Gmrs Frau in das Frühlingstuch, das Libia noch für sich gewebt hatte, und Gmr hatte eine Bernsteinkette eingetauscht, die er Libia nach der Geburt schenken wollte. Liebevoll legt er sie in Hockstellung, in Geburtsstellung mit dem Gesicht nach Osten in die Grube. In der Haltung, in der sie einst geboren war, wird sie wieder in die ewige Welt eingehen, aus der sie wie alle gekommen war. Sie wird die aufgehende Sonne erblicken, die sie mit auf ihren Weg nehmen wird. Und damit sie genügend Zehrung für den Weg hat, legt ihr Gmr noch vier Tontöpfe mit Getreide, mit Brei bei, aber auch Gefäße mit Wasser und ein Schaf, das er extra für sie geschlachtet hat. Alles, was er und die kleine Libia entbehren können, gibt er ihr mit auf die Reise ins Jenseits, dass sie nichts entbehren, dass sie nicht hungern und nicht frieren muss. Dann deckt er mit einer Steinplatte die Grabkammer ab und schichtet Erde darauf. Schließlich stellt er auf das Grab einen Stein, den er in den letzten Stunden geschliffen hat. Auf die glatte Oberfläche ritzte Gmr die Todesgöttin, auf dass sie Libia gewogen sei und sie beschützte auf ihrem Weg ins Jenseits.

Libias Tod verändert Gmr, er wird nachdenklicher. Ausgiebig befragt er Gatur über Tod und Leben, über die Götter und wie man sie gnädig stimmt. Anfangs will er nur herausfinden, ob er nach Gaturs Glauben Libia dereinst wiedersehen wird. Gatur kann ihn beruhigen, sie werden alle im Reich »Vorderzeit« und »Nachderzeit« wieder vereint sein. Natürlich wird er Libia finden müssen, und die Götter müssen ihm wohl gesonnen sein. Und eines Tages berichtet ihm Gatur von seinem Traum, mit den Göttern zu sprechen, um von ihnen zu erfahren, wann sie die neue Saat in die Erde bringen sollen, dass die Götter sie auch beschützen und sie nicht vorzeitig Schnee und Hagel schicken. Aber, wendet Gmr ein, bittet Gatur nicht jedes Jahr darum. Darum geht es aber Gatur nicht, das genügt nicht; wenn man die Hilfe der Götter benötigt und erwünscht, muss man ihnen eine Heimstatt errichten. Gmr versteht: ein Haus für die Götter. Er begreift, dass man dieses Heiligtum nicht an jedem beliebigen Ort und nicht in jeder denkbaren Form errichten kann. Und so denkt Gmr über Ort und Form des Heiligtums nach. Über die Jahre wachsen Thoru und Libia heran, und Gmr beobachtet den Wechsel der Jahreszeiten, die Reise des Mondes durch seine Häuser, die Fahrt des Sonnengottes und schließlich die Sterne am Himmel, die für ihn die Ahnen sind. Der hellste Stern aber ist Libia, die er nicht vergessen kann, mit der er immer wieder spricht. Nach Gaturs Tod nimmt Gmr Gaturs Stelle für die Sippe ein und allmählich auch für die anderen Sippen in den anderen Häusern. Schließlich verbreitet sich die Kunde seiner Weisheit auch in der Umgebung, und Menschen aus anderen Langhäusern kommen zu ihm, um Gmr um Rat zu fragen. Doch eine Frage martert ihn beständig, sie ist der Grund aller anderen Fragen: Wie erfahren wir den Willen der Götter? Wann ist der richtige Zeitpunkt zur Aussaat gekommen? Es existierte noch kein Kalender. Woher sollten die Bauern wissen, dass es März ist und der Aussaattermin gekommen war? Es gab Jahre, da unterbrach ein kurzer Wärmeeinbruch den Winter. Säte man zu dieser Zeit, würde die Saat bei einem erneuten Frosteinbruch erfrieren. Säte man zu spät, würde das Getreide nicht mehr reif werden, bevor der Spätherbst mit Kälte und Hagel käme und die Kraft der Sonne nicht mehr ausreichen würde, um das Getreide und die Linsen und Bohnen reifen zu lassen. Sicher, man konnte anhand der Mondphasen (die 29 Häuser des Mondes) so etwas wie Monate bestimmen, doch es fehlte das Jahr, wie viel Monate besaß ein Jahr? Von welchem Zeitpunkt an begann man zu zählen?

Libia ist inzwischen zu einer schönen jungen Frau und Thoru zu einem geschickten jungen Mann herangewachsen. Beide haben sich ineinander verliebt und wollen zusammenbleiben. Rheda und Gmr freut es. Zu dieser Zeit fasst Gmr den Plan zur Errichtung des Heiligtums. Dank seiner Autorität, die er in der Umgebung genießt, überzeugt er die Bauern seiner Siedlung und zwei weiterer Siedlungen, unweit seines Langhauses, dennoch aber zentral einsehbar für alle Häuser und Siedlungen im Umkreis, das Heiligtum zu errichten. Wenn alle mithelfen würden, benötigte man zwei Monate. Und so beginnen sie, das Heiligtum zu errichten, das Archäologen sachlich Kreisgrabenanlage nennen.

Überall in Europa schießen diese Kreisgrabenanlagen förmlich aus dem Boden. Doch das älteste, das man entdeckte, wurde bei Goseck in Sachsen-Anhalt gefunden. Es ist über 6000 Jahre alt. Weitere, jüngere Kreisgrabenanlagen fanden Archäologen in Niederösterreich in Wilhelmsdorf, in Immendorf, in Kamegg, in Bayern in Kothing-Eichendorf, Meisternthal, Gneiding, Ramsdorf, Schmiedorf, Unternberg, in Hessen in Ippesheim, in Bulgarien in Drama, um nur einige zu nennen. In England existierten bereits vor Stonehenge, das 4000 Jahre jünger ist als Goseck, die älteren Woodhenges. Mit anderen Worten: Die Kreisgrabenanlagen sind die Sakralbauten, die Kirchen der neolithischen Bauern Europas und mit den Menhiren der Megalithleute vergleichbar. Hätten unserer Vorfahren als Baumaterial Steine statt Holz benutzt, könnten wir en masse zumindest die Reste dieser Heiligtümer bestaunen. Malerische Ruinen würden sich unserem Blick bieten. Stattdessen verschwanden sie wieder durch den natürlichen Zersetzungsprozess, doch glücklicherweise nicht ganz, denn das Gedächtnis der Natur arbeitet präzise. Der Boden merkt sich alles, was mit ihm geschah. Fotografiert man aus der Luft die Landschaft, bilden sich die Bauwerke früherer Zeit ab. Die Strukturen sind im Boden für das geübte Auge und für den Fachmann allemal deutbar. Das Heiligtum von Goseck wurde 1991 von dem Luftbildarchäologen Otto Braasch entdeckt und konnte 1995 durch eine geophysikalische Prospektion bestätigt werden. François Bertemes, ein profunder Kenner der Kreisgrabenanlagen, verstand sofort die einzigartige Bedeutung Gosecks. Wie sich herausstellen sollte, ist die Kreisgrabenanlage von Goseck tatsächlich die bisher älteste in Europa. Und nicht nur dies, die Befunde waren so gut, dass man genaue astronomische Untersuchungen vornehmen konnte. Zum Verständnis dieser Anlagen ist es wichtig, sich immer wieder ins Gedächtnis zu rufen, dass die Trennung zwischen Religion und Naturwissenschaft oder, wie Eliade es sagen würde, zwischen dem Heiligen und dem Profanen erst im Bewusstsein des neuzeitlichen Menschen vollzogen wurde. Selbst der Mensch des Mittelalters, obwohl sich hier längst die Wissenschaften und die Religion getrennt hatten, empfindet noch eine Einheit, in dem die Theologie die Suprema ist und alle anderen Wissenschaften die Mägde der Theologie sind und letztlich nur dem Lobe Gottes zu dienen haben. Ein später Abglanz davon findet sich noch in Kants vergnüglicher Schrift *Der Streit der Fakultäten*, da sind wir aber bereits im Ausgang des 18. Jahrhunderts nach Christus, erschienen war die Schrift 1798 in Königsberg.

Doch für den Menschen der voreisenzeitlichen Gesellschaften, seien es die Jäger und Sammler, seien es die neolithischen Bauern oder die Leute der Bronzezeit, die für die Griechen Homers Heroen darstellen, existiert noch der universelle Synkretismus. Alles ist Manifestation des Heiligen oder anders ausgedrückt, alles Denken erkundet Lebensmöglichkeiten des Menschen in der von Göttern bestimmten Welt. Alle Erkenntnis kann letztlich nur im Verstehen der Götter bestehen. Es existieren keine Naturgesetze, weil alles, was stattfindet, Wille und Werke der Götter sind, die es zu begreifen gilt, um mit ihnen im Einklang zu handeln. Der Lauf der Sonne ist keine astronomische Bahn, sondern die Reise des Sonnengottes durch eine mythische Landschaft, die im Zweifel viel realer ist als die tagtäglich geschaute. Astronomische Erkenntnisse werden nicht als Naturwissenschaft identifiziert, sondern als Theologie verstanden, sozusagen eine Astrotheologie. Darüber die Nase zu rümpfen, offenbart nur langweilig-reaktionäre Stupidität des vermeintlich Fortschrittlichen. Man versteht wenig von den Möglichkeiten der Wissenschaften, wenn man ihre Grenzen nicht kennt. Denn vom wohlbegründeten Standpunkt der Erkenntnistheorie kann Wissenschaft Natur und Geschichte bestenfalls erklären, das heißt, sie kann keine Aussagen darüber treffen, dass es so oder so ist oder so oder so war. Wissenschaft kann uns nur Denkmodelle anbieten, die möglichst den bekannten Fakten nicht widersprechen und eine in sich logische Erklärung anbieten für Geschehnisse der Geschichte oder für Erscheinungen der Natur. Das haben auch die Menschen vor uns getan, doch haben sie letztlich alles in einer Theologie, in einem Welteinheitsglauben, in einer Weltformel versinnbildlicht und sich durch und mit Gott oder den Göttern legitimiert. Nach dem Auseinanderfallen von Wissenschaft und Religion hat die Wissenschaft sich lediglich an die Stelle der Götter oder Gottes gesetzt und mithin ein selbstreferenzielles System geschaffen, dass in etwa so funktioniert wie die deutsche Diätenregelung: Die Abgeordneten entscheiden selbst über die Höhe ihrer Bezüge.

Jede sakrale Anlage wurde aus demselben Wunsch geschaffen: einen Ort zu haben, an dem man mit den Göttern kommunizieren kann. Wenn es Götter gibt, will man sie gnädig stimmen und ihre Wünsche erfahren. Denn von ihrem Wohlwollen hängt der eigene Wohlstand, mehr noch, die eigene Existenz ab. Es ist also eine im wahrsten Sinn des Wortes lebenswichtige Aufgabe. An heiligen Orten zu opfern, mochte immer wieder als eine ziemlich einseitige Kommunikation verstanden worden sein. Deshalb gehörte als wichtiger Bestandteil die Omendeutung als Form der Zukunftsbewältigung zur religiösen Praxis, die schon der Schamane betrieb. Da man selbst Teil des göttlichen Fabulierens ist, das der Mensch Schicksal nennt, lässt sich vielleicht der ein oder andere Handlungsstrang, die ein oder andere Volte im großen Drehbuch, zu dessen Statisterie man selbst gehört, im Voraus erfahren, um Vorkehrungen zu treffen und möglicherweise sogar um den großen Autor, den Demiurgen des Weltgeschehens um eine kleine Änderung im großen Buch der Welt zu bitten. Im Heiligtum vermochte man nun, einen Ort zu schaffen, an dem Andacht, Ritus und Omendeutung als Formen der Kommunikation mit den Göttern durchgeführt werden konnten. Alle Kreisgrabenanlagen, und der Terminus technicus sagt es ja bereits, haben eine rundliche Form, die Form eines mehr oder weniger abgeflachten Kreises, rund wie die ersten Häuser anatolischer Bauern, rund wie die Säulen, rund wie die Herdstellen. Was der Mensch auch anpackt, es steht im Verhältnis zu den Göttern, alles, was er beginnt, muss von den Göttern mit Wohlgefallen versehen werden. Ihren Beistand benötigt er in der Welt, die die Welt der Götter, nicht die des Menschen ist. Deshalb kann das Heiligtum, das Gmr errichten will, nur rund sein. Bis heute findet man in der Sakralarchitektur runde Formen und Grundrisse. Die gerundete Kreisgrabenanlage, die wir Tempel nennen wollen, stellte nicht nur den Mittelpunkt der Welt dar, mehr noch, sie war es definitiv. Gleichzeitig versinnbildlichte die in sich endende und wieder beginnende Linie, die der Kreis ist, den ununterbrochenen Lauf des Lebens, der sich in dem Wechsel von Tod und Geburt verewigt. Dass der Begriff Kreisgrabenanlage gut gewählt ist, zeigt die Etymologie des Wortes Kreis, die genau die Intention der Erbauer trifft, denn Kreis kommt vom Germanischen *krit, was so viel wie »in den Boden geritzter Ring« bedeutet. Es würde sicher zu weit führen, die Etymologien und vor allem die religiösen, motivgeschichtlichen wie mythischen Implikationen des Wortes Ring zu verfolgen, doch gehört der Begriff Ring zu den reichsten Wörtern hinsichtlich seiner kulturellen Bedeutung und seiner Metaphorik. Der Ring symbolisiert das Leben, die Ewigkeit, den unauflösbaren Bund, aber auch die Ordnung. Zerbrochene Ringe bedeuten das Chaos, das Ende der Ordnung. Meines Wissens wurden unter den Gegenständen, die den Göttern geopfert wurden, zwar auch Ringe gefunden, doch im Gegensatz zu anderen Gegenständen, die man unbrauchbar machte, indem man sie zerbrach, gibt es kein Beispiel für absichtlich zerbrochene Ringe in den Deponierungen. Gäbe es sie, würden sie die Zerstörung einer Ordnung symbolisieren.

Erst die Kreisbewegung des Lebens aus Geburt, Tod und Geburt erzeugt die Ewigkeit. So wie der einzelne in seiner Lebenszeit begrenzte Mensch in der Aufnahme in den höheren, transzendenten Kreislauf des Lebens erst Sinn und Trost in seinem Dasein findet, so symbolisiert die Gestalt des Kreises seines Heiligtums dieses Aufgehobensein, macht sie die Ewigkeit für ihn erfahrbar. Das »Stirb und werde« ist im Kreisgraben Architektur und mithin auch Struktur geworden. Möglicherweise darf man die astronomische Bedeutung der Kreisgrabenanlage, etwa von Goseck und Stonehenge, als Observatorium nicht überschätzen, denn die religiöse, die kultische, die gemeinschafts- und sinnstiftende Bestimmung überragt sie ursächlich. Die astronomische Bedeutung besteht genau genommen in einer kalendarischen. Will man den richtigen Zeitpunkt für die Aussaat von den Göttern erfragen, muss man den Weg des Sonnengottes und des Mondgottes beobachten. Deshalb ist die Kreisgrabenanlage von Goseck so gebaut worden, dass die Tore wie Visiereinrichtungen funktionieren. Der Bochumer Astronom Schlosser hat nachgewiesen, dass man von der Mitte der Anlage aus durch das Südtor den Sonnenaufgang und durch das Westtor den Sonnenuntergang zur Wintersonnenwende beobachten kann. Durch zwei Lücken in den Palisaden in Nord- und Ostrichtung lassen sich der Sonnenuntergang und der Sonnenaufgang zur Sommersonnenwende anpeilen. Damit ließen sich als Rahmendaten für das Jahr direkt und indirekt der 10. März, der 21. Juni, der 1. Mai, der 17. Oktober und der 21. Dezember ermitteln. Zusätzlich ließ sich das Sichtbarwerden und das sich Verbergen der Plejaden, des Siebengestirns, beobachten, die genau am 21. März am Sternenhimmel verlöschen, an dem Tag, an dem der Bauer in unseren Breiten mit der Aussaat beginnen sollte. Das Heiligtum erfüllte also die astronomischen Bedürfnisse der Bauern völlig. Einen Mondkalender konnte man vorher schon einrichten. Ein Monat bezeichnet den Zyklus von Vollmond zu Vollmond. Die Wörter Mond und Monat können auf eine gemeinsame indogermanische Wurzel zurückgeführt werden, *me, und diese Wortwurzel steht für messen. Der Mond war also den Indogermanen nicht nur als Gott, sondern auch in der Funktion des Messens, als Messender, oder theologisch auch als Bemessender bekannt. Zwischen Vollmond und Vollmond vergehen 29 Tage, damit hat man den Zeitraum einer Mondreise, einen Monat bestimmt. Wenn man von Aussaatbeginn bis Aussaatbeginn zählen würde, käme man auf zwölf Mondreisen, also auf zwölf Monate. Allerdings würde schon im darauf folgenden Jahr diese Rechnung nicht mehr aufgehen. Für diese Diskrepanz zwischen Mondjahr und Sonnenjahr musste damals eine Lösung gefunden werden, die wir mit dem Schaltjahr gelöst haben. Die einfachste Methode, das Problem zu lösen, mag gewesen sein, von den Rahmendaten wieder neu mit dem Zählen zu beginnen, also eine mechanische Form der Verschaltung zu wählen. In einer synkretistischen Ordnung, in der menschliches Tun zugleich sakrale Tätigkeit ist, wird ein Heiligtum nicht nur eine astronomische Funktion haben, wie wichtig diese auch sein mag. Ob man wirklich nur zur exakten Bestimmung des Aussaattermins das Heiligtum als Observatorium errichtet hätte, ist höchst zweifelhaft. Möglicherweise ließen sich die Daten auch anders bestimmen. Um die bedeutsamen Sonnenstände und Sternkonstellationen zu sehen, braucht man es womöglich nicht, um diese aber theatralisch sichtbar zu machen schon. Der Mensch muss die Gegenwart der Götter immer wieder erleben. Es gehörte noch bis in die jüngste Vergangenheit, vielleicht in einigen Kirchen noch bis auf den heutigen Tag, zum Osterbrauch, eine Woche vor Ostern die Kirchenfenster zu verhängen, um dann zu Ostern, wenn der Priester verkündet »Christus ist auferstanden« die Verhüllung plötzlich fallen zu lassen, sodass das Licht von draußen mit einem Mal durch alle Kirchenfenster dringen kann. Bis auf den heutigen Tag ist im religiösen Ritus dieser früheste menschliche Lebensrhythmus, dieses »Stirb und werde«, der Kreis, der Ring aufgehoben. Der Fruchtbarkeitsgott Dimurzi wird in jedem Frühjahr in Babylon wiedergeboren, wie auch der uns namentlich unbekannte mitteleuropäische Fruchtbarkeitsgott, der Gott des Tempels von Goseck im Frühjahr wieder aufersteht, wie alljährlich zu Ostern Jesus Christus. Der Einfall des Sonnenlichts in das Heiligtum manifestiert den göttlichen Willen, die Aussaat zu schützen, vorausgesetzt der Mensch beginnt jetzt damit. Jetzt erst kann die Tätigkeit des Bauern, der mit der Aussaat eine heilige Handlung vollzieht, unternommen werden.

Das Heiligtum diente als Versammlungsort und als Ort ritueller Handlungen. Manche Kreisgräben mögen auch als Verteidigungsanlagen genutzt worden sein, wie auch die romanischen Wehrkirchen des frühen Mittelalters ihre wuchtige und gedrungene Form dieser Funktion verdankten. Doch für Goseck kann dieser Zweck ausgeschlossen werden. Vor dem Palisadenrund befand sich zwar ein Kreisgraben, doch ein kleinerer Erdwall befand sich hinter dem Graben vom Heiligtum aus gesehen. Hätte Gmr eine fortifikatorische Absicht gehegt, so hätte sich der Wall vor dem Graben befunden. Der Wall stellt eine Begrenzung dar, ein Sichthindernis, einen Abschluss, er schützt den heiligen Raum und errichtet eine sakrale Grenze, die von der magischen Grenze, die der Graben bildet, ergänzt wird. Hat man beides passiert, gelangt man erst zum Heiligtum. Die Palisaden bedeuten einen weiteren Sichtschutz und ein erneutes magisches Hindernis zugleich. Es gibt nur drei Tore, und es ist bestimmt kein Zufall, dass man hier die magische, die heilige Dreiheit verwendete. Die Tore sind aber nicht einfach nur Auflassungen, sie sind Übergänge von der einen Welt in die andere. Wer die Tore passiert, überschreitet die Grenze schlechthin. Geheime Riten und Opferhandlungen wurden im Innern der magischen Kreise abgehalten. Die Archäologen fanden Gruben, in denen Knochen lagen und Feuer gebrannt haben. Die Funktion des Feuers bestand in der reinigenden Wirkung. Die Gruben, die ausgebrannt worden waren, wurden gereinigt, bevor man in ihnen opferte. Zu den religiösen Riten gehörten mit Sicherheit Initiationsriten und vor allem Riten, die wir heute als medizinische Behandlungen verstehen würden. Trepanationen, Schädelöffnungen, dienten dazu, böse Geister – bohrender Kopfschmerz – entweichen zu lassen. Ob die Teile einer Hand, die in einer Grube gefunden wurden, Teil einer Amputation oder eines Finger- oder Handopfers zu interpretieren sind, lässt sich nicht entscheiden. Medizinische Handlungen galten als religiöse Tätigkeiten. Noch heute verdeutlicht das deutsche Synonym für Operation, der Eingriff, das Transzendieren einer Grenze, das Eingreifen in den im religiösen Sinne in Unordnung geratenen Körper, den man wieder in Ordnung bringen wollte. Auf alle Fälle diente die Kreisgrabenanlage als religiöses Zentrum. In der Nähe fand man ein Langhaus, unwesentlich weiter entfernt ein weiteres. Von der Anlage aus war die Umgebung einzusehen, und sie konnte auch von überall gesehen werden. Diese Sichtmöglichkeit und die Garantie, mit dem Heiligtum, dem religiöse Lebensmittelpunkt, immer in Sichtkontakt zu sein, bildeten die geografischen Gründe, weshalb die Bauern diese Anlage an diesem Platz errichteten, zumal der Bauort auch die astronomischen Bedürfnisse erfüllte. Die runde Anlage zentrierte die Welt der Bauern, sie stellte in ihrer Mikrogeografie, in ihrer Zeit die Säule der Welt, die Axis Mundi dar. Selbst die mittelalterliche Vorstellung der Erde als Scheibe sieht die Erde, was oftmals vergessen wird, als rund, als Kreis, nur eben nicht als Kugel. Die mittelalterliche Scheibe steht also in der Tradition der Himmelsscheibe von Nebra, in der Tradition der Kreisgrabenanlagen, der Steinkreise, der runden Häuser anatolischer Bauern, der runden Säulen, des runden Heiligtums von Goseck.

Gmr ist zum Bauern geworden, zum weisen Mann, zu einem geachteten Mann seiner Sippe. Seine Tochter hat ihn zu einer Art Stammvater gemacht, denn sie und Thoru zeugen viele Nachkommen. Die Bauern aus der Fremde werden heimisch. Sie benötigen keine Langhäuser mehr, die Häuser des Überganges waren, sondern beginnen, kleinere Häuser zu bauen, in denen sie nicht mehr im Sippenverband, der sich gemeinsam auf die Reise begab, sondern nunmehr im Familienverband, der sesshaft geworden war, leben. Es entstehen nun wahrhafte Siedlungen. In einem Haus lebt eine Großfamilie, im nächsten die nächste. Sie haben nicht vor, weiterzuziehen, das fremde Land ist ihr Land geworden, sie haben Wälder gerodet und Äcker angelegt und die Landschaft erst geschaffen. Für ihre Kinder, für die Söhne und Töchter von Libia und Thoru ist die neue Welt der Bauern an der Unstrut schon selbstverständlich. Obwohl es hervorgehobene Männer gibt wie Gmr, die durch Kenntnis Autorität erlangen und zeitweilig die Führung übernehmen, wenn gemeinschaftliche Arbeiten wie die Errichtung des Heiligtums geleitet und koordiniert werden müssen, ist ihre Gesellschaft noch weitgehend egalitär. Das bedeutet nicht, dass sie »kommunistisch« ist; der Urkommunismus stellt eine späte, aus dem Bedürfnis einer Moderne in die Geschichte projizierte Fiktion dar, wie auch das vielfach begeistert beschworene Matriarchat. Die Familien bewirtschaften ihre Äcker, das heißt die Äcker, die sie angelegt haben. Es gibt noch nicht so viel, was man besitzen kann, doch auch in den

Grabbeigaben zeigen sich geringfügige Unterschiede. Um die Frage, ob die Frau oder der Mann zu herrschen habe, haben sich unsere Vorfahren mit Sicherheit nicht gekümmert, zumal noch kein Verständnis von Herrschaft existierte. Wo es aber keine Herrschaft gibt, kann man auch keine »Mütterherrschaft« oder »Väterherrschaft« finden. Die Gleichheit der frühen Gesellschaft, der »Urkommunismus«, besteht wie immer in der Gleichheit des Mangels der frühen Communitas oder genauer der Großfamilien. Wo kein Mehrprodukt entsteht, kann es sich auch keiner aneignen. Historisch kann man sehr genau verfolgen, dass nur dort eine bestimmte Gleichheit existierte, wo es auch keine Alternative dazu gab. Allerdings erzeugt Gleichheit keine Dynamik. Gesellschaften entwickeln sich nur, wenn Ungleichheit entsteht, und nur Ungleichheit bringt sie voran. Gleichheit ist kein natürlicher, sondern ein unnatürlicher Zustand, denn schon die einzelnen Menschen unterscheiden sich beträchtlich voneinander. Obwohl die Gesellschaft sich noch nicht strukturiert, existiert bereits ein temporäres System der Planung und Leitung. Und es beginnt etwas zweites: Weil die Menschen unterschiedlich sind, fängt die Gesellschaft des späten Neolithikums an, sich allmählich zu verändern, denn die einen erwirtschaften mehr als die anderen, die einen sind geschickter als die anderen, die einen haben mehr Glück als andere oder entschließen sich, neue Methoden und Werkzeuge zu benutzen.

Das Heiligtum von Goseck wird nach 200 Jahren aufgegeben, nicht aber die Siedlungen. Wurde an anderer Stelle ein neues Heiligtum errichtet? Warum? Wir wissen es nicht, wir wissen noch nicht einmal, ob es dieselben Leute waren, die eventuell das neue Heiligtum erbauten, das Archäologen bereits in der Nähe von Goseck ausfindig gemacht haben und das eventuell sogar bronzezeitlich ist. Durch Luftbildarchäologie identifizierte man Ende 2005 eine ganze Reihe von Kreisgrabenanlagen in der näheren oder ferneren Umgebung von Goseck. Noch steht die Siedlungsarchäologie am Anfang, aber je konkreter Besiedlungen am gleichen Ort möglichst lückenlos über Jahrtausende verfolgt werden können, umso klarer können wir wirklich Aussagen von größter gesellschaftsphilosophischer und gesellschaftspolitischer Bedeutung treffen.

Wenn das Heiligtum von Goseck nach 200 Jahren aufgegeben worden ist, hat man es nicht mehr benötigt. Vielleicht ist man zwischenzeitlich an einen anderen Ort gezogen und hat dort ein neues Heiligtum errichtet. Es mag aber auch sein, dass die astronomischen Notwendigkeiten entfielen, weil man durch die Erfahrung der mechanischen Verschaltung von Mond- und Sonnenlauf eine Art Kalender hatte, der uns nur nicht überliefert ist, doch es besteht kein Zweifel, dass man ihn zu dieser Zeit schon geschaffen hatte. Neue heilige Orte wurden gefunden, die Höhlen im unweit entfernt liegenden Kyffhäusergebirge beispielsweise, zu denen sich Jahrtausende später Hadhu, unser Mann mit dem Goldhut immer noch auf den Weg machen sollte. Somit hätten sich die astronomische und die religiöse Bedeutung des Heiligtums von Goseck für die Bauern erübrigt. Schließlich wollte man zuletzt auch den Boden endlich als Acker nutzen. Bauerngesellschaften sind gemeinhin bei aller Religiosität sehr praktische Gemeinschaften. So kam eins zum anderen, ein religiöser und astronomischer Bedeutungsverlust und die Gier nach neuen ungebrauchten Böden. Es existiert keine stichhaltige Erklärung dafür, warum Kreisgrabenanlagen aufgegeben und wieder neue errichtet worden sind, zumal man nicht weiß, ob die Bauleute der verschiedenen sakralen Monumente in einem kulturellen oder ethnischen Verhältnis zueinander standen und wie dieses aussah. Mit dem Leben in den auseinander liegenden Siedlungsgemeinschaften zerfiel auch die indogermanische Sprache in Einzelsprachen.

Mittel- und Nordeuropa war erfolgreich von Bauern besiedelt und urbar gemacht worden. Und wir, wir würden heute noch in diesen Siedlungen leben, wenn sich das Leben nicht eines Tages spürbar und unwiderstehlich verändert hätte ... Kunstfertigkeit und Magie sollten die neolithische Welt von Grund auf verändern.

5. Der Herr des Feuers

> »Vom Himmel kommen der Sturm und das Feuer, sie sind
> seine Kinder. Auch das Königtum wurde vom Himmel auf die
> Erde herabgelassen. Auch die Tempel kommen vom Himmel
> auf die Erde. Sie sind die Orte, an denen der Same keimt.
> Die Steinblöcke kommen aus dem Himmel. Die Tempel der
> Urzeit heißen Hausberg, Urwohnung, Himmelsband, heiliger
> Hügel, Berg von Himmel und Erde, tiefer Ozean.«
> *Elumaelisch*

Jahrhunderte gehen ins Land. Nur in den Geschichten aus sehr alter Zeit, die an den Herdfeuern erzählt werden, klingen noch an manchen Abenden die Erinnerungen an die Einwanderung an, doch sind sie inzwischen bereits mit anderen Motiven so verwoben und in der Weitergabe von Generation zu Generation auch verändert worden, dass sie dem Zuhörer kaum mehr auffallen und nur Mythenforscher sie aus der Überlagerung von verschieden alten Erzählschichten befreien können. Ein Zeitsog hat uns erfasst. Das Navigieren fällt dem Zeitreisenden immer noch schwer, weil es keine Sicherheit im Sakrileg geben kann, und jede Störung der Ordnung, die die Zeit ist, stellt ein Sakrileg dar. Ein Jahrtausend kommen wir näher an unsere Gegenwart heran, befinden uns im Jahr 2200 vor Christus aber immer noch 4200 Jahre weit entfernt von unserer Zeit. Für die Bauern, die nun seit 1000 Jahren hier leben, ist das Land, das sie beackern, ihr Land geworden. Schließlich waren sie es, die das Land urbar gemacht, es im Grunde erst geschaffen haben. Das Tier lebt in der Natur, der Mensch in der Landschaft, in einem Naturraum, den er immer mehr nach seinen Bedürfnissen und durch seine Tätigkeit veränderte. Nicht die Natur, sondern der Mensch schuf beispielsweise die großen norddeutschen Heidegebiete. Er hatte das ursprüngliche Waldgebiet durch Rodung und durch Waldweidewirtschaft »verheiden« lassen. Der norddeutsche Urwald wurde durch die Herdentiere des Menschen praktisch von unten her aufgefressen und durch gezielte Brandrodungen vernichtet. Bereits die erste Generation, die im neuen Land das Licht der Welt erblickte, empfand dieses Land schon nicht mehr als neue Heimat, sondern schlechthin als die Heimat.

Die Gegend Gaturs und Gmrs ist kaum wiederzuerkennen. Die Langhäuser weichen immer mehr kleineren Behausungen, dafür gibt es aber mehrere. Die Sippen zerfallen in Familien. Jeder Familienclan wohnt in seinem Haus und bewirtschaftet seinen Acker. Vereinzelt kann man noch ein verfallendes Langhaus, das einmal eine Sippe beherbergt hat, in der Landschaft erkennen. Es bildeten sich erste Hierarchien heraus, Familienoberhäupter, die Entscheidungen für die kleine Gemeinschaft fällten, zeitweilige Chefs der Siedlung. Diese bedeutenden Männer übten zugleich auch eine priesterliche Funktion aus. Sie wachten darüber, dass die Götter geehrt werden. Daraus bezogen sie zugleich einen Teil ihrer Autorität. Zudem hielten sie die Überlieferung und die Formen der religiösen Handlungen, wie sie auf sie gekommen waren, wach.

In der Nähe von Gmrs Ort hat sich eine Siedlung gebildet. In einem dieser kleineren Häuser lebt Hathui, der jüngste Sohn Hanus, der in langer Linie von Gmrs Tochter Libia und Thdrs Sohn Thoru abstammt. Hanu liebt seinen jüngsten Sohn, der etwas Besonderes ist, auch wenn es sein Herz schwer bedrückt, dass sein jüngster Sohn sich so gar nicht für die Landwirtschaft interessiert. Andererseits wird er eines Tages seine eigene Familie gründen und sich neues Land suchen müssen, das er erst urbar zu machen hat. Denn die väterliche Wirtschaft wird der Erstgeborene übernehmen. Hathui hat einen flinken Kopf und geschickte Hände. Er ist berühmt für die Werkzeuge aus Holz, Knochen und Stein, die er herstellt und für die Gefäße, die er töpfert. Hathui kann mit dem Feuer umgehen, das bedeutet, er ist in der Lage, nicht nur ein Feuer zu entfachen, sondern die göttlichen Flammen bewusst und zielgerichtet für die Herstellung von Behältnissen und Werkzeugen einzusetzen. Man sieht in ihm einen Meister des Feuers.

Die Archäologen nennen diesen Zeitabschnitt Endneolithikum (Endjungsteinzeit, späte Jungsteinzeit) oder Aneolithikum oder auch Chalkolithikum. »Fassbare« Veränderungen verlaufen in Jahrhunderten. Nur wenn sich die Veränderung der Lebensweise in den Grabbräuchen, in den Siedlungsweisen oder der materiellen Hinterlassenschaft wie der Keramik oder den Werkzeugen niederschlägt, wird sie für den Prähistoriker erkennbar. Veränderungen aber, die keine materielle Hinterlassenschaft erzeugten oder die man noch nicht gefunden hat, sind für den Prähistoriker nicht sichtbar oder wie er es benennt, nicht »fassbar«. Alles darüber hinaus ist für ihn zu Recht Spekulation. Sein Verfahren wird durch zwei Gegebenheiten gerechtfertigt. Zum einen äußern sich Veränderungen des Denkens und Lebens immer in der materiellen Sphäre, zum anderen kann er nichts untersuchen, wofür ihm jeder Anhaltspunkt fehlt. In den 400 Jahren des Überganges von der späten Jungsteinzeit zur Frühbronzezeit mögen sich Ereignisse abgespielt haben, die uns mangels Funden entgangen sind, aber überregionales oder welthistorisches Ausmaß wie die großen Wanderungsbewegungen beispielsweise der Bandkeramiker oder der Megalithleute können sie nicht gehabt haben. Dann hätten größere Veränderungen gewiss Spuren hinterlassen, außerdem lebten die Menschen zu dieser Zeit noch in Familienverbänden als höchster gesellschaftlicher Organisationsstufe. Stämme, Völker und Nationen stehen noch längst nicht auf der Tagesordnung. Noch sind die großen Familien damit beschäftigt, ihren Lebensunterhalt zu sichern. Ein konstantes Mehrprodukt, das es erlauben würde, Mitglieder des Verbandes dauerhaft von der bäuerlichen Arbeit freizustellen, um andere Aufgaben zu erfüllen, wird noch nicht erwirtschaftet, unbeschadet der Tatsache, dass es gute und schlechte Jahre gegeben haben mag. Allerdings kann man sich bereits leisten, dass ein Mitglied der Familie eine gewisse Zeit handwerklich tätig ist, anstatt auf dem Acker zu arbeiten oder sich um das Vieh zu kümmern. Ein wenig wird dieser Dispens dadurch gefördert, dass landwirtschaftliche Tätigkeit im Gegensatz zur handwerklichen oder industriellen kein Kontinuum darstellen kann, sondern wechselvolle Saisonarbeit bleiben muss gemäß den Rhythmen der Natur. In manchen Zeiten, beispielsweise in Saat- oder Erntezeiten ist mehr zu tun, in anderen, wie im Winter, eben weniger. Hathui nutzt den Dispens zum Wohle seiner Familie reichlich. Die Einführung des Ards, des Hackenpflugs, der den Boden tiefer aufreißt und wendet, verbessert die Ertragssituation spürbar. Der Ard wird nicht mehr wie die Pflüge vor ihm von Hand gezogen, sondern erstmals mithilfe von Rindern, die man zu diesem Zweck vor diesen neuen Pflug spannt. Dadurch wird die bebaute Fläche spürbar größer und die Erträge steigen. Immer mehr Wollschafe werden gehalten. Dadurch erhöht sich die Wollgewinnung. Natürliche Färbemittel treten plötzlich auf, sodass die Vermutung nahe liegt, dass die Kleidung unserer Vorfahren schwarz, rot und gelb leuchtete. Die Bevölkerung wächst. Zu Beginn der Bronzezeit leben bereits annähernd so viele Menschen in Mitteleuropa wie über 2000 Jahre später im Mittelalter. Der aufgeregten Diskussion um das deutsche Bevölkerungswachstum könnte es nicht schaden, gelegentlich den Blick darauf zu richten, dass Bevölkerungszunahmen oder -abnahmen in der Geschichte nicht linear erfolgten, sondern die Bevölkerungszahlen munter auf und ab gingen. Zeiten des Bevölkerungswachstums wie im Endneolithikum oder im Mittelalter standen immer Zeiten der Abnahme wie in der ausgehenden Bronzezeit, der Zeit der so genannten Völkerwanderung, des 17. Jahrhunderts als Folge des Dreißigjährigen Krieges gegenüber. Im Mittelalter können messbare Schwankungen, die durch die großen Pestepidemien verursacht wurden, festgestellt werden. Gerade der Blick auf die Geschichte der Bevölkerungsentwicklung führt die fast schon zur verbindlichen Wahrheit und zum Allgemeinplatz avancierte These ad absurdum, dass die Abnahme der Bevölkerung in Europa zwingend eine Einwanderung von Menschen erheischt.

Gmrs Nachfahren stehen wieder vor einer großen Veränderung, die gleichzeitig eine große Herausforderung darstellt. Sie haben nur die Wahl, sich ihr zu stellen oder von ihr überrannt zu werden. Der Begriff Chalkolithikum weist schon auf den neuen Werkstoff hin, der zunehmend wichtig wird: Kupfer-Steinzeit. Während im Vorderen Orient und in Griechenland, auch im Karpatengebiet, Kupfer gefördert und verarbeitet wird, geht man jenseits der Alpen noch recht vorsichtig mit dem neuen Werkstoff um, deshalb ist die Verwendung dieses Begriff für Mittel- und Nordeuropa von den Prähistorikern zwar akzeptiert, von manchem aber wohl eher zähneknirschend. Hathui also hat einen neuen Holzpflug entwickelt, experimentiert beim Töpfern, um die Keramik haltbarer und leichter zu machen, was ihm aber nicht gelingt. Er stößt an die Grenzen des Materials. Eines Tages hört er von Hirten, die mit ihrer Herde nicht weit von der Siedlung rasten und die von weit herkommen. Selten treffen diese Hirten ein, und ihre Ankunft weckt die Neugier und Fantasie, denn sie durchstreiften Gebiete, die Hathui nur aus Geschichten kennt und sie haben oftmals geheimnisvolle Dinge dabei, die sie eintauschen. Hathui eilt zu den brachliegenden Feldern, auf denen die Bauern den Hirten gestattet haben, ihr Lager aufzuschlagen. Für die Ackerbauern ist die Beweidung des Brachlandes eine willkommene Hilfe bei der Wiederherstellung der Bodenqualität durch natürliche Düngung. Von weitem vernimmt er bereits das Meckern der Ziegen der weit gereisten Hirten. Als er dem Lager der Hirten näher kommt, erkennt er vier Männer, Männer mit wettergegerbten Gesichtern, die ihn aus tiefschwarzen Augen unter ebenso tiefschwarzen Haaren anschauen. Sie sprechen ein bisschen Hathuis Sprache, so können sie sich recht und schlecht verständigen. Etwas aber fesselt ganz besonders Hathuis Aufmerksamkeit. Der Topf, der an zusammengestellten Stöcken über dem Feuer hängt, funkelt rötlich in der Sonne. Er ist nicht aus Ton. Die Männer haben noch einen anderen Kupfertopf dabei. Haltbar und leicht, genau das, was der Töpfer Hathui gern hergestellt hätte. Hathui würde ihn nur allzu gern erhandeln, aber er ist so teuer, dass Hathui es sich nicht leisten kann, und sein Vater würde ihn zu Recht fragen, wieso er den Bernstein, der seine zukünftige Frau dereinst zieren soll, für einen Topf hergibt, den sie jederzeit selbst herstellen können, zwar nicht aus Kupfer, aber aus Ton. Hathui jedoch ist von diesem rot glänzenden Stoff fasziniert. Und er befragt die Hirten eindringlich. Sie haben einen weiten Weg zurückgelegt.

Die Rolle der wandernden Hirten ist nicht hoch genug in der Geschichte des Handels und der Nachrichtenübermittlung zu veranschlagen und wird immer noch sträflich unterschätzt. Bis auf den heutigen Tag gibt es die jahrtausendealten Routen der Hirten, die mit ihrer Herde zwischen Sommer und Sommer unterwegs sind, um den Winter zu vermeiden. Da sie keine Vorratswirtschaft betreiben, müssen sie ihre Herde immer von neuem zu den jahreszeitabhängigen Futterplätzen treiben. Dieser Vorgang heißt Transhumanz. Die ursprüngliche, hier beschriebene Transhumanz ist nach Konrad Spindler die Vorform der Nomaden- und der Almwirtschaft, des Wechsels zwischen Winter- und Sommerweide, wie sie noch heute im Gebirge, so in den Alpen, und an gebirgereichen Küsten, der Türkei beispielsweise, betrieben wird. Einige von den alten Routen werden bis auf den heutigen Tag benutzt. Archäologisch lassen sie sich nur schwer nachweisen, da wandernde Hirten ihre Habseligkeiten mitführen und selten etwas hinterlassen, das die Zeiten überdauert. Alles in ihrem Leben ist nicht auf Dauer, sondern auf Wechsel, nicht auf Sesshaftigkeit, sondern auf das Unterwegssein angelegt. In einem Jahr konnte ein Hirte mit seiner Herde 1 000 Kilometer zurücklegen, 500 Kilometer hin und 500 Kilometer zurück. Insofern ist es durchaus denkbar, dass transhumante Hirten aus dem westpontischen Gebiet oder aus dem Karpatenbecken oder vom Balkan bis Mitteleuropa kamen, oder vielleicht kamen diese Hirten aus dem Ostseegebiet, um im Herbst nach Süden zu ziehen und im Frühjahr aber zurückzukehren. Diese Hirten transportierten auch Waren, die sie unterwegs tauschten. Mit der Ware trugen sie aber auch die Idee des Gegenstandes, seine Technologie und Soziologie mit sich. Außerdem berichteten sie von anderen Gebieten und vom Leben der Menschen dort. Sie schleppten Gegenstände, Wissen, Gerüchte und das berühmte Hörensagen mit sich. In schriftloser Zeit oder in schriftloser Welt kommt dem Hörensagen die entscheidende kulturelle Tradierungsform zu. Das Hörensagen unterscheidet sich vom Gerücht darin, dass höhere Anforderungen an die korrekte Wiedergabe des Gehörten durch den Erzähler gestellt werden. Beim Gerücht ist es umgekehrt, denn das lebt schamlos von seiner Ausschmückung. Dafür erweist sich das Hörensagen als wesentlich zeitbeständiger, während das Gerücht schon im Funkenflug der Neuigkeiten verglüht.

Die Hirten mussten nicht unbedingt den ganzen Weg zurücklegen. Es genügte schon, wenn sie eine gewisse Entfernung überbrückten und von dort die Nachrichten aus dem Gebiet, in dem sie sich gerade befanden, und die Nachrichten, die in das betreffende Gebiet gesickert waren, mitbrachten, sozusagen in einer Art Stafettenbetrieb. Die Fama kennt viele Gestalten und findet immer einen Weg, ihre größtmögliche Verbreitung zu bewerkstelligen. Im Übrigen muss man sicher unterscheiden zwischen dem Gerücht, das sich in »Stiller-Post«-Manier stark verändert, und der kultischen Weitergabe religiösen Wissens, wo es darauf ankam, weder etwas hinzuzuerfinden noch etwas wegzulassen. Letzteres stellt eine Spezialform des Hörensagens dar, die heilige Einweihung in die Geheimnisse.

Die Männer berichten dem gespannt lauschenden Hathui, dass weit entfernt, dort wo die Sonne ihre tägliche Reise beginnt, Menschen den Stoff, aus dem der Kupferkessel gefertigt wurde, aus einem schmucklosen Stein brennen. Diese Menschen stellen auch Ketten und Armringe, Schmuck und Waffen aus diesem Stoff, der aus einem Stein befreit wurde, her. Es leben in diesem Land geheimnisvolle Menschen, Magier, die diese Kunst der Verwandlung der Stoffe beherrschen. Diese Menschen will Hathui kennen lernen. Ihnen fühlt er sich verwandt, gelten sie doch als Meister des Feuers, wie er als Töpfer in seiner Gemeinschaft auch als Meister des Feuers angesehen wird, als jemand, dem es gegeben ist, das göttliche Feuer zu beschwören und dem das göttliche Feuer hilft zur Geburt der göttlichen Gegenstände. Der Töpfer wie der Schmied stellen eine Art Geburtshelfer dar, sie helfen den unfertigen Gegenständen, durch das reifende Feuer ihre Form zu finden.

Fünf Tage später sucht Hathuis Vater lange nach ihm, bis er begreift, dass sein Sohn mit den Hirten gezogen ist. Hathui hat sich entschlossen, er will diese Leute, die das Wunder vollbringen, mit eigenen Augen sehen, er brennt darauf zu erfahren, wie man diesen geheimnisvollen Stoff herstellt.

6. Die Entdeckung der Bronze

> »Von jenen alten berühmten Bronzen wird aber am meisten die korinthische gelobt. Der Zufall ließ diese Mischung entstehen, als Korinth bei seiner Einnahme in Brand gesteckt wurde, und es ist nicht zu glauben, wie die Begierde danach bei vielen zu Raserei wurde ...«
> *Plinius, Naturkunde, Buch 34: Metallurgie*

Entlang den großen Flüssen, der Elbe, der Moldau, später der Donau bis zu dem großen Gebirge, das wir heute Balkan nennen, begleitet Hathui die transhumanten Hirten mit ihrer Herde, lagert, wo sie rasten, lauscht den Geschichten, die sie erzählen und befragt die Menschen, denen er unterwegs begegnet. Immer mehr begreift er, dass er nach Südosten muss, dem Lauf der Sonne entgegen. Eines Tages aber wird er sich von den Hirten verabschieden und mutig allein weiterziehen, ins Unbekannte, in die Welt des Hörensagens. Wo wird er ankommen? Was wird er unterwegs sehen? Treibt ihn seine Neugier ins Verderben? Warnungen vor dem einäugigen menschenfressenden Riesen und erschreckende Geschichten über hinterhältige Dämonen, die durch die Öffnungen des Menschen in sein Inneres dringen und im Darm, im Magen oder im Kopf hausen, hört er an jedem Rastplatz. Auch Geschichten von wunderschönen Frauen, die sich über Nacht in Männer verschlingende Hexen verwandeln, von löwen- oder hundsköpfigen Menschen, von Riesenschlangen, die in großen Seen ihr Unwesen treiben, flüstert man ihm im flackernden Schein des Lagerfeuers zu. Für Hathui existiert kein Grund, diese Berichte abzuwerten und sie ins Reich der Märchen zu verdammen, weil es für ihn diesen separaten Bereich der Unglaubwürdigkeit noch nicht gibt. Alles, was er hört, existiert für ihn. Dennoch brennt die Neugier weit stärker in ihm als die Schrecknisse, die ihn erwarten könnten. Seine Reise führt ihn an der West- und der Südküste des Schwarzen Meeres entlang bis nach Zentralasien.

Wie sieht nun die Welt 2200 vor Christus aus, in der Zeit, in der die einen bereits in der Bronzezeit leben, während die anderen sich noch im Endneolithikum einkuscheln? Für uns, die wir vermeinen, alles geschähe in unseren Tagen zum ersten Mal, kann es nur hilfreich sein zu begreifen, dass die Bronzezeit die zweite Globalisierung darstellt nach der neolithischen Expansion. Auch wenn es politischen Aktivisten weder bewusst ist noch in deren Argumentation passen sollte, Globalisierungen und die damit verbundenen Vorgänge fanden in der Geschichte immer wieder statt – und sie haben sich letztlich immer durchgesetzt. Diejenigen, die sich diese Prozesse nutzbar machten, gehörten zu den Gewinnern, diejenigen, die sich nur dumpf dagegenstellten, zu den Verlierern.

Hathui nun betritt staunend Uruk, die sagenhafteste der Städte des Zweistromlandes, die dem älteren Eridu den Rang als religiöse Hauptstadt ablief. Überall haben sich zwischen Euphrat und Tigris mächtige Stadtstaaten gebildet, die einander befehden, miteinander konkurrieren und gelegentlich Allianzen gegen Dritte eingehen und das durchaus mit jähen Änderungen, sodass die Feinde von gestern die Freunde von heute sind und umgekehrt. Gleich ist ihnen nur das Wechselvolle des Schicksals, das Pendeln zwischen Sieg und Niederlage, zwischen Aufstieg und Fall. Jeder dieser Stadtstaaten besitzt seinen Hauptgott. Diese Lokalgötter werden einmal das babylonische Pantheon bilden. Die Hierarchie der Götterwelt spiegelt die Beziehungen der Stadtstaaten untereinander. Für die damaligen Verhältnisse, in denen die Menschen in Siedlungen wohnen, sind die Städte groß und mächtig. In dem Epos, das dem sagenhaften Gründer und Erbauer Uruks, Gilgamesch, gewidmet ist, heißt es über das große und mächtige Uruk:

> »Steig doch hinauf, auf der Mauer von Uruk wandle umher!
> Die Fundamente beschaue und das Ziegelwerk prüfe:
> ob ihr Ziegelwerk nicht aus Backstein (besteht),
> und ob die sieben Weisen nicht selbst ihre
> Grundmauern legten!
>
> Eine (ganze) Quadratmeile ist die Stadt
> eine (ganze) Quadratmeile Gartenland,
> eine (ganze) Quadratmeile ist Aue,
> eine (ganze) Quadratmeile der Tempel der Ischtar.
> Drei Quadratmeilen und eine halbe, das ist Uruk,
> das sind die Maße!
>
> Sieh doch nach der Tafelschatulle aus Zedernholz!
> Löse ihre Schließen aus Bronze!
> So öffne den Deckel, der ihr Geheimnis (birgt)!
> Nimm doch heraus die Lapislazuli-Tafel und lies
> all das, was Gilgamesch durchlebt, all (seine) Leiden!«
> (*Gilgamesch-Epos*, Erste Tafel)

Die später notierten Königslisten des Zweistromlandes bemühen sich um Vollständigkeit, denn Herrschaft beginnt immer mit Genealogie.

Jeder Fürst legitimiert sich durch seine Vorfahren. Selbst der Papst beruft sich bis auf den heutigen Tag in der Nachfolge Petri als Stellvertreter Christi. Und seit dem ersten Papst Petrus existiert eine vollständige, wenn auch in den ersten christlichen Jahrhunderten nicht immer lückenlos verifizierbare Papstliste. So werden auch die ersten Herrschernamen mesopotamischer Städtebeherrscher aus dieser Zeit des Anfangs überliefert. Die Genealogien versuchen, bis zum ersten mythischen Herrscher lückenlos in die Geschichte zurückzureichen. Mythisch beginnt es deshalb in Uruk, wo die Überlieferung der Gründer Gilgamesch eröffnet, der die merkwürdige Genetik von »Zwei Drittel Gott und einem Drittel Mensch« aufweist und der für 2775 vor Christus genannt wird. Für die Zeit um 2500 vor Christus melden uns die Herrscherregister einen Us für die Stadt Umma, einen Ursanse für die Stadt Lagas, der früheste Nachfolger Gilgameschs wird mit Lugalkingenesdudu für 2425 vor Christus vermeldet. Wobei die Vorsilbe Lugal nur Großer Mann bedeutet, eine Vorform von Herr: der »Big Man« der Ethnologen und Soziologen, der Häuptling, Fürst im Sinne des Ersten unter seinen Mitmenschen. Wir wollen auf das konnotativ schwierige Wort König für diese Zeit verzichten, zumal der Große Herr einen Zwitter zwischen Herrscher und Priester darstellt, das heißt, weil er Priester ist, kann er Herrscher sein, denn er gilt für alle als der erste Stellvertreter oder der Sohn oder der Nachfolger oder die Inkarnation des Stadtgottes, mochte der Stadtgott nun Marduk, Nanna, der Mondgott, oder Ischtar heißen. Selbst in dem Wort König hat sich der genealogische Bezug konserviert, denn dessen germanischer Wortstamm *kunjam bedeutet Geschlecht, der König ist also der Mann eines vornehmen Geschlechtes, ein »Edelgeborener«, einer der auf bedeutende Ahnen verweisen kann, die ihn legitimieren, möglicherweise sogar göttliche oder halbgöttliche Vorfahren hat. Die Isländersagas stellen ihre Figuren mittels Genealogie vor. Um uns zu sagen, wer jemand ist, erklären sie uns, wer seine Väter, Großväter und Ahnen waren. Und im *Hildebrandslied*, das im 8. Jahrhundert aufgeschrieben worden war, dessen mündliche Tradition aber viel weiter zurückreicht, heißt es in unübertroffener Schönheit:

> »Hildebrand sprach, Heribrands Sohn – er war der ältere Mann,
> lebenserfahrener –, zu fragen begann er
> mit wenigen Worten, wer sein Vater wäre
> unter den Männern im Volk, (…)
> (…) ›oder aus welcher Sippe du stammst.
> *Wenn du mir einen nennst, kenn ich die andren*««

Dieses »ibu du mi enan sages, ik mi de odre uuet« ist über Jahrtausende die höchst effiziente Legitimation, der Personalausweis aus Worten, der das Individuum einordnet und benennt.

Aber Hathui, der keine Gelegenheit in Uruk hat, sich dem besonderen Stand der Schmiede zu nähern – zu abgeschirmt leben diese heiligen Handwerker –, Hathui aber entdeckt ein Wunder, ein Metall, das so schön wie Gold, so glänzend wie die Sonne am Himmel und doch wesentlich härter als Kupfer ist. Dieser neue Werkstoff beginnt gerade, die Welt zu erobern und die zweite Globalisierung einzuleiten. Dieser neue Werkstoff heißt Bronze und er inauguriert die Metallzeit, als deren »Heuschrecken« jemand mit Fug und Recht hätte die Schmiede bezeichnen können. Viel hat Hathui gesehen, aber noch nicht eins der Rätsel, die ihm auf der Seele brennen, gelöst. Im Gegenteil, die Rätsel vermehren sich im wahrsten Sinn des Wortes zusehends. Voller Staunen betrachtet er die riesigen Stadtmauern der mesopotamischen Städte, die Straßen und Häuser innerhalb der Mauern, die die Bauleute aus Steinen errichteten, aus Ziegeln, die Hathui nicht kennt, denn bei ihm zu Hause baut man mit Holz und Lehm. Nicht weniger fremd und eindrucksvoll erscheinen ihm die Gärten und der gigantische Tempel für den Stadtgott. Außerhalb der Stadt rauben die Bewässerungskanäle, die die fruchtbaren Äcker unterhalten, ihm vor Staunen beinah die Luft zum Atmen. Sein Weg führt ihn in die Stadt, aus der die Bronze, wie Gerüchte verlauten, kommen soll, nach Susa, der Hauptstadt des mächtigen Reiches Elam im nordwestlichen Iran, im Zagrosgebirge. Enttäuscht stellt er fest, dass auch von diesem fernen und gefahrvollen Ort die Bronze nicht stammt, doch zumindest erfährt er in Susa, dass die Bronze eine Legierung ist aus Kupfer und Zinn. Er lernt das Kupfer kennen und hört, dass das Zinn weit im Nordosten geborgen wird.

Der Forscher Ernst Pernicka neigt zu der Annahme, dass die Bronzeherstellung in Zentralasien erfunden wurde. Dort findet man auch ein Mineral, Stannit, das Kupfer und Zinn zugleich enthält. Wissenschaftler haben schon lange vermutet, dass eher ein Zufall zur Erfindung dieser Legierung führte. Mit dieser Vorstellung schließen sie an Vermutungen an, die bereits Plinius der Ältere vor fast 2000 Jahren geäußert hat. Beim Schmelzen von Kupfer floss Zinn unbeabsichtigt dazwischen und erzeugte eine neue Qualität. Einmal die enormen Möglichkeiten erkannt, wurde die Technologie natürlich entwickelt und ausgereift. Kommt Kupfer und Zinn sogar in einem Mineral vor, so existiert natürlich eine sehr hohe Wahrscheinlichkeit für die unbeabsichtigte Entdeckung. Frühe Texte aus dem Zweistromland belegen die Herstellung von Bronze aus Zinn und Kupfer. In Zentralasien und im Vorderen Orient sind die ersten Reiche entstanden, die bereits eine komplexe Struktur mit einem Herrscher an der Spitze, einer Verwaltung, mit Handwerkern, Kriegern, Bauern und Sklaven aufweisen. Für die neuen Herrscher avanciert die Bronze bald zum wichtigsten Werkstoff, den sie für Luxus- und Statusgegenstände, aber auch für Waffen und Werkzeuge benötigen. Gegenstände, die Status und Luxus verdeutlichen, sollen abgrenzen und den besonderen, für andere Menschen unerreichbaren gesellschaftlichen Stand des Besitzers definieren. Da Kupfer reichlich, Zinn aber selten vorkommt, entsteht ein mächtiger Handel, der die schwierige Versorgungslage dauerhaft beheben soll. Die Bronze, und hier insbesondere das dringend benötigte Zinn, kann mit der Bedeutung der Kohle im 19. Jahrhundert und mit der Rolle, die das Erdöl in unseren Tagen spielt, durchaus verglichen werden. Ab dem dritten vorchristlichen Jahrtausend entstehen Hochkulturen, bilden sich Zivilisationen mit gigantischen wirtschaftlichen Fähigkeiten heraus, die auf der Wertschöpfung der Bronze beruhen. Natürlich sind auch die bronzezeitlichen Gesellschaften Bauernkulturen, deren wirtschaftliche Grundlage die Landwirtschaft bildet, doch das unermüdliche Teufelchen, das diese Gesellschaften vorantreibt, ist die Bronze, die Gier nach Bronze, die Bronze als sichtbares Wertesystem, die Bronze als weltweit gültiges Äquivalent und die Bronze als Werkstoff, der die Innovationen treibt, ja motiviert und geradezu erzwingt. Man kann darüber streiten, ob an der Börse mit Realien oder mit Vorstellungen gehandelt wird, doch erweisen sich auch die Vorstellungen als wirkungsvoll. Der angestrebte Besitz von Bronze, die technischen Möglichkeiten des Materials für Werkzeuge und Waffen heben den Handel auf ein neues, welthistorisch wirksames Niveau und leisten somit einen wichtigen Beitrag zur Differenzierung der Gesellschaft. Der Bronzehandel wird so etwas wie die Börse der Vorzeit. Neben Bauern und Herrschern, neben Handwerkern, Bergleuten und Kriegern gibt es nun auch Händler. Die wirtschaftlich effizientere Gesellschaft produziert dauerhaft ein Mehrprodukt, das neue Verteilungskriterien schafft.

Bronzemesser sind haltbarer als Messer aus Stein, Bronzewaffen beeindruckender, Bronze erleichtert den Bau von Streitwagen. Der Wunsch nach Reichtum und Macht entsteht im Angesicht all der herrlichen Dinge, die man begehren und mit genügend Energie auch bekommen kann.

Hathui, der das große und mächtige Susa im Land Elam gesehen hat, Uruk und Eridu bewunderte, besuchte nicht Ur, Umma, Girsu, Lagas, Larsa, Nippur, Isin, Adab, Sipar und Kis, die anderen großen Städte Mesopotamiens in dieser Zeit, denn er macht sich endlich über Anatolien auf den Rückweg. In der gleichen Zeit, in der Hathui auf dem Weg in seine nördliche Heimat ist, haben die Pharaonen, die das obere und das untere Reich in Ägypten vereint hatten, das, was wir heute das Alte Reich nennen, zur Blüte gebracht. Erste Verfalls- und Krisenerscheinungen werden sichtbar, die wenig später zum Mittleren Reich führen sollen. Auf Kreta herrscht ein Fürst, der sich als Nachfahre des sagenhaften Königs Minos empfand. Minos selbst galt als Frucht eines der zahllosen Seitensprünge des Göttervaters Zeus mit einer sterblichen Mutter, als Halbgott. Auch hier begegnen wir wieder dem gleichen Muster, das wir bereits im Zweistromland vorfanden. Die Herrschaft geht von einem Gott über einen Halbgott auf die Menschen über. Der Herrscher aber steht in direkter Linie zu den Göttern und ist als ihr Stellvertreter, Blutsverwandter, Nachfahre oder Inkarnation von ihnen legitimiert, göttliche Herrschaft (Hierarchie) auszuüben. Gegen ihn zu rebellieren, bedeutet, die Götter herauszufordern. Und die Menschen kannten den Zorn der Götter zur Genüge, der eine Sintflut, eine Heuschreckenplage, eine Epidemie oder eine Trockenheit auslösen konnte. Sie erinnerten sich, dass Menschen, die in Überheblichkeit den Göttern gegenüber schwelgten, sich ihnen gar ebenbürtig dünkten, hart bestraft worden waren. Der hochmütige Mensch, so berichten es übereinstimmend fast alle Ursprungsmythen, wurde, wie es in der Bibel heißt, aus dem Paradies vertrieben, bei den Griechen vom Tisch der Götter verbannt und mit einem schrecklichen Fluch bedacht oder in Mesopotamien durch die Sintflut vernichtet. Doch die Schärfe selbst der schlimmsten Strafe stumpfte die Zeit, und der erneut aufmüpfige Mensch lenkte wiederum durch leichtsinniges Verhalten, wie es nun mal seiner Natur entspricht, eine furchtbare Strafe auf sein Haupt, denn in der Bibel wird er ja ein zweites Mal hart und exemplarisch bestraft und zwar mit dem bereits in Mesopotamien vom Göttervater Anum erprobten Mittel der Sintflut, bevor Gott schließlich, etwas ermattet von dem ständigen Ärger mit den Menschen und den mühseligen Strafaktionen, beschließt:

»Ich will die Erde wegen des Menschen nicht noch einmal verfluchen, denn das Trachten des Menschen ist böse von Jugend an. Ich will künftig nicht mehr alles Lebendige vernichten, wie ich es getan habe. Solange die Erde besteht, sollen nicht aufhören Aussaat und Ernte, Kälte und Hitze, Sommer und Winter, Tag und Nacht.« (Genesis 8,21–22)

Wissenschaft und Technik beginnen als Erkennen des Willens der Götter und des Versuchs, ihren Segen für die anstehenden Tätigkeiten zu erlangen. In Griechenland entwickelte sich in Mykene und anderen Städten die Kultur der Achäer, auf Kreta blühte die minoische Palastepoche. Ähnlich wie im Vorderen Orient bildet sich um einen Tempel oder um einen Palast eine Verwaltungsstruktur und eine streng hierarchische Herrschaft für die Bauern, die im Gebiet des Palastes oder des Tempels leben. In den Kriegen und Auseinandersetzungen mit der Konkurrenz werden Gefangene gemacht, die als absolut verfügbare Arbeitskräfte der heimischen Produktion zugeführt oder den Göttern zum Dank geopfert werden. Das gilt für Elam wie für den Vorderen Orient, für Ägypten und die minoischen Staaten Griechenlands. In Nord- und Mitteleuropa bleibt erstaunlicherweise die Sklaverei als ein produktivitätssteigerndes Mittel unbekannt oder zumindest ungenutzt. In den Steppen Zentralasiens und Südrusslands bilden sich derweil große Hirtenstämme, die ständig auf der Suche nach neuen Weideflächen die endlosen Weiten durchstreifen. Ihre extensive Produktionsweise kollidiert mit der intensiven der Bauern. Diese Konflikte stehen den Menschen in Mitteleuropa noch bevor. Bereits in der Bibel wird die Feindschaft zwischen Hirten und Bauern im Bild von Kain und Abel thematisiert. Das ist der zweite große Gegensatz der Geschichte, der erste bestand zwischen den Bauern einerseits und den Jägern und Sammlern andererseits, anders ausgedrückt zwischen den Neolithikern und den Mesolithikern. Nun drängt der völlige Interessengegensatz zwischen Hirten und Bauern zur globalen Auseinandersetzung. Obwohl im Alten Testament Gott das Opfer des Hirten Abel mehr schätzt als das Opfer Kains, er den lieblichen Rauch der geopferten Tiere dem Qualm der geopferten Pflanzen vorzieht und Kain daraufhin aus Eifersucht Abel erschlägt, schaffen Kains Nachkommen das erfolgreichere Gesellschaftsmodell. Sie bringen sesshafte und relativ stabile Bauerngesellschaften hervor und reüssieren damit weltgeschichtlich. Dennoch werden sich die Hirtengesellschaften zäh behaupten, teilweise noch bis ins vorige Jahrhundert hinein, und immer wieder für Störungen in den Bauerngesellschaften sorgen.

In Anatolien, durch das Hathui wandert, entstehen gerade kleine Stadtfürstentümer, wie beispielsweise Troja als Brücke zwischen dem Vorderen Orient und dem Balkan. Diese Brückenfunktion, die Troja zu einem antiken Handelszentrum erster Ordnung aufsteigen lässt, wird die Bewohner der Stadt reich machen und den Neid der Nachbarn hervorrufen. Die Folgen hat Homer der Nachwelt überliefert. Troja beeindruckt Hathui zutiefst, und wie wir sehen werden nachhaltig.

Im Süden von Hathuis Route, in Zentralanatolien beginnen gerade Einwanderer, sich mit der angestammten Bevölkerung des Landes Hatti zu verbinden und allmählich zur Herrschaft zu gelangen. Ihr bedeutendstes Zentrum heißt Hattussa. Unter dem ihnen fremden Namen Hethiter werden sie in die Geschichte eingehen, sie selbst nennen sich Menschen von Hatti oder Menschen des Landes Hatti. Ihren alten Namen, der sich bis zum vielleicht Aufklärung bietenden Fund einer Tontafel leider nicht mehr ermitteln lässt, hatten sie aufgegeben, um die ortsansässige Bevölkerung, mit der sie sich vermischen wollten, nicht zu irritieren. Nein, es war klar, sie wollten etwas Neues schaffen. Und so wie die italienischen oder deutschen oder französischen oder spanischen oder englischen Einwanderer von Nordamerika sich Amerikaner nannten, um ihre vorbehaltlose Zugehörigkeit zu der entstehenden neuen Nation zu demonstrieren, nahmen die rätselhaften Einwanderer, denen wir noch einmal begegnen werden, den neuen, etwas synthetischen Namen Menschen von Hatti an. Allerdings wird es ihre Sprache sein, die sich durchsetzt, eine indogermanische Sprache.

Hathuis Reise dauert ein Jahrzehnt. Drei Routen standen ihm nun von Anatolien für die Rückkehr zur Auswahl, wenn er einen der Handelswege nutzen wollte, wozu er sich aus Sicherheitsgründen entschied: einmal über den Balkan, sozusagen die westpontische Route, über das Karpatenbecken, durch Böhmen und Mähren, also dieselbe, die er auf dem Hinweg genommen hatte, zum anderen die, die über Griechenland, an der Adria entlang über die Alpen, Österreich und Bayern zurück nach Mitteldeutschland führte oder schließlich wiederum über Griechenland, entlang der Adria bis Kroatien, dann über den Seeweg nach Norditalien und von dort über die Alpen, Österreich und Böhmen nach Mitteldeutschland zurück. Diese Routen wurden über die Jahrhunderte zu festen Handelswegen. Auf diesen Routen, die auch gern den großen Flüssen wie Donau, Rhein oder Elbe folgten, wurde vom Norden Bernstein, aber auch das seltene Zinn aus der Bretagne und Cornwall nach Süden transportiert, aus dem Süden kamen dafür Fertigprodukte. Über diese sich verfestigenden Handelswege drang langsam die Kunde von der Bronzeherstellung nach Mittel- und Nordeuropa. Hathui kehrt mit dem Wissen um die Bronzeherstellung in seine Heimat zurück. Über wandernde Handwerker, über Händler, über transhumante Hirten könnte sich der Technologietransfer vollzogen haben. Alle denkbaren Zwischenstufen haben stattgefunden, auch die, in der einheimische Protohandwerker versuchten, der Herstellung der neuen Gegenstände auf den Grund zu gehen. Wir sprechen wiederum von einem Prozess, der Jahrhunderte in Anspruch nahm.

In welche Welt kehrt Hathui nun nach vielen Jahren zurück? Die Archäologen können für Mitteleuropa drei Kulturen nach ihren auffälligen Keramikstilen identifizieren, die Trichterbecherkultur im Norden, die Schnurkeramiker in Mittel- und Ostdeutschland und die Glockenbecher in Mittel- und Süddeutschland. Besonders die Schnurkeramiker und die Glockenbecherleute münden in die frühbronzezeitlichen Kulturen. Hier existieren Berührungen zu den spätkupferzeitlich-frühbronzezeitlichen Gruppen in Kleinpolen und den Kulturen der Donau entlang bis ins Karpatenbecken. Allerdings sind diese Kulturen geografisch nicht exakt voneinander zu trennen, zumal die Unterscheidung aufgrund des Formenbestandes der Keramik und der Grabsitten erfolgte. Innerhalb dieser Kulturen werden wieder Gruppen unterschieden, die eine reine Klassifizierung darstellen, welche für die Archäologie notwendig ist, um eine erste Ordnung in die Vielfalt zu bringen. Zwischen den Menschen, die wir heute in die eine oder andere Kultur aufgrund der gefundenen materiellen Hinterlassenschaft einordnen, bestand über die Siedlung und den Siedlungsverband hinaus keine tiefere Beziehung, auch wenn sie ähnliche Sitten und Bräuche kannten und typologisch gleiche Keramik und Werkzeuge herstellten und benutzten. Allerdings verband eine Gruppe von Siedlungen ein gemeinsames Heiligtum, wie es beispielsweise eine Kreisgrabenanlage darstellen konnte, die diese Gruppe von Siedlungen auch zentrierte, ihren existenziell-geistigen Mittelpunkt, ihre Orientierung in der Welt darstellte. Im Zusammenwirken zwischen den Siedlungen wurde das Heiligtum gemeinsam errichtet. Einzelne charismatische Clanchefs entwickelten sich zu Autoritäten und vererbten diese Autorität auch durch die gezielte und ausgewählte Weitergabe geheimen, magischen oder rituellen Wissens. Sie nahmen überdies priesterliche und auch medizinische Funktionen wahr, denn die Medizin gehörte zum magischen Wissen. Nicht umsonst heißt der Schamane bei den Indianern auch »Medizinmann«. Medizin ist Magie, wie man sehr schön an den Trepanationen sehen kann. Bei einigen Schädeln fand man Kopfoperationen. Es wurde bei großen Kopfschmerzen beispielsweise ein kleines Loch in die Schädeldecke geschabt, um den Dämon, der diese Schmerzen verursacht, aus dem Kopf entweichen zu lassen. 60 Prozent der Operierten haben diesen chirurgischen Eingriff sogar überlebt. Da keine konstanten gemeinsamen Tätigkeiten wie das Errichten und die Pflege der Bewässerungskanäle, so wie es in Mesopotamien notwendig war, überwacht oder geleitet werden musste, bestand auch kein Grund dafür, dass die temporäre Herrschaft der Autoritäten zu einer dauerhaften Einrichtung wurde, zumal mangels Reichtum auch keine Notwendigkeit der ständigen Verteilung des Mehrprodukts vorlag. Abhängig vom wirtschaftlichen Erfolg gab es reichere und ärmere Bauern. Die Bauern produzierten, was sie zum Leben benötigten, und sie atmeten auf, wenn die Erträge reichten. Vereinzelt begannen sich Menschen auf handwerkliche Arbeiten zu spezialisieren. Sie stellten Keramik, Kleidung, Pflüge und Waffen her. Da sie von dem überschaubaren Bedarf einer Siedlung nicht leben konnten, wanderten sie und stellten ihre Fähigkeiten und Fertigkeiten in den Dienst zunächst benachbarter, dann immer weiter entfernt liegender Siedlungen. So bildete sich nach und nach eine Art Wanderhandwerkertum heraus. Auch dadurch kam eine Formenvielfalt und andererseits eine Formeneinfalt zustande, denn diese Handwerker verbreiteten ihre Form. Form aber erschöpfte sich nicht im Dekor. Der Handwerker erfüllte in der Herstellung seiner Produkte göttlichen Willen, seine Tätigkeit war geradezu dessen Manifestation. Insofern stellen Form und Verzierung von Keramik auch eine religiöse Botschaft dar. Niemand durfte Form und Verzierung nach eigenem Ermessen oder ästhetischem Gutdünken verändern. Das wäre einem Sakrileg gleichgekommen. Signifikante Veränderungen der Formen bedeuten immer auch Änderungen in den religiösen Ansichten, die zu neuen Lebens- und Handwerksstilen werden können. In beeindruckender Weise haben die Ethnologen belegt, wie eng die Beziehungen der Töpferei, und wie wir noch sehen werden auch der Schmiedekunst, zu magischen Bräuchen und zu verbindlichen Kosmogonien sind. Noch ist alles im ganzheitlichen (synkretistischen) Denken beieinander. Erst im klassischen Griechenland zerfällt die *techné* in einzelne Bestandteile: Kunst, Handwerk, Wissenschaft. Zuvor stellen die Bereiche eine einzige Manifestation des Göttlichen dar. Erst in unserer Zeit wurde das Handwerkliche in der Wissenschaft, vor allem aber in der Kunst verpönt. Für die Alten gehörte alles zusammen, und ohne die erlangte Fertigkeit zur Verfertigung konnte es keine Gewandnadel, keinen Pflug und keinen Vers geben. Der Reimeschmied als Herabwürdigung des Handwerklichen im Poetischen ist uns heute noch ein abschreckender Begriff. Doch ohne die Beherrschung des Mechanischen existiert keine Freiheit im Künstlerischen, denn derjenige der aus handwerklichem Unvermögen keine Wahl hat, kann auch nicht frei das angemessene Metrum wählen.

Erste Herrschaftsstrukturen verfestigten sich zunächst in den Familien, dann in den Siedlungen durch die Ältesten oder Clanchefs. Allerdings können sie nicht willkürlich Entscheidungen an sich reißen, sondern sie bedürfen der Autorität. Um Autorität zu erlangen oder in der Sicht von außen verliehen zu bekommen, muss der Älteste legitimiert werden. Legitimation bieten nur die Götter und die Ahnen, Legitimation heißt, der Mann wurde auserwählt im Auftrag, im Einklang mit und quasi als Stellvertreter der Götter und Ahnen zu handeln. So wie Hathuis Sippe sich letztlich auf Gmr berufen kann. Im Laufe der langen Zeit mag sich Gmrs Wechsel von seinem mesolithischen Clan der Jäger zum neolithischen Clan der Bauern mythisiert haben, das heißt, der Wechsel fand Eingang ins kollektive Gedächtnis seiner Nachfahren. Tausend Jahre später konnte Gmr im Clanmythos ein Sohn der Waldgötter gewesen sein, denn er kam ja tatsächlich aus dem Wald. Durch innermythische Arbeit, wie wir die Eigentransformation des Mythos, seine Geschichtsarbeit nennen wollen, wurden aus den Waldgöttern die Vegetationsgötter. Auch diese Transformation verlief ganz natürlich. Der Wald wurde abgeholzt, und Weiden und Äcker traten an seine Stelle, so wurde auf einer geistig-religiösen Ebene diese Veränderung mitvollzogen, indem aus den Waldgöttern die Vegetationsgötter entstanden, die Götter also, die verantwortlich dafür zeichneten, dass die Pflanzen für Mensch und Tier sprossen. Aus dem Sohn der Waldgötter wurde der Sohn der Vegetationsgötter Gmr, der eine Frau aus dem Dorf nahm und dessen Tochter Libia zur Halbgöttin wurde. Libias Nachkommen galten nun als die Nachkommen Gmrs, des mythischen Ahns, der inzwischen einen göttlichen Status besaß. So kann die Sippe auf eine Abkunft von den Göttern durch ihren Ahnherren vor sehr langer Zeit verweisen. Der Übertritt Gmrs überhöht sich zur Vertreibung des Menschen aus dem Paradies der Jäger und Sammler. Aber Gmr gehörte noch der Zeit der Götter an, nach griechischer Terminologie wäre man nun in der Bronzezeit, in der Zeit der Heroen angekommen.

Hathui aber war sehr lange fort. Für die Menschen dieser Zeit, die im Durchschnitt eine Lebenserwartung von vierzig Jahren hatten, bedeuteten 15 Jahre, die Hathui sich letztlich auf Reisen befand, eine sehr lange Zeit, mehr als ein Drittel des Lebens. Als Jüngling von 15 Jahren ging er fort, im besten Mannesalter von dreißig Jahren kehrt er nun zurück. In den baufälligen Häusern seiner einst so stolzen Siedlung hausen ein paar Schatten, Menschen, die jede Hoffnung verloren haben, die verwildert und kraftlos wirken. Männer und Frauen sind kaum mehr zu unterscheiden, so hat das Elend sie gezeichnet. Als ein greisenhaft wirkender Mann vor ihm auf die Füße fällt und Gnade für sich und die anderen erfleht, erkennt Hathui seinen Bruder.

7. Die Metallzeit beginnt

»Da, wo die Menschen geschaffen wurden,
an diesem Ort ist Nidaba (Göttin des Getreides, der
Schriftstellerei und der Weisheit) fest eingesetzt.
Der Eingeweihte lehre den Uneingeweihten das Geheimnis.«
Babylonischer Schöpfungsmythos

Hathui gibt sich seinem Bruder zu erkennen. Erst will Pharu es nicht glauben, dann wird er von Freude erfüllt. Schon vor langer Zeit gab er den Glauben daran auf, dass er seinen Bruder je wiedersehen würde. Pharu zeigt auf die zehn Leute, Schwager, Vettern, Onkel und Kusinen von Hathui. Was ist aus der einst so stolzen Sippe Gmrs geworden? Ein Haufen zerlumpter und furchtsamer Gestalten. Welch schreckliches Schicksal hat sie geschlagen? Wo ist Pharus Frau, die mit einem Kind schwanger ging, wo sein Bruder Belur und seine Schwester Rhedaru? Pharu zeigt ihm das Gräberfeld hinter dem Haus. Eng aneinander schmiegen sich zwölf Gräber. Vierzig Leute liegen hier begraben, zwei Drittel der Menschen, die in der Siedlung lebten, als Hathui sie verließ. Hathui verspricht seinem Bruder, am Abend zurück zu sein. Er soll inzwischen die Herdstelle im großen Haus wieder in Ordnung bringen. In einer Nachbarsiedlung, in der neue Leute leben, tauscht er zwei Vollgriffdolche gegen ein Rind ein. Das Rind treibt er zurück zu seiner Siedlung. Pharu hat Wort gehalten und die Feuerstelle mit den anderen gereinigt, ausgebessert und Holz herbeigeschleppt. Hathui entfacht im Herd ein Feuer und schlachtet das Rind, das anschließend gebraten wird. Nun sitzen sie alle um den Herd verteilt, und die Nacht bricht an, durch das schadhafte Dach kann man die Sterne sehen. Der Widerschein des Feuers liegt auf ihren leidgezeichneten Gesichtern. Zum ersten Mal seit langem essen diese halbverhungerten und bereits dem Tod geweihten Gestalten wieder Fleisch, zum ersten Mal kehrt Hoffnung in ihre toten Herzen zurück. Und Pharu erzählt von der Katastrophe, die über sie hereingebrochen war. Im Grunde ereilte sie das Unglück doppelt, denn die Götter hatten sie gründlich verlassen oder zürnten ihnen für eine Missetat, die Pharu sich aber nicht erklären konnte. Angefangen hatte alles mit dem Tod Hanus, ihres Vaters. Pharu folgte seinem Vater als Ältester. Mehr schlecht als recht erfüllte er die rituellen Pflichten, denn sein Vater hatte ihn nur notdürftig in das geheime Wissen eingeweiht, weil er immer verzweifelter auf Hathuis Rückkehr hoffte, denn Hathui hatten, so sah es Hanu, die Götter ausgewählt, das geheime Wissen zu empfangen. Pharu gab sich alle Mühe. Er war zwar ein geschickter Bauer, aber zum Ältesten fehlte ihm jedes Talent und zum Priester erst recht. Eines Tages schließlich fielen die unreinen Geister, die Krankheitsdämonen, über sie her. Innerhalb von wenigen Tagen starb seine ganze Familie, seine Frau und seine beiden Kinder. Ihn selbst verschonten die Dämonen. Seine Strafe bestand darin, hilfloser Zeuge der Katastrophe zu werden. Die Bibel hat diese Erfahrung in eindringlicher Weise in der Figur Hiobs dargestellt.

»Ausgelöscht sei der Tag, an dem ich geboren bin, die Nacht, die sprach: Ein Mann ist empfangen. Jener Tag werde Finsternis, nie frage Gott von oben nach ihm, nicht leuchte über ihm des Tages Licht. Einfordern sollen ihn Dunkel und Finsternis, Gewölk über ihn sich lagern, Verfinsterung am Tag mache ihn schrecklich.« (Hiob 3,3–5)

Pharus zwölfjähriger Sohn Kanur, mit dem Pharus Frau schwanger ging, als Hathui über Nacht die Siedlung mit den Hirten verließ, starb zuerst, dann seine Schwester, die noch ein Kleinkind war, schließlich Pharus Frau. Pharu gab dem Sohn seine Streitaxt mit, auf dass er auf seine Frau und auf seine zweijährige Tochter aufpasse im Jenseits, dass er ihn so lange vertrete, bis er endlich folgen dürfte und sie wieder in jener anderen Welt vereint wären. Von der Stunde, in der sie sich wieder begegnen würden, träumt Pharu jede Nacht und jeden Tag. Auch andere aus der Siedlung starben zur gleichen Zeit. Die Überlebenden hatten sich von dem Schlag noch nicht erholt, da kamen fremde Menschen auf Pferden und stahlen das Vieh, das Handwerkszeug, raubten alles, was wertvoll war, und töteten, wer ihnen in die Hände fiel.

»Die Chaldäer stellten drei Rotten auf, fielen über die Kamele her, nahmen sie weg und erschlugen die Knechte mit scharfem Schwert. Ich ganz allein bin entronnen, um es dir zu berichten.« (Hiob 1,17)

Pharu überlebte, weil er sich just zu dieser Stunde zum Gedenken an seine Familie auf dem Friedhof befand. Anderen gelang es, sich zu verstecken, wieder anderen zu fliehen, waren doch die Fremden vornehmlich mit dem Raub des Viehs und der wertvollen Gerätschaften beschäftigt und töteten nur die, die sie mühelos erreichen konnten. Aber von den siebzig Leuten, die hier lebten, blieben nach diesen Ereignissen nur die zehn am Leben, die jetzt um das Herdfeuer saßen. Die

In den schnurbandkeramischen Gräbern von Eulau hat sich eine menschliche Katastrophe verewigt.

anderen, die Ermordeten haben sie begraben. Ihre Vorräte, ihr Vieh, ihre Gerätschaften, alles war ihnen genommen worden. Was konnten sie anderes tun, als auf ihren Tod zu warten? Niemand existierte mehr, der den Schutz der Götter für sie erflehen könnte! Pharu, der ohnehin nur zu den Göttern zu stammeln vermochte, versiegten auch die wenigen Worte, die er kannte, nach den Katastrophen, die seinen Geist und sein Herz zum Verstummen brachten. Die Katastrophe hatte ihm die Zukunft zerstört. Zu alt war er, um eine neue Familie zu gründen, Kinder zu zeugen, die ihn dereinst ernähren würden. So vegetierte er in einer endlosen Gegenwart, die keine Zeit mehr kannte, weil er die Zukunft verloren hatte und die Vergangenheit schwieg. Der Rückfall ins Chaos, der eingangs skizziert wurde, bei Pharu war er zur Realität geworden. Als Hathui in die Runde schaut, die müden Gesichter sieht, spürt er, dass er zur rechten Zeit zurückkehrte, dass ihn die Götter wieder wohlbehalten nach Hause führten, weil hier eine Aufgabe auf ihn wartet.

In der unmittelbaren Nähe von Goseck, in Eulau, fanden die Archäologen im Juli 2005 ein spätsteinzeitliches Gräberfeld, das zeitlich schon in die Frühbronzezeit ragt, von zwölf Familiengräbern mit bis zu vier Toten in einem Grab. Schaut man sich dieses beeindruckende Gräberfeld an, könnte man meinen, das archäologische Pendant zu Hiobs Bericht gefunden zu haben. Obwohl es unzweifelhaft Gräber der Schnurkeramiker waren, erwiesen sie sich als untypisch und außergewöhnlich für diese Kultur. Für weltweit einzigartig darf der rechteckige Grabgarten bei einigen Gräbern gelten. Weitere Familiengräber wurden von einem Kreisgraben umgeben. Daraus allein wird bereits ersichtlich, mit wie viel Liebe die Hinterbliebenen ihre plötzlich verstorbenen Angehörigen begraben hatten. Der Kreisgraben erfüllt die gleichen rituellen und religiösen Funktionen, die wir bereits von den großen Kreisgrabenanlagen kennen. Der Ring soll die geliebten Angehörigen zudem vor den bösen Geistern schützen. Bis in die heutige Zeit ist im Volksglauben noch die schützende Wirkung eines magischen Kreises bekannt. In diesen Kreis können die bösen Geister nicht eindringen, allerdings darf man sich auch nicht durch welchen Trug auch immer verleiten lassen, den schützenden Kreis zu verlassen. Dann würde man unrettbar zum Opfer der Dämonen. Dass die Toten nicht in weit auseinander liegenden Gräbern bestattet wurden, wie es üblich war für die schnurkeramische Kultur, sondern ungewöhnlich eng beieinander beigesetzt worden waren, spricht dafür, dass die Menschen in einem relativ kurzen Zeitraum verstarben beziehungsweise getötet wurden. Möglicherweise wollte man die Familien zusammenhalten und den verstorbenen Familienmitgliedern ermöglichen, gemeinsam die Reise ins Jenseits anzutreten. Jedenfalls wurden Angehörige von insgesamt zwei bis drei verschiedenen Familienclans hier beerdigt. Den Ausgräbern enthüllte sich eine vorzeitliche Katastrophe. Auch erste Skelettbefunde belegen, dass in kürzester Zeit ein Großteil der Bevölkerung der Siedlung verstarb, die einen wohl an einer Seuche, bei anderen wurden Spuren tödlicher Gewalteinwirkung bemerkt. So fand man in den Skeletten Pfeilspitzen, die einmal in die Körper eingedrungen sein mussten. Das Holz, an dem man die Pfeilspitze befestigt hatte, war inzwischen verfault wie die Körper verwest waren. Bei einem Frauenschädel hingegen konnte deutlich eine Hiebverletzung als mögliche Todesursache ausgemacht werden. In einem Grab bot sich den Ausgräbern ein herzzerreißender Anblick: das Skelett eines Mannes, der ein Kind im Arm hält und es liebevoll berührt, daneben das Skelett einer Frau, das nicht weniger liebevoll das zweite Kind umfängt. Ohne Zweifel, sie sind zusammen gestorben und wurden mit großer Anteilnahme und aufwändig beerdigt, nicht einfach so verscharrt. Die Menschen, die diese Familie beisetzten, taten alles dafür, dass die Eltern mit ihren Kindern gemeinsam ins Jenseits reisen und dort zusammen ankommen sollten. Ein zweites Grab birgt das Skelett einer Frau, die einen Säugling im Arm hält. Und einen etwa zwölfjährigen Knaben, dem eine Streitaxt beigegeben wurde. Ein sicheres Zeichen dafür, dass er den Vater, der die Katastrophe überlebt zu haben scheint, im Jenseits vertreten soll. Unsere Vorfahren waren keine primitiven Barbaren, sie haben Leid gekannt wie wir, Liebe und Fürsorge, familiäre Zuneigung, sie haben ihre Kinder geliebt, das erzählen die Gräber eindeutig. Sie stammen aus der Zeit der Schnurkeramiker (2800–2200 vor Christus).

In dieser Zeit findet man in den Gräbern immer häufiger Skelette, an denen man nachweisen kann, dass die Menschen keines natürlichen Todes starben, sondern Opfer von Gewalt wurden. In den Gräbern dokumentiert sich eine typische Umbruchperiode. Bräuche ändern sich, und die Lebensweise der Menschen nimmt neue Formen an. In den endneolithischen Kulturen, bei den Schnurkeramikern und den Glockenbecherleuten, nimmt die soziale Differenzierung zu. Bronze tritt immer häufiger auf, auch wenn sie fast ausschließlich für Schmuck, für Status- und Prestigegegenstände benutzt wird. Man geht davon aus, dass kulturelle Einflüsse wie die Bronzeherstellung aus dem Vorderen Orient über Anatolien bis nach Mittel- und Nordeuropa in einer Phasenverschiebung von 300 bis 500 Jahren erfolgten. Nicht wenige Indogermanisten sind davon überzeugt, dass die Indogermanen als Bandkeramiker Ost-, Mittel- und Westeuropa besiedelten und die vaskonische und die hamitisch-semitische Sprachgruppe sie begrenzten. Unter der vaskonischen Sprachgruppe werden ugro-finnische Sprachen und Baskisch verstanden.

Allerdings existieren auch andere Theorien. Eine lautet, die Indogermanen seien aus der südrussischen Steppe und dem Kaukasus im dritten vorchristlichen Jahrtausend aufgebrochen und hätten den westpontischen Bereich, die mitteleuropäischen Gebiete im Westen und im Osten Indiens und den Iran besiedelt. Gern werden die Indogermanen als die archäologisch nachweisbare Kurgan-Gruppe Südrusslands identifiziert. Benannt wurden diese Steppennomaden nach den eindrucksvollen Gräbern, die wegen ihrer monumentalen Rundhügel Kurgane hießen. Obwohl diese Theorie momentan nicht allzu hoch im Kurs steht, spricht auch einiges für sie. Nachweislich wanderten die indogermanischen Aryas Ende des dritten vorchristlichen Jahrtausends in Indien und auch im Iran ein, gleichzeitig kamen die ebenfalls indogermanischen Luwier und Hethiter nach Anatolien, und in Mitteleuropa entstehen mit den Aunjetitzern, der Straubinger

Gruppe, der Ries-Gruppe, der Neckar-Gruppe, der Singener Gruppe, der Adlerberg-Kultur erste bronzezeitliche Kulturen, die sich bis in den Karpatenraum und bis zu den Westküsten des Schwarzen Meeres fortsetzen, genannt seien nur die Nitra-Gruppe, die Morava-Gruppe, ferner die Gruppen Kosihu-Caka, Somogyvar-Vonkovci und Vucedol, die sich entlang der Donau bis in die Karpaten hin erstreckten. Die Entwicklung, was ebenfalls für eine westpontische These sprechen würde, vollzog sich von Südost nach Nordwest. Die frühe Bronzezeit breitete sich von den Gebieten des Schwarzen Meeres und der Karpaten nach Böhmen und Mähren, nach Österreich und Süddeutschland, nach Sachsen, Thüringen und Sachsen-Anhalt aus. Diese Veränderung können die Archäologen festmachen an Änderungen in den Deponierungen. Hier nehmen Depots mit Metallopferungen im Gegensatz zu Horten mit Keramikniederlegungen zu. In den Bestattungen treten bronzene Schmuckgegenstände wie Gewandnadeln häufiger auf, die zum einen eine größere soziale Differenzierung der Gesellschaft anzeigen und zum anderen dokumentieren, dass sich eine »frühbronzezeitliche Mode« herausbildet. Die frühbronzezeitliche Dame trägt Schnurkeramisches einfach nicht mehr. Die Schnurkeramiker, die sich um 2800 vor Christus kulturell in Mitteldeutschland nachweisen lassen, gingen aus der bandkeramischen Bevölkerung hervor. Häuser und Siedlungen von ihnen fand man kaum, dafür aber Gräber. Allein im Mansfelder Land, das als ein Kernland der Schnurkeramiker gilt, wurden über 1000 Bestattungen identifiziert. Ihren Namen verdankt diese endneolithische oder kupferzeitliche Kultur den Tonkrügen, um die sich Ringe als Ornament ziehen, die durch das Eindrücken von Schnüren in den noch feuchten Ton entstanden. Die Schnurkeramiker bestatteten ihre Toten geschlechtsdifferenziert: Männer lagen auf der rechten Seite mit angezogenen Beinen in der Hockerlage, Frauen auf der linken in gleicher Haltung. Frauen wie Männer wurden in Südwest-Nordost-Ausrichtung begraben, wobei die Männer in den Osten, die Frauen in den Westen schauten. Kinder wurden getrennt von den Erwachsenen bestattet. Die Gräber lagen weitflächig verstreut. Insofern bilden die Gräber von Eulau, die sich auf engstem Raum befanden und in denen ganze Familien, Kinder mit ihren Eltern begraben wurden, in der Tat eine aufsehenerregende Ausnahme. Es kommt immer vor, dass Archäologen auf Gräber treffen, die nicht ganz ins mühsam aufgestellte Schema der Kultur, der sie angehören, passen. Variationen sind möglich. Doch in Eulau handelt es sich um mehr als um eine Variation, hier kam die Katastrophe mit einer solchen Gewalt über

Häuser der Aunjetitzer in Niederösterreich in überraschender Rundform, die ihrerseits die Vorstellung von der Axis Mundi aufnehmen.

die Menschen, dass sie in ihrem Herzen keine andere Form der Beisetzung fanden. Das Gräberfeld von Eulau spiegelt den Schrecken der Umbruchperiode deutlich wider. Darin gipfeln ihre Einzigartigkeit und ihre Sensation. Wir stehen in Eulau vor den Jahrtausende zählenden Überresten von steinzeitlichen Menschen, die einer neuen, weitgehend unverständlichen Epoche ins kalt funkelnd goldene Antlitz schauten, einer Epoche, die einen fundamentalen Wandel einleiten sollte, einer Epoche, die nicht weniger darstellt als eine zweite Vertreibung aus einem bei Lichte besehen allerdings dürftigen Paradies. Von diesem Tag an werden die Metalle ihren Siegeszug um die Welt antreten. Mit der Bronzezeit beginnen die Metallzeitalter. Aus einer späteren Sicht, aus der Sicht der griechischen Großdichter Homer und Hesiod werden diese Tage als die Gründertage der modernen Welt gelten, als die Tage der Heroen und Halbgötter. Freilich setzen sie ihrer eisenzeitlichen Realität einen Gründermythos entgegen, eine Zeit von Giganten, so wie später die Renaissance aus der Sicht der Aufklärer zu einer Zeit der Riesen wurde. Am Beginn der Bronzezeit stehen wir an der Geburt der modernen Welt, denn bis in die fünfziger Jahre des vorigen Jahrhunderts hinein standen die Gesellschaften unter dem Zeichen des Metalls. Man kann das Faktum an der Waffentechnik verdeutlichen. Die absolut denkbare höchste Vervollkommnung des Sörgelschwertes war der Panzer, der aber bereits Öl benötigt und auch Atommunition verschießen kann. Erst seit den fünfziger Jahren leben wir im Atom- und Elektronikzeitalter.

Die erste frühbronzezeitliche Kultur in Mitteleuropa tauften die Archäologen Aunjetitzer Kultur, die sich von Böhmen über Mitteldeutschland bis Schlesien erstreckte. In den Diskussionen der Archäologen wird die Anschauung vertreten, dass die Aunjetitzer eigentlich keine geschlossene Kultur, sondern einen Komplex von Funden darstellen, einen Komplex, der sich regional diversifiziert. Da das Verfolgen dieser Diskussion zu weit führen würde, betrachten wir zugegebenermaßen etwas grob die Aunjetitzer weiterhin als Kultur, zumal im Zentrum unserer Aufmerksamkeit vor allem die mitteldeutschen Aunjetitzer stehen. Die Kulturen, die Sitten und Gebräuche, obwohl sie gemessen an heutigen Standards verhältnismäßig langlebig waren, verändern sich, aber das Personal bleibt gleich. Seit der bandkeramischen Einwanderung leben in Mitteleuropa Bauern. Einwanderer mit anderen kulturellen Ideen mögen mehr oder weniger friedlich zu ihnen stoßen und mehr oder weniger dominant sein und ihre Werte durchsetzen. Allerdings ist die These, dass die Sitten und Gebräuche sich relativ konstant darstellten, kühn, besonders verglichen mit unseren aktuellen kulturellen Erfahrungen, denn wir könnten nicht einmal einschätzen, wie stabil oder instabil sich die Zeit zwischen 1450 und 1950 nach Christus in Mitteleuropa abbilden würde, stünden uns keine schriftlichen Quellen und nur spärliches Fundmaterial zur Verfügung. Die Hauptsache aber bleibt, dass die festgestellten Kulturen wie die Schnurkeramiker und die nachfolgenden Aunjetitzer keine Ethnien oder Stämme oder Völker darstellten. Die Aunjetitzer gab es genauso wenig wie die Schnurkeramiker. Im dritten vorchristlichen Jahrtausend lebten in Mitteleuropa Menschen in Familienverbänden in Siedlungen, die religiöse Anschauungen, Sitten, Gebräuche und einen Formenkanon für bestimmte handwerkliche Produkte entwickelt hatten, die sich darin im Großen und Ganzen glichen. Ihre Sprachen werden sich unterschieden haben wie das Deutsche vom Niederländischen, eine Verwandtschaft, eine gemeinsame Ursprache kann man noch heraushören, aber das ist bereits reine Spekulation. Der Begriff Aunjetitzer geht auf eine Sternstunde der Wissenschaft zurück. Im

Jahr 1880 publizierte der Tscheche Ryzner, dass er nördlich von Prag bei Unetice ein Gräberfeld ausgegraben hatte, das alsbald Aufsehen erregte. Der Fundort des von ihm publizierten Gräberfelds bürgerte sich schließlich als Bezeichnung für eine formengleiche frühbronzezeitlicher Kultur in Mitteleuropa ein.

Die Aunjetitzer beherrschen das Bronzehandwerk, und sie unterhielten auch Pferde, anfangs zum Reiten. Für das Ziehen des Wagens wurde das Rind genutzt. Wenn man bedenkt, dass die Aryas die Kunst der Metalllegierung und -bearbeitung mit nach Indien brachten, sie im engen Kontakt mit Zentralasien standen, woher die Kunst der Bronzeherstellung stammt, dann ist es denkbar, dass die Indogermanen sie auch nach Mitteleuropa brachten und es am Beginn des dritten vorchristlichen Jahrtausends noch einmal zu einer indogermanischen Einwanderung kam. Da ein Weg den anderen nicht ausschließt, kann vom Süden her eine weitere kulturelle Beeinflussung stattgefunden haben. Der Gräzist Werner Dahlheim nennt die Besiedlung Griechenlands beispielsweise »eine(n) lange Geschichte fortwährender Landnahme«. So kommt es wohl der historischen Wahrheit am nächsten, von mehreren indogermanischen Wanderungen zu sprechen, anstatt die eine indogermanische Einwanderung zu definieren und über die Zeit, wann sie stattgefunden haben soll, trefflich zu streiten.

Schließlich, wir werden darauf zurückkommen, ähneln von der religiösen Idee aus gesehen die mitteldeutschen Fürstengräber den südrussischen Kurganen. Gegen die Theorie steht insofern das gewichtige sprachhistorische Argument nicht, dass zu diesem Zeitpunkt, also am Anfang des dritten vorchristlichen Jahrtausends die indogermanische Gemeinsprache bereits in Einzelsprachen zerfallen war, weil unter dem Aspekt verschiedener Migrationswellen aus der Einwanderung der Indogermanen die Einwanderung indogermanischer Stämme wird, die bereits ihre indogermanische Einzelsprache besaßen. Die Hethiter setzten in Mittel- und Südanatolien das Hethitische durch und die Luwier in Nordanatolien das Luwische, und beide Sprachen gehörten zur indogermanischen Sprachgruppe, die sich aus der zerfallenen Ursprache bereits gebildet hatte. Möglicherweise sollte man die Grenzen nicht so starr ziehen, und vielleicht gab es wirklich mehrere Einwanderungswellen, die auch nicht immer durch riesige Trecks mit vielen Menschen über die einheimische Bevölkerung herfielen, sondern durchaus aus Jungmännerverbänden bestehen konnten, die in anderen Gebieten ihr Auskommen und ihre Existenz suchten. Es wurde kurz erwähnt, dass die hethitischen Einwanderer geradezu auf Samtpfoten an die Macht schlichen. Sie siedelten im Land Hatti, in Süd- und Zentralanatolien, taten sich alsbald durch besondere Geschicklichkeit und handwerkliches Können hervor und bildeten irgendwann die erste gesellschaftliche Elite. In unserem Verständnis wäre das eher eine Infiltration, aber keine Einwanderung. Nenne man es, wie man will. Auch die Bandkeramiker besiedelten Mitteleuropa in Familienverbänden.

Skelettfunde der frühen Aunjetitzer lassen erkennen, dass sie hoch gewachsen waren und schmale Schädel besaßen, worin sie den Schnurkeramikern ähnelten. Männer erreichten durchaus 1,70 Meter, Frauen 1,65 Meter. Ähnlich den Bevölkerungszahlen bildet auch die Wachstumsentwicklung in der Geschichte keine arithmetische Reihe. Die arithmetische Reihe ist in diesem Fall der mathematische Ausdruck eines linearen Fortschrittsempfindens. In der Historie verzeichnen wir Schwankungen, was Populationsdaten und Körpergrößen betrifft. Diese Beispiele, die man leicht erweitern kann, zeigen uns, dass das geschichtsideologische System des Fortschritts eine nette, aber unrichtige Vorstellung ist. Die landläufige Ansicht, dass die Menschen immer größer werden, belegen historische Daten nicht, denn im Mittelalter haben wir es mit viel kleineren Menschen zu tun als in der frühbronzezeitlichen Kultur der Aunjetitzer.

Vielleicht aber sind die Indogermanen die eigentlichen Herrscher des Feuers, und es hat ähnlich dem Hattischen eine kulturelle Überformung stattgefunden. Wie viele Wellen von Einwanderungen es tatsächlich gegeben hat und wie groß und nachhaltig jede Welle war, wissen wir nicht. Es ist im Übrigen durchaus denkbar, dass die sich formierenden Aunjetitzer Siedlungen eine kulturelle Symbiose von Schnurkeramikern und Zuwanderern aus dem Osten, vor allem aber aus dem Südosten darstellten. Möglicherweise waren die Zuwanderer auch Illyrer, die aus dem Südosten stammten, dort auch siedelten und bis in den Thüringer Wald nachweisbar und auch an der Oder vermutet worden sind. In dieser so wichtigen Zeit steht die Wissenschaft entweder mit vorsichtigen Hypothesen oder mit großer Reserve und Zurückhaltung da. Das ist aus ihrer Sicht verständlich, weil es einfach an Material fehlt, das zu weitergehenden Aussagen berechtigte und schon einmal in der Geschichte Behauptungen als Gewissheiten verbreitet wurden, die keinen anderen als einen rassistisch-nationalistischen Grund hatten. Dennoch geht es um höchst wichtige Fragen, denn am Ende dieser Epoche werden die Völker der Germanen und der Kelten die Weltgeschichte betreten. Wie sich diese Völker gebildet, oder genauer, wie sich die Stämme gebildet haben, aus denen schließlich die Völker entstanden, ist bis heute nicht hinreichend geklärt. Wir werden versuchen, dem Prozess zumindest etwas näher zu kommen.

Hathui, der die Welt gesehen hat und zurückgekehrt ist in seine schnurkeramische Siedlung, schart die Überlebenden um sich und weist sie unter der Leitung seines Bruders an, das Haus instand zu setzen, Beete und einen Pferch für Tiere anzulegen. Er würde so für die modernen Archäologen, wenn sie ihn dereinst ausgraben werden, zum ersten Aunjetitzer in der mitteldeutschen Region. Er selbst wandert, derweil sein Bruder die ihm aufgetragenen Arbeiten erledigt, von Siedlung zu Siedlung und handelt gegen seine handwerklichen Dienste Saatgut, Schafe und Schweine ein. Doch er weiß nur allzu gut, dass mit viel Glück die verbleibende Zeit des Jahres zum Wachsen und Reifen für Bohnen und Linsen noch ausreichen könnte, für Getreide aber ist das Jahr bereits eindeutig zu weit fortgeschritten. Fürs erste vermochte er, den Menschen Mut zu machen, indem er seine eigenen Zweifel verheimlichte. Aber Hathui sieht in die Zukunft, und da sieht er nichts Gutes. Denkt er an den Winter, bleibt auch er ratlos. Wie sie ohne Vorräte die tote Zeit des Jahres, in der die Vegetationsgötter in der Unterwelt gefangen gehalten werden, überstehen sollen, vermag er nicht zu sagen. Aber der wichtige erste Schritt ist getan, die schon schattenhaft dahinvegetierenden Menschen fassten wieder Zuversicht, entdeckten erneut die Zukunft und besiegten so das Chaos. Hathui, der die Welt gesehen hat, der Bronze herstellt und weiterverarbeitet, genießt bald schon bei den Bauern im Umkreis einen legendären Ruf. Dadurch wird er zu einem Magier, denn er vermag eine für den Menschen der damaligen Zeit wunderhafte Stoffumwandlung, eine Zauberei zu vollbringen. Durch die Beherrschung des Feuers verwandelt er unansehnlichen Stein in glänzendes Metall.

Anfangs, so kann man es in den Gräbern der Schnurkeramiker feststellen, wird das neue Metall nicht für praktische Zwecke genutzt, sondern ausschließlich zu Statussymbolen wie Ringe und Ketten oder Waffen wie Dolche geschmiedet. Nur hervorgehobene Personen, wie die Clanchefs, die im Nebenberuf auch Priester sind, können und wollen sich den Luxus als Status leisten, um ihre herausgehobene Stellung unbezweifelbar auf Erden und im Jenseits zu demonstrieren. Andererseits werden Schmiede selbst zu Königen. Im Grunde gibt es bald zwei Typen von Metallurgen, den Metallurgenkönig und den Wandermetallurgen. Gemeinsam ist ihnen die Verehrung und der Respekt, den sie genießen.

Und eines Tages beginnt Hathui mit ihrer Hilfe und mit den Menschen seiner Sippe, ein neues Heiligtum zu errichten, das er der Mondgöttin und dem Sonnengott weihen will. Das Heiligtum soll nicht ein einfaches oder doppeltes Palisadenrund werden, wie es ihre Vorväter errichteten, sondern kühn fasst er einen folgenreichen Entschluss. Dieses Heiligtum errichtet er auf einem Berg. So wie er es im Vorderen Orient gesehen hat, werden ihm Wohnung und Tempel zu einem, der Tempel gilt nicht nur als Wohnort der Götter, sondern auch als Sitz des Priesters, der im Innern des Palastes die kultischen Handlungen vornimmt und selbst als heilige Person am Ort des Heiligen lebt. Den Berg wählt er geschickt aus, denn von ihm aus kann er auch, und der Nebeneffekt ist durchaus erwünscht und beabsichtigt, zwei Handelswege kontrollieren, die hier zusammenstoßen, die Nord-Süd-Route, die von der Ostsee, vom Bernsteinland, bis in den mediterranen Raum reicht, und die West-Ost-Passage, die von den britischen Inseln über die Bretagne, das Pariser Becken und den bei Bochum und Köln verlaufenden Hellweg entlang bis nach Mitteldeutschland und Polen führt. Letztere Route ist der Zinnweg, denn von den britischen Inseln, Cornwall in England und Irland, und aus der Bretagne kommt das heiß begehrte Zinn, das europaweit gehandelt wird. In diesen Jahren entsteht der Handel, erst zaghaft, dann immer professioneller. Und Hathui, der Troja gesehen hat, fällt eine strategisch richtige Entscheidung, indem er seine Höhensiedlung an diesem wichtigen Punkt errichtet, von dem er den Handel aus kontrollieren und Abgaben für die Götter einfordern kann, denn er garantiert dafür, dass in seinem Gebiet die Götter den Handel schützen, das heißt, jeder Überfall auf reisende Händler, die Opfer dem Großen Mann in der Höhensiedlung für die Götter entrichtet haben, gilt als Sakrileg und wird streng verfolgt. Auf dem Sporn eines Berges errichtet Hathui eine Höhensiedlung, die zum kultischen und wirtschaftlichen Zentrum einer Kleinregion wird. Hathui als Großer Mann der Region, als Priester und Fürst in einem, wird reich, denn die Bauern versorgen ihn für seine Dienste, aber auch die Region prosperiert. Er selbst leitet seine Macht und seine Autorität von den Ahnen her, vom Halbgott Gamur, wie Gmr durch sprachliche Verformung inzwischen heißt, der seine Familie begründet hat. Hathui steht in persönlicher Beziehung zu den Göttern und zum Göttlichen.

Überall in Mitteleuropa entstehen diese Höhensiedlungen, von denen heute kaum noch welche erkennbar sind, weil die Bauplätze so exzellent ausgesucht worden waren, dass nachfolgende Generationen die Besiedlung fortsetzten. Ein eindrucksvolles Beispiel bietet die thüringische Burgruine Saaleck. Der Platz, über den sich wild-romantisch und malerisch die Burgruine erhebt, wird seit Jahrtausenden kontinuierlich besiedelt. In einer frühen archäologischen Schicht finden sich deutliche Hinweise auf eine frühbronzezeitliche Höhensiedlung. Andere Höhensiedlungen zerfielen, gerieten in Vergessenheit, wurden genau genommen untergepflügt, und heute befinden sich Felder oder Weinberge auf dem Areal. Die Wissenschaftler Peter Ettel und Bernd Zich haben eine Theorie entwickelt, nach der eine Höhensiedlung Mittelpunkt einer Siedlungsregion war, die man auch Domäne oder Gau nennen könnte und die circa dreißig bis fünfzig Quadratmeter umfasste. Sie fußen dabei auf den beachtlichen Überlegungen des Archäologen Klaus Simon, der darüber einen so wegweisenden wie kühnen Aufsatz verfasst hat. Und tatsächlich lassen sich in Mitteldeutschland Standorte von Höhensiedlungen in diesem Abstand nachweisen. Auf dem alten Gleisberg existierte eine Höhensiedlung, gleich drei an der Rauhen Furt bei Meißen, auf dem Schlossberg bei Dohna, auf der Kuckenburg bei Esperstedt, um nur einige zu nennen. Die Reihe könnte mit einer eindrucksvollen Vielzahl an Standorten weitergeführt werden. Wie immer haben die Wissenschaftler eine weit umfassendere Vermutung von wahrscheinlichen Fundstellen, als sie aus Mangel an Geld und Kapazitäten ergraben und mithin nachweisen und analysieren können. Denn mit der Grabung, die bereits sehr aufwändig ist, wäre erst das wenigste getan, denn nun müssen die Funde dokumentiert und bearbeitet werden. Stil- und Altersanalysen, Vergleiche mit möglichen anderen Funden des gleichen zeitlichen oder kulturellen Horizonts stehen an, langwierige wissenschaftliche Detailarbeit also, die erst wirklich Erkenntnis bringt. Der Fund muss komplex ins Verhältnis gesetzt werden, zu allen Daten, über die man verfügt und die mit ihm korrelieren könnten. Deshalb weiß man unter anderem durch die Luftbildarchäologie, wo sich frühere Bauwerke unter dem Schutt der Jahrtausende verbergen könnten, doch aus genannten Gründen können sie nicht ausgegraben werden. Es gehört zum Wesen des Fundes als archäologischer Quelle, dass ein wichtiger Teil der Informationen nicht im Artefakt selbst auszumachen ist, sondern dass notwendig die Rahmendaten ausgewertet werden müssen, um den Fund tatsächlich lesen zu können. Die Schicht, in der das Artefakt gefunden wurde, sagt etwas über das Alter des Fundes aus, seine Lage und das Zusammenspiel von Lage und Alter des Artefaktes mit anderen Stücken, die mit ihm entdeckt wurden, geben Informationen über Alter, über Nutzung und Bedeutung des Artefaktes und sagen mithin etwas über die Situation des früheren Besitzers aus. Handelt es sich um ein Artefakt, das man mit einem Skelett in einer Beisetzung fand, dann erzählt uns diese Quelle auch etwas über

Sitten, Gebräuche und Religion des Toten. Wird die Quelle vernichtet, indem sie erst unsachgemäß und ohne Protokollierung ergraben und anschließend aus dem Fundzusammenhang gelöst und auf den Raubgräbermarkt gebracht wird, ohne dass Herkunft und Zusammenhang benannt werden, dann reduziert sich auch der Aussagewert des Artefakts auf ein Minimum. Einmalige und wichtige Informationen gehen unwiederbringlich verloren. Das ist nicht die Ausnahme, sondern die Regel bei Raubgrabungen. Deshalb ist Raubgräberei, die sich leider zu einem einträglichen Geschäft entwickelt hat, kein Kavaliersdelikt, sondern ein schweres Verbrechen an unserer Vergangenheit, weil sie im wahrsten Sinn des Wortes uns alle unserer Vergangenheit beraubt.

Wie diese Höhensiedlungen ausgesehen haben, verraten uns Aunjetitzer Höhensiedlungen im mährischen Spissky Stvrtok und im slowakischen Nitriansky Hradok. In Spissky Stvrtok kann man in der Grabung zwei Bastionen erkennen, die den Eingang schützten. Es kann zwischen Unter- und Oberstadt unterschieden werden. Die Oberstadt bildete die Akropolis, ein Heiligtum, zu dem ein gepflasterter Weg führte. Auf der Akropolis konnten Depots ausgegraben werden. Nitriansky Hradok fungierte hingegen als Stammeszentrum, wo man auch transportable Öfen mit Düsen zum Kupferverhütten fand. Im Vorgelände wurden unbefestigte Siedlungen erkannt. In Franken konnte auf dem Bullenheimer Berg ein Siedlungsareal mit einer unbefestigten frühbronzezeitlichen Siedlung identifiziert werden, die aber abgerissen wurde; statt ihrer errichtete man später eine befestigte Siedlung. Auch der Domberg von Freising beherbergt in seinen Tiefen die Reste einer mehrphasigen bronzezeitlichen Hangbefestigung. In Mitteldeutschland treten zu den bereits erwähnten noch im mittleren Saaletal der Jentzig und der Johannisberg dazu. Bezeichnenderweise lagen diese Höhensiedlungen am nord-südlichen Handelsweg, dem Bernsteinweg.

Eine Höhensiedlung stellte ein Heiligtum und ein kleines Administrationszentrum dar. Handwerker und Händler trafen sich hier, Schmiede übten an diesem Ort ihre staunenswerte Kunst aus, und der Große Mann der Höhensiedlung kontrollierte die Verteilung der Ressourcen und den Handel. So auch Hathui, der als Schmied zum Großen Mann wurde. Wer waren aber diese ersten, geheimnisumwitterten Metallurgen, die ersten Schmiede? Waren es Männer wie Hathui?

8. Der erste Schmied

»Held Meriones gab dem Odysseus Bogen und Köcher
samt dem Schilde und zog auch ihm die Kappe aus Rindshaut
über den Kopf; von innen war sie mit zahlreichen Riemen
fest beflochten, von außen, in dichter Reihe, umgaben
schimmernde Eberzähne auf beiden Seiten die Wölbung.«
Homer, Ilias

Rot fließt das Kupfer aus dem Hochofen in eine Steinform. Das Holz, welches man hineinwirft, flammt auf, und durch die Verbrennung des Holzes wird der Sauerstoff, der sonst im erkaltenden Kupfer Lufteinschlüsse bilden würde, aufgebraucht. Noch heute werfen in den Alpen Kupfergießer einen Baumstamm in das geschmolzene Kupfer, um zu verhindern, dass Klunker, wie diese Lufteinschlüsse heißen, das kostbare Material verderben. Selbst uns überkommt noch ein leichter Schauder, wenn das Metall flüssig aus dem Ofen strömt. Um wie viel mehr muss diese Szene unsere Vorfahren ergriffen haben, noch dazu wenn dieser Vorgang Teil eines Ritus ist, der von einem Geheimnis umhüllt wird. Wir wissen nicht, wie und an welcher Stelle des Vorgangs Zuschauer dem Ereignis beiwohnen durften, was verhüllt und was offen war. Wurden Verse der Anbetung, des Flehens, des Dankes, der Lobpreisung gesprochen oder gesungen, wie es von Anfang an zum Ritus gehört? Wurde der Hochofen, wir dürfen ihn uns allerdings nicht allzu groß und mit heutigen Maßstäben vorstellen, wie ein Tabernakel verhüllt, sodass auf die magischen Worte des heiligen Schmiedes die entzückte Gemeinde erst das fließende Metall zu sehen bekam? Aber all das ist noch gar nichts! Jetzt fließt zu dem rotglühenden Metall ein zweites, sehr helles dazu. Kleine Mengen geschmolzenes Zinn nur, 5 Prozent im Ganzen, und aus dem roten Metall wird pures Gold, zumindest goldglänzendes Metall, ein viel härteres, als es das Kupfer ist. Zudem ist es ein Stück Metall, das der Sonne gleicht, das wie eine Materiewerdung des Sonnengottes wirken muss. In dem alten deutschen Wort Ehrfurcht kommt die Ambivalenz treffend zum Ausdruck, die die Zeitgenossen für das Wirken des Schmiedes empfunden haben, eine schaurig-schöne Mischung aus Verehrung und Furcht vor ihm, denn dem Mann, dem die Stoffumwandlung gelingt, ist alles zuzutrauen.

Stoffumwandlung, gehen wir nicht leichtfertig darüber hinweg, ist ein Urmysterium und gehört zu den ältesten und geheimnisvollsten aller mythischen und religiösen Handlungen bis in unsere Tage: Stein zu Metall, Wasser zu Wein, Wein zu Blut und Brot zu Leib, Leib zu Staub. Darin besteht die existenzielle Grunderfahrung eines jeden Menschen von den frühesten Tagen an: Alles wandelt und verwandelt sich. Nichts bleibt. Und der Schmied ist in diesen frühen Tagen der entstehenden menschlichen Gesellschaft ein Magier, der eine dieser Stoffumwandlungen vollbringen kann. Scheinbar ging er wie Hathui aus den Töpfern hervor, zumindest lernte er von ihnen die Handhabung des Feuers, die Veränderung der Materie. Er kann durch die Handhabung des Feuers formbaren Lehm in harten Ton verwandeln. Er ist eine Art Geburtshelfer und hilft durch seine gesegnete Verwendung des Feuers, dass die richtige Form »geboren« wird. Im ägyptischen Mythos wird dieser Zusammenhang deutlich. Der ägyptische Gott Ptah, der nach der memphitischen Theologie als Gott ein Töpfer ist, der auf der Töpferscheibe die Menschen erschafft, schmiedet die Waffen, mit denen Horus Seth besiegen kann. Der Töpfer wird zum Schmied. Seth hatte den Vater des Horus, Osiris ermordet. Horus muss Seth besiegen, wenn er die Auferstehung des Osiris ermöglichen will. Dennoch besitzt die Verwandlung von Stein in Metall eine andere Dimension als die von Lehm in Ton, bei der zwar eine bedeutende Materialumwandlung stattfindet, aber keine Stoffumwandlung, kein Zauber, keine Magie. Für die Leute dieser Zeit können diese geheimnisvollen Schmiede nur Magier sein, Zwischenmenschen, die zwischen ihnen und den göttlichen, auch dämonischen Mächten stehen – assoziiert das Feuer doch göttliche wie auch dämonische Kraft –, die Teil der Gemeinschaft und doch keine Angehörigen der Gemeinschaft waren. Und wie es sich für Magier gehörte, zogen sie von Siedlung zu Siedlung, tauschten, beschworen, heilten, denn als Magier galten sie auch als Heiler, und stellten Metallwaren her. Sehr lange wurden den Metallen Heilkräfte zugeschrieben. Mit sich trugen die Wanderschmiede die

Göttin mit Kind, hier Isis mit Horus, der Seth besiegen will.

Tondüsen, die sie für den Guss benötigten. Der Hochofen, der eine Größe von einem halben bis einen Meter bemaß, konnte aus Ton an jedem Ort hergestellt werden. Außerdem fanden sich in ihrem Gepäck Bärenklauen oder Eberzähne, die zum heiligen Ritual des Auffindens des Erzes dienten, denn das Kupfer fanden sie zumeist vor Ort. Mitteldeutschland besaß reichliche Kupfervorkommen, so im Mansfeldischen, um den Harz herum oder im Erzgebirge, um nur einige Orte zu nennen. Oftmals konnte das Erz aus dem Felsboden gebrochen werden, weil die Erzader an der Oberfläche austrat. Es gibt verschiedene kupferhaltige Steine, Kupferschiefer beispielsweise, die an der Bergoberfläche vorkamen und vom Schmied prospektiert wurden. Deshalb bestand wenig Notwendigkeit zu Bergwerken, obwohl auch sie bereits zu dieser Zeit existierten.

In der Nähe von Salzburg, auf dem Mitterberg befindet sich ein äußerst imposantes chalkolithisches Bergwerk. Hier wurde bereits vor 4000 Jahren unter Tage gearbeitet. Die ersten Bergleute vermieden soweit es ging, Abraum herzustellen, in dem sie immer der Erzader im Berg folgten. Das führte dazu, wie man noch in unseren Tagen besichtigen kann, dass Podeste und Stützbalken errichtet wurden, um der Ader zu folgen, genauer: um in der Ader zu bleiben. Den frühen Bergleuten, die unheimlich wirkten auf die Bauern, war es bewusst, dass sie ein Sakrileg begingen, indem sie in den Berg einbrachen, in die geheiligte Zone der chthonischen Götter und der Mutter Erde. Umfangreiche religiöse Riten erforderte es, um Verzeihung und Beistand von den gestörten Gottheiten zu erlangen. Die Götter sollten nicht nur versöhnlich gestimmt werden, sondern sie wurden auch angefleht, die Bergleute vor den Erd- und Bergdämonen zu schützen. Die Arbeit im Berg verdunkelte nach und nach ihr Antlitz. Alt wurden sie ohnehin nicht. In den Alben der germanischen Mythologie oder in den Sieben Zwergen des deutschen Märchens, im Schmied Wölunder oder Wieland der Edda verewigte sich die Erinnerung an die geheimnisumwitterten bronzezeitlichen Bergleute. Sie tauschten Kupfer gegen Lebensmittel. In Zeiten schlechter Ernten, in denen die Bauern selbst wenig oder nichts zum Tauschen übrig hatten, ließ auch der Bergbau nach. Wir wissen nicht, was die Bergleute in dieser Zeit unternahmen, um ihr Leben zu sichern, doch es scheint schwer vorstellbar, dass sie wieder zu Bauern wurden, denn sie hatten sich in eine besondere Sphäre begeben, standen im Spannungsverhältnis zu den chthonischen Göttern. Andererseits kennen alle Religionen umfangreiche Reinigungsrituale. Bei einigen afrikanischen Stämmen gehört die Arbeit der Schmiede zur

Der Archer von Amesbury, wie eine englische Malerin ihn sich wohl recht realistisch vorstellte.

Saisonarbeit. Erze werden nur saisonal gefördert. Die Schmiede wohnen in der Zeit außerhalb der Siedlungen, dürfen keinerlei Geschlechtsverkehr haben. Sollte dennoch einer der Männer des Nachts eine Pollution erleben, muss er sich Reinigungsriten unterziehen. Kommt er dem nicht nach und tritt unrein an den Hochofen, füllen sich nach der Vorstellung dieses Stammes die Blasebälge mit Wasser. Ein Anklang an diese Vorstellungen findet sich noch heute in der katholischen Lehre, wonach nur ein geweihter und reiner, also sexuell enthaltsamer Priester das Mysterium der Verwandlung von Wein und Brot zu Blut und Leib Christi vollbringen kann.

Möglich aber auch, dass in den Kindertagen des Bergbaus einige von ihnen den Berg verließen und sich auf Wanderschaft begaben, um als Wanderhandwerker, als wandernde Schmiede ihr Auskommen zu finden. Weite Strecken legten sie zurück. Das schien lange Zeit nur eine Mär zu sein, bis eines Tages eine Sensation die Welt überraschte. Es begann mit einer Routinegrabung am 3. Mai 2002 und sollte zu einer der größten Zäsuren der neueren Forschung werden und bis dahin allenfalls verhalten geäußerten oder still gehegten Vermutungen einen triumphalen Siegeszug bereiten. Englische Archäologen begannen eine Ausgrabung, von der sie annahmen, dass sie einen alten Friedhof aus römischer Zeit freilegen würde. Doch bald schon stießen sie auf einen Becher, der unzweifelhaft aus der Glockenbecherzeit stammte, also 2500 Jahre vor der Römerzeit, der sie sich mit dem Spaten zu nähern glaubten, einen Becher also aus der Zeit, in der Hathui im fernen Mitteleuropa eine Höhensiedlung errichtete. Ihnen stockte der Atem. Denn Menschen benutzten diesen Becher, die durchaus mitgeholfen haben konnten, die berühmten zwanzig Tonnen schweren Sarsensteine und die vier Tonnen wiegenden Blausteine in Stonehenge zu setzen. Wie die damaligen Bauleute die schweren Sarsensteine bewegten und die leichteren Blausteine, die aus Wales stammten, über eine Entfernung von 300 Kilometer heranholten, bleibt im Detail ein Rätsel. Der Zusammenhang zwischen Stonehenge und dem Fundort galt keinesfalls nur im übertragenen Sinn aufgrund einer zeitlichen Übereinstimmung, denn die Archäologen befanden sich in Amesbury, an ihrem Grabungsort nur fünf Kilometer von Stonehenge entfernt. Hatte einer der Erbauer von Stonehenge vielleicht mit diesem Becher, gefüllt mit Bier, auf die Fertigstellung des Heiligtums angestoßen? Gegen Nachmittag erwartete sie die nächste Überraschung. Zwei goldene Lockenringe leuchteten aus dem Schmutz. Später sollte sich herausstellen, dass der Goldschmuck sich auf 2470 vor Christus datieren ließ und mithin der älteste Goldschmuck war, den man in Großbritannien bisher gefunden hatte. Entweder hatte ein Spaßvogel alle Gegenstände vergraben, von denen ein Archäologe nur träumen konnte, sie zu finden, oder den Männer und Frauen des Teams stand wirklich ein Jahrhundertfund ins Haus. Da das Wochenende mit einem in England so beliebten wie geheiligten Montag als Bank Holiday nahte, beschlossen die Archäologen, weiterzugraben und den Fund zu sichern. Als die Ausgräber in tiefer Nacht im Licht der Autoscheinwerfer ihre Arbeit fortsetzten, wirkte die Atmosphäre inzwischen so geisterhaft, dass es auch niemanden verwundert hätte, wenn Wildes berühmtes Gespenst von Canterville um die Ecke gebogen wäre. Gegen zwei Uhr in der Nacht bargen die Archäologen das Skelett eines Mannes, der vor 4300 Jahren mit sehr reichen Gaben, mit Goldschmuck, mit Keramik (fünf Becher), die Essen und Trinken für die Jenseitsreise enthalten hatten, mit drei kupfernen Griffzungendolchen, mit Pfeilspitzen aus Feuerstein und zwei Armschutzplatten beigesetzt worden war. Die luxuriöse Ausstattung des Grabes wies mehr als deutlich darauf hin, dass der Tote zu Lebzeiten als ein reicher und bedeutender Mann galt. Die englische Presse verlieh ihm umgehend den Titel »King of Stonehenge«, was sie kurz darauf bereuen sollte, denn einen herberen Stoß hatte das englische Nationalgefühl lange nicht erlitten. Kurz darauf titelten die Boulevardblätter: »Der Urengländer ein Bayer?« und zeigten den eben noch von ihnen gesalbten King of Stonehenge als maßkrugschwenkenden Bilderbuchbajuwaren in zünftigen Lederhosen. Die bange Frage stellte sich, ob die Briten von den Bayern abstammten. Die Untersuchungen der Fundstücke und des Skeletts ergaben erstaunliche Befunde: Das Kupfer, aus dem die Dolche gefertigt worden waren, stammte aus Spanien und der Archer selbst, wie man den prähistorischen Mann fortan nannte, wurde in den Westalpen, also in der Schweiz oder in Österreich oder in Deutschland geboren und verbrachte dort seine Jugend. Was immer wieder vermutet und geraunt wurde, erwies sich als verschollene Realität: Die Menschen der ausgehenden Kupferzeit und der beginnenden Bronzezeit wussten voneinander, und einige unter ihnen waren ausgesprochen mobil, wagemutig und äußerst reiselustig.

Zu Fuß drangen sie in Gebiete vor, von denen sie allenfalls etwas vom Hörensagen wussten und verbreiteten selbst Nachrichten und Geschichten. Flächendeckender noch als die transhumanten Hirten verbreiteten sie Kunde und Wissen aus anderen Ländern, die sie durchreisten, in denen sie wiederum von der ansässigen Bevölkerung Geschichten und Geschehnisse aufnahmen. Der Archer zumindest verließ seine alpenländische Heimat und wanderte Richtung Atlantik, setzte nach England über und wurde hier ein reicher und angesehener Mann. In der Nähe seiner (vor-) letzten Ruhestätte entdeckten die Archäologen ein zweites Grab, in dem sich das Skelett eines jungen Mannes befand, den man in einem Alter von 20 bis 25 Jahren beerdigt hatte, und der, wie die Analysen zeigten, mit dem Archer verwandt, vielleicht sogar sein Sohn gewesen war. Somit dürfte er kaum ein wohlhabender Hagestolz gewesen sein, sondern ein Familienvater. Reich und zur Ruhe gekommen nahm er sich eine einheimische Frau. Ob Frau Archer ihren Mann überlebte, wie viel Kinder sie hatten, ob ihr Familienleben glücklich verlief, darüber wissen wir nichts und können es nur erfinden. Dass ihn so manch körperliches Gebrechen plagte, wird deutlich, wenn man sich den anthropologischen Befund anschaut. Die Untersuchung des Archer-Skeletts ergab, dass er zwischen seinem 35. und 45. Lebensjahr umkam. Ob er eines natürlichen Todes starb oder ermordet wurde, lässt sich nicht mehr feststellen. Obwohl er eine kräftige Statur besaß, litt er an einem Kieferabszess. Bei einem Unfall hatte er sich die linke Kniescheibe verletzt, sodass er das steife Bein beim Gehen nach außen schwenkte. Eine Knochenmarksinfektion verursachte kontinuierlich starke Schmerzen. Das Grab der Frau des Archers fand man nicht. Es war zu dieser Zeit nicht üblich, dass Frau und Mann in einem Grab oder in einer Grabstätte bestattet werden. Vielleicht graben die Archäologen auch Frau Archer in einiger Entfernung aus, aber die Zuordnung anhand der Skelette würde wohl für immer unmöglich bleiben, denn Mann und Frau sind im genetischen Sinn nicht miteinander verwandt. Nicht nur dieser Befund, der übrigens keinen Einzelfall darstellt, lässt an den landläufigen Vorstellungen vom gesunden Leben in der Natur doch regen Zweifel zu. Mangelkrankheiten und vor allem Zahnprobleme machten den Menschen dieser Zeit sehr zu schaffen und senkten die Lebenserwartung erheblich. Die Segnungen des medizinischen Fortschritts lassen sich schon an der Tatsache ablesen, wie sehr die lebensgefährliche und oftmals tödliche Konsequenz von Zahnentzündungen, die für den Bronzezeitmenschen zum Alltag gehörte, aus unserer Wahrnehmung verschwunden ist und sich zu einem unangenehmen, auch schmerzhaften, aber letztlich überschaubaren Problem entwickelt hat.

Die Bärenklauen und der typische Steinamboss (so genannter Kissenstein) zeigten den Ausgräbern an, dass sie es mit einem Metallurgen zu tun hatten. In der späten Kupferzeit treten vor allem bei den Glockenbecherleuten, aber auch bei den Schnurkeramikern häufiger Gräber auf, in denen Schmiede beigesetzt wurden. Es mag sein, dass der Name Metallurge den Sachverhalt genauer trifft, da diese Männer, bevor sie die gewünschten kupfernen oder bronzenen Gegenstände hämmerten, die Erze zu finden, zu schmelzen und die Legierung herzustellen wussten. Aber bezüglich der mythischen und religiösen Konnotationen, hinsichtlich der bildlichen Aufladung bezeichnet der Begriff Schmied den Sachverhalt besser. Deshalb wollen wir weiter vom Schmied reden, auch wenn das Prospektieren des Erzes, das Gießen des Metalls und die Herstellung der Legierung der Tätigkeit des Schmiedes zugefügt werden muss.

Alle Gräber von Schmieden in dieser Übergangszeit weisen eine reiche Ausstattung und eine besondere, hervorgehobene Lage des Grabes aus. Das gilt für Prosimerice in Mähren wie für Zwenkau in Sachsen, Marsovice in Böhmen und Stedten in Sachsen-Anhalt und natürlich für den Archer von Amesbury. Diese Gräber kennzeichneten als Schmiedgräber die gefundenen Kissensteine, Steinmeißel oder später auch Kupfer- oder Bronzemeißel zur Metallbearbeitung sowie Bärenklauen oder Eberzähne. In dieser Fundsymbiose von Steinamboss und Eberzahn bildet sich die Einheit von Handwerk und Mythos sinnfällig ab, die kultische Bedeutung des Schmieds für die Gemeinschaft. Die vorherrschende Produktionsweise ist im Endneolithikum wie auch in der Bronze- und später in der Eisenzeit die Landwirtschaft. Sie alle sind Kinder der »neolithischen Revolution«. Daran wird sich nichts ändern. Aber in dieser Übergangszeit entstehen Gesellschaften, um es genauer zu sagen: sich immer stärker strukturierende Gemeinschaften, die eine differenziertere soziale und politische Gliederung ausbilden. In den Familien entscheidet ein Ältester, in den Familienverbänden ein Clanchef, und alsbald wird es schon einen Chef der Clanchefs geben, einen Großen Mann, der gleichzeitig Priester ist, denn weltliche und religiöse Macht wurde noch nicht voneinander geschieden. In der Ausübung des Kults stellt sich der Große Mann als Stellvertreter der Götter dar und legitimiert und festigt seine Position. Diese fortwährende Erneuerung und Beglaubigung seiner Herrschaft innerhalb der Gemeinschaft durch die Ausübung des Kults im Beisein und im Bewusstsein der Mitglieder derselben, sichert die Herrschaft als geheiligte Herrschaft besser und zuverlässiger als es alle bewaffneten Dienstmänner der Welt könnten, die ohnehin durch besondere Loyalitätsmechanismen dauerhaft zu binden wären. Dass auch davor schon herausragende Menschen lebten, die andere führten, ist evident, doch jetzt beschleunigt sich in dieser Achsenzeit ein Prozess in Mitteleuropa, der diese Führung institutionalisieren wird. Führung kam natürlich auch temporär vor und trat auch in frühester Zeit auf, stets gebunden an terminierte Projekte, wie beispielsweise den Bau eines

Heiligtums wie Goseck. Sie wird allerdings erst zur gesellschaftlichen Realität, wenn sie sich institutionalisiert. Vertraute man zunächst einem Mann und überließ ihm deshalb die Entscheidungsgewalt in einem engen Rahmen, so gerannen diese Kompetenzen zu einem Amt, das wiederum Vertrauen zu dem mit dem Amt betrauten Mann schuf, mit einfachen Worten: Der Ehrwürdige schafft das Amt, und das Amt heiligt den Mann. Religionshistoriker vermuten hinter dem ägyptischen sed-Fest, das im 30. Regierungsjahr des Pharao gefeiert wurde, eine Erinnerung an den alten Brauch, nach dem der König im 30. Regierungsjahr getötet, seine Leiche zerstückelt und auf mehrere Landesteile verteilt wurde, um die Fruchtbarkeit zu steigern. Der König ist hier ganz Amt. Bei einigen südafrikanischen Stämmen symbolisiert der Häuptling auch das Land, auf dem der Stamm lebt. Die Institution ist ein Symbol für das Ganze, zwischen der Person und dem Amt wird nicht mehr unterschieden. Im Zentrum dieses Prozesses hebt sich immer deutlicher die Gestalt des Schmiedes ab. Er verwandelt vor den weit aufgerissenen Augen des staunenden Volkes unansehnlichen Stein in goldglänzendes Metall. Er vermag im schmucklosen, für den Bauern ununterscheidbaren Stein das Metall zu erkennen, wahrscheinlich mithilfe seiner Eberzähne oder Bärenklauen, die ihm halfen, das Erz zu prospektieren. Der Bär oder der Eber, die auch die Fruchtbarkeitsgötter repräsentieren, besitzen eine besondere Verbindung zur Erde, zu den chthonischen Gottheiten, ja sind selbst Inkarnationen von Göttern. Wir müssen verstehen, dass der Mensch der Vorzeit unsere Vorstellung von der »toten Materie« keineswegs teilt. Im hurritischen Epos *Das Lied von Ullikummi* wird der Kampf gegen den belebten Stein zum Existenzkampf. Der Göttervater Kumarbi, der Groll hegte gegen seine Kinder, erblickte einen großen Stein, dessen Länge »drei Doppelstunden« betrug, den so genannten *kunkunuzzi*-Stein. Von allen Seiten besah der Göttervater den Stein:

»So kam ihn die Lust an, und er schlief mit dem Stein. Seine Mannheit floss in ihn, er nahm ihn fünfmal, dann nahm er ihn zehnmal.«
(*Lied von Ullikummi*)

Wie lebendig, wie sinnlich muss man einen Stein denken, dass er in einem Gott Lust erregt und dieser sich auf ein regelrechtes Liebesspiel einlässt und sogleich in einen Zeugungsrausch taumelt. Aus dieser Vereinigung des Gottes mit dem Stein geht ein mächtiges Steinmonster hervor, das den Namen Ullikummi bekommt. Kumarbi, der sich an seinen Kindern rächen will, schickt ihn gegen die jüngeren Götter, die gegen das unverwundbare perfekte Monster anfangs einen schweren Stand haben. In diesem Mythos erleben wir als Götterschlacht überliefert einen Zeitenkrieg, einen Kampf zweier Epochen, das martialische Aufeinandertreffen von Steinzeit und Metallzeit. Die Katastrophe von Eulau findet ihre unbewusste beeindruckende dichterische Verallgemeinerung im hurritischen Lied von Ullikummi. Natürlich dachte der Verfasser des hurritischen Liedes nicht an das ihm unbekannte Eulau; zum einen dürfte er kaum mit mitteleuropäischen Angelegenheiten vertraut gewesen sein, zum anderen aber ging es ihm nicht darum, konkrete Ereignisse zu schildern, dennoch drückt sich in dem Mythos, den er aufschrieb, ein Epochenwechsel aus. Das Metall stürzt den Stein. Die ausgelassen-munteren und durchaus rüpelhaften Junggötter und Heroen stürzen die alten, unbeweglich gewordenen Götter des Neolithikums.

So wundert es uns nicht, dass es schließlich dem Wettergott Teschup gelingt, Ullikummi zu besiegen, indem er mit der alten Säge (die aus Metall ist), mit der die alten Götter zuvor Himmel und Erde trennten und das Chaos besiegten, Ullikummi von seinem Träger Upelluri abschneidet. Diese alte Dichtung als Beispiel für viele andere zeigt, wie lebendig die Natur durchweg gedacht wurde, selbst die Steine und die Erze leben. Im Erz wiederum sind Stein und Metall verbunden, und sie werden durch Feuer wie mit einer Säge getrennt. Sie können geschwängert werden und gebären. Aber wenn sie gebären, bringen sie furchtbare Monster hervor. Auf babylonisch heißt *kubu kubulu* Erz, aber *kubu* bedeutet auch Fötus, wie Mircea Eliade bemerkt hat. Mit anderen Worten: Die Erze wachsen in der Erde wie Kinder im Mutterleib. Ließe man sie ungehindert wachsen, würden sie zu Gold. Der Schmied wird zum Geburtshelfer, der Bergmann begeht aber mit der Förderung der Erze ein Sakrileg. Deshalb wird er zu besonderer Religiosität und strengen Bräuchen verpflichtet, um das Sakrileg, das in seiner Tätigkeit liegt, wieder auszugleichen. Bei einigen sibirischen Völkern, aber auch in indischen Mythen gilt der Schmied als Stammvater. Im alten Iran galt der Schmied Kavya als Ahnherr der nach ihm heißenden Dynastie. Bei den sibirischen Jakuten wurde Elliei, der aus Berufung zum Schmied wurde, als Vater des Stammes verehrt. Im Pamir verstand man die Schmiedekunst als Gabe des Propheten. Auch im südlichen Kongo wird der Gründer des Dorfes als Schmied gesehen, auch werden dort Schmiede mit den Häuptlingen und Zauberern gleichgesetzt. In der Edda besingt der Skalde in einem der schönsten Epen Wölund oder Wieland den Schmied, der sich furchtbar für grausames Unrecht an einem König rächte. Donath, Donar oder Thor wirft mit einem (Schmiede-) Hammer und erfüllt den Himmel so mit Donner. Nicht nur bei einigen afrikanischen Stämmen hat die Ethnologie Geheimbünde der Schmiede ausgemacht, die gemeinsam und von der Öffentlichkeit verborgen für das Gelingen ihrer Kunst opferten. Auch im alten Griechenland existierten diese Geheimbünde der Schmiede, beispielsweise in Gestalt der Daktylen. Geheime Riten, verborgene Initiationen der Neulinge und abseits jeder Öffentlichkeit gefeierte Feste verbanden die Mitglieder dieser Geheimbünde, die sich auf Dämonen oder mythische Gestalten beriefen, denen die Erfindung der Metallbearbeitung zu verdanken war. Die Daktylen erwählten Kybele zu ihrer Göttin, die als Göttin der Berge und somit auch der Höhlen und schließlich der Bergwerke galt. Der Name der Daktylen leitet sich her von dem griechischen Wort *daktylos*, was Finger bedeutet und auf einen phallischen Hintergrund verweist. Ebenfalls leitet sich die Bezeichnung für den dreisilbigen Vers, den Daktylus, von diesem Wort her. Enger kann die Verbindung zwischen Schmied und Vers nicht gedacht werden, der im Wort Verseschmied zum Ausdruck kommt und ursprünglich nicht pejorativ gemeint war. In Kleinasien und auf Kreta gehörten die Daktylen zum Gefolge der Großen Mutter. Sie teilten sich in zwei Gruppen: diejenigen, die rechts und diejenigen, die links Aufstellung nehmen in der Zeremonie. Die rechten Daktylen beschäftigen sich mit der Schmiedekunst, währen die linken Zauberei betreiben. In dieser scheinbar etwas späteren Vorstellung wurden Handwerk und Magie bereits getrennt, die ursprünglich zu Beginn der Bronzezeit noch vereint waren. Ein weiterer Geheimbund ging auf die Techinen zurück, die sich ebenfalls von Dämonen oder mythischen Wesen herleiteten. Diese mit dem bösen Blick begabten Geister übten sich in der Schmiedekunst und natürlich mit dem gleichen Eifer in der Zauberei. Auch im mythischen Bestand dieses Geheimbundes der Schmiede gehörten Zauberei und Schmiederei zusammen. Die göttliche Voraussetzung für die Beherrschung der Schmiedekunst war die Beherrschung des Feuers. Auch die Griechen sahen hier eine Einheit: Der griechische Gott Hephaistos schmiedete im Feuer für Zeus die Blitze, welche beim Einschlagen wiederum Feuer erzeugten. Darin ähnelt er dem etruskischen Sethlans und dem römischen Vulcanus, und auch beim germanischen Donath ist diese Verbindung feststellbar. Andererseits fiel brennend wie der Blitz auch Erz in Gestalt von Kometen vom Himmel auf die Erde herab, sozusagen von allmächtigen Göttern zur Erde geschleudert und von kundigen Magiern aufgelesen. Erz wurde also tief im Berg unter der Erde und auf der Oberfläche gefunden, es kam aber auch vom Himmel. Die Liste der Beispiele für die herausragende Rolle der Schmiede in den Mythen der Völker, Stämme und Gemeinschaften kann beliebig lang fortgesetzt werden, doch in einem ähneln sich alle Überlieferungen, nämlich dass die Schmiede zum Ende des Neolithikums eng mit der Herrschaft verbunden sind, entweder selbst die Herrschaft antreten oder den neuen Herrschern zum Siege verhelfen – natürlich durch neue Waffen, die sie schmieden. In spätneolithisch lebenden rezenten Stämmen Afrikas und Südostasiens ließ sich bis noch vor ein paar Jahren und zum Teil heute noch die besondere Bedeutung des Schmiedes, der gleichzeitig auch als Häuptling geehrt wird, beobachten. Waren mithin die Schmiede die ersten Könige? Oder anders ausgedrückt: Gingen die ersten Großen Männer aus den Schmieden hervor? Die mit Eberzähnen bewehrte Kappe des Odysseus, die Homer beschreibt, ist beides: Hinweis auf den hohen, den fürstlichen Stand des Helden, der sie trägt, und Erinnerung an den Schmied, dessen Zeichen die Eberzähne sind. Das griechische Wort für König heißt *basileos*. Übersetzt ist der Basileos aber der, der das Metall verteilt. Wurde aus Hathui dem Schmied Hathui der König?

9. Der Herr der Zeit

»Siehe, dein König kommt zu dir.
Er ist gerecht und hilft.«
Sacharja 9,9

Auf einem Bergsporn errichtete Hathui eine kleine Höhensiedlung, verband sich alsdann mit einer Frau und zeugte einen Sohn, den er in alle Kenntnisse, die er im Laufe seines ereignisreichen Lebens gesammelt hatte, einwies. Nicht Hathui, der dafür inzwischen zu alt war, wurde zum Stammvater einer großen Familie wie Abraham, sondern sein Sohn Hadhu, den man alsbald den Großen Mann nannte. Er übte das Schmiedehandwerk bald nur noch rituell zu kultischen Anlässen aus. Längst hatte er Wanderhandwerker angesiedelt in einer Unterstadt, die vor dem Heiligtum, der Akropolis oder Oberstadt, wuchs. Auch seine Söhne erlernten die Schmiedekunst und das sich entwickelnde Waffenhandwerk. Hadhu konzentrierte sich immer strenger auf zwei Tätigkeiten, zum einen auf den Ausbau seines Priesterberufes. Er war der Diener der Götter. Er verkündete den Menschen den Willen der Götter, führte die rituellen Handlungen zu den kultischen Festen aus, bestimmte und verkündete die Zäsuren des Jahres, nannte den Zeitpunkt der Aussaat und den Zeitpunkt der Ernte. So wurde er der Große Mann, indem er der Herr der Zeit wurde. Noch immer kommt der Bestimmung der Rahmendaten des bäuerlichen Jahres eine herausragende Bedeutung zu, und derjenige, der das für die anderen unternahm, war ein Großer Herr, verehrungswürdig und notwendig. Dafür versorgten ihn die Bauern der Umgebung mit Lebensmitteln.

Diese erste Form von institutionalisierter Herrschaft stellte im wahrsten Sinn des Wortes eine heilige Herrschaft, eine Hierarchie dar, denn es waren die religiösen und die sich aus diesen ergebenden, aber nicht minder wichtigen Aufgaben, die er für die Menschen in einem gewissen Umkreis übernahm. Die Bauern dienten, achteten und belieferten ihn freiwillig, weil er die Ordnung, die sie zum Leben benötigten, garantierte, indem er den gegenwärtigen Zustand stabilisierte. Es gibt keinen Beleg für Sklaverei oder Unfreiheit. Grund-

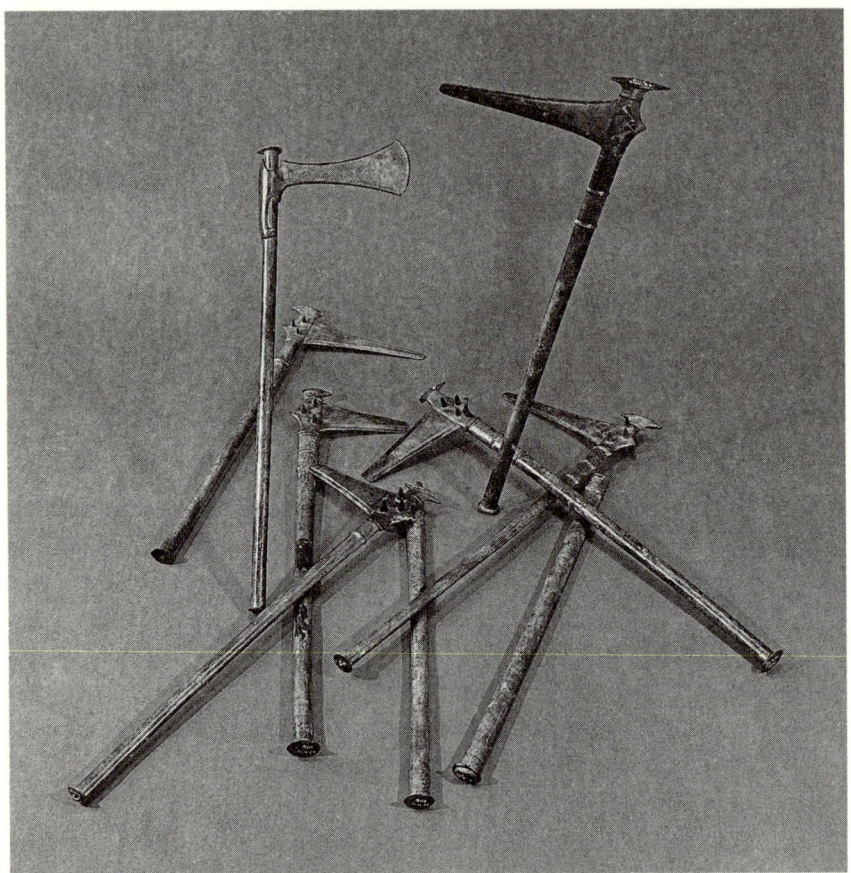

Stabdolche gelten als Herrschaftssymbole der Großen Männer.

lage der frühbronzezeitlichen Gemeinschaft bildet noch immer die Landwirtschaft. Der Prähistoriker Martin Bartelheim hat in einem Vortrag überzeugend dargestellt, dass die Auswahl des Ortes für die Siedlungen, auch für die Höhensiedlungen sich nicht nach dem Vorhandensein von Erzlagerstätten, sondern nach der Existenz fruchtbarer Böden richtete. So lagen die Siedlungen der Frühbronzezeit in Gebieten mit ausgezeichneten Böden, wie dem Harzvorland, der Leipziger Tiefebene, in Niederschlesien, im nordböhmischen Kessel, im mittleren Donauraum (Südmähren, Niederösterreich, Südwestslowakei, Transdanubien), und im niederbayerischen Donautal. Bestimmend für die Anlage einer Höhensiedlung wurde nicht nur die Notwendigkeit, eine zentrale Position innerhalb eines Gebietes einzunehmen, in dem die Bevölkerung Familien- und Clanstrukturen verbanden. Durch Heirat und Familienzuwachs breitet sich so eine

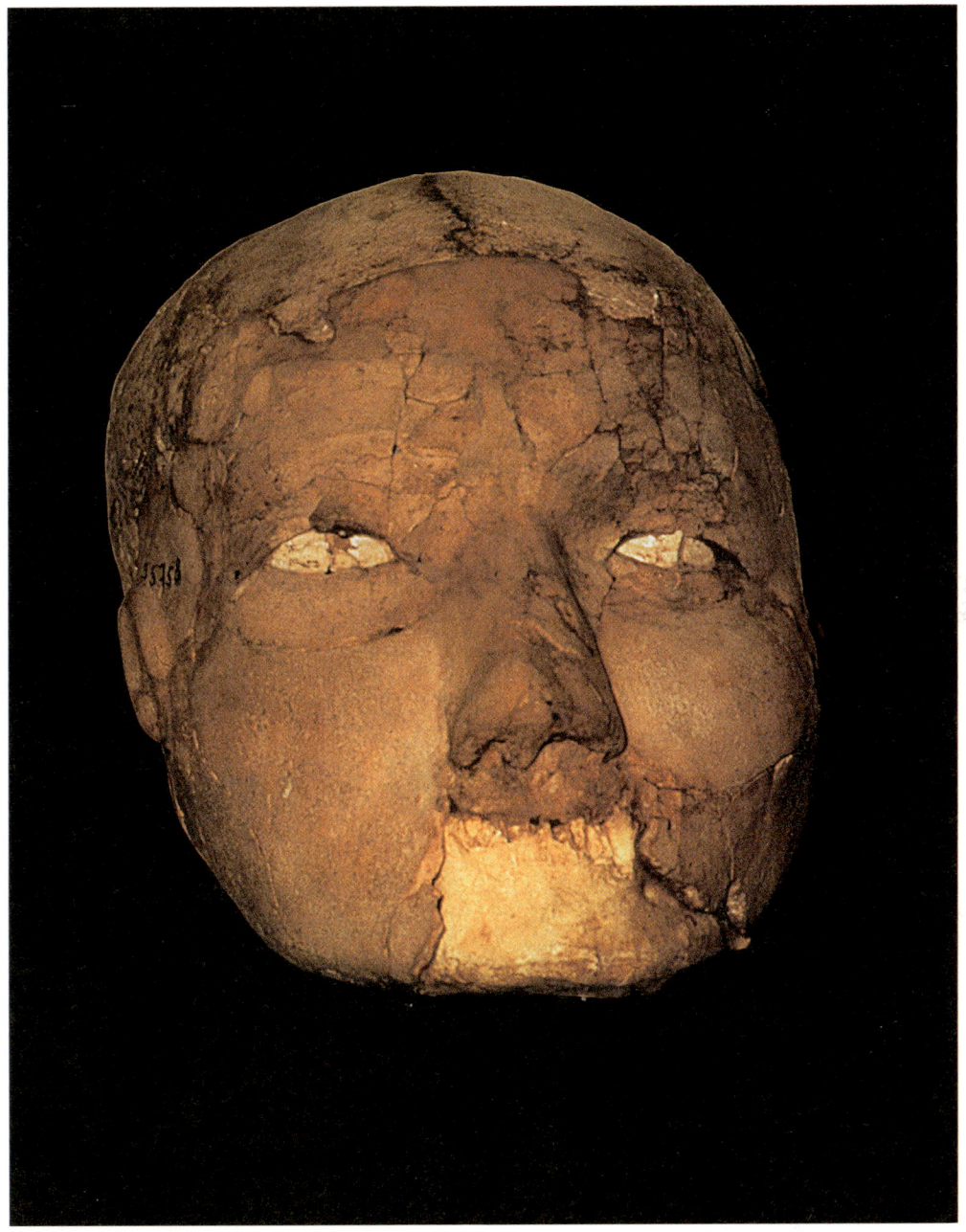

Schädel eines Toten, der vom Skelett getrennt wurde und dem anschließend mit Ton ein Gesicht aufmodelliert wurde, das mit Farbe nachgezeichnet und mit Muscheln anstelle der Augen versehen und im Haus aufbewahrt wurde. (Palästina ca. 8500–6000 v. Chr.)

Die nach der Luftbildprospektion freigelegte und ausgegrabene Kreisgrabenanlage von Goseck.

Sachsen-Anhalts wirkliche archäologische Sensation ist die bis jetzt älteste Kreisgrabenanlage Europas: Tempel und Observatorium in einem. Rekonstruktion nach dem archäologischen Befund.

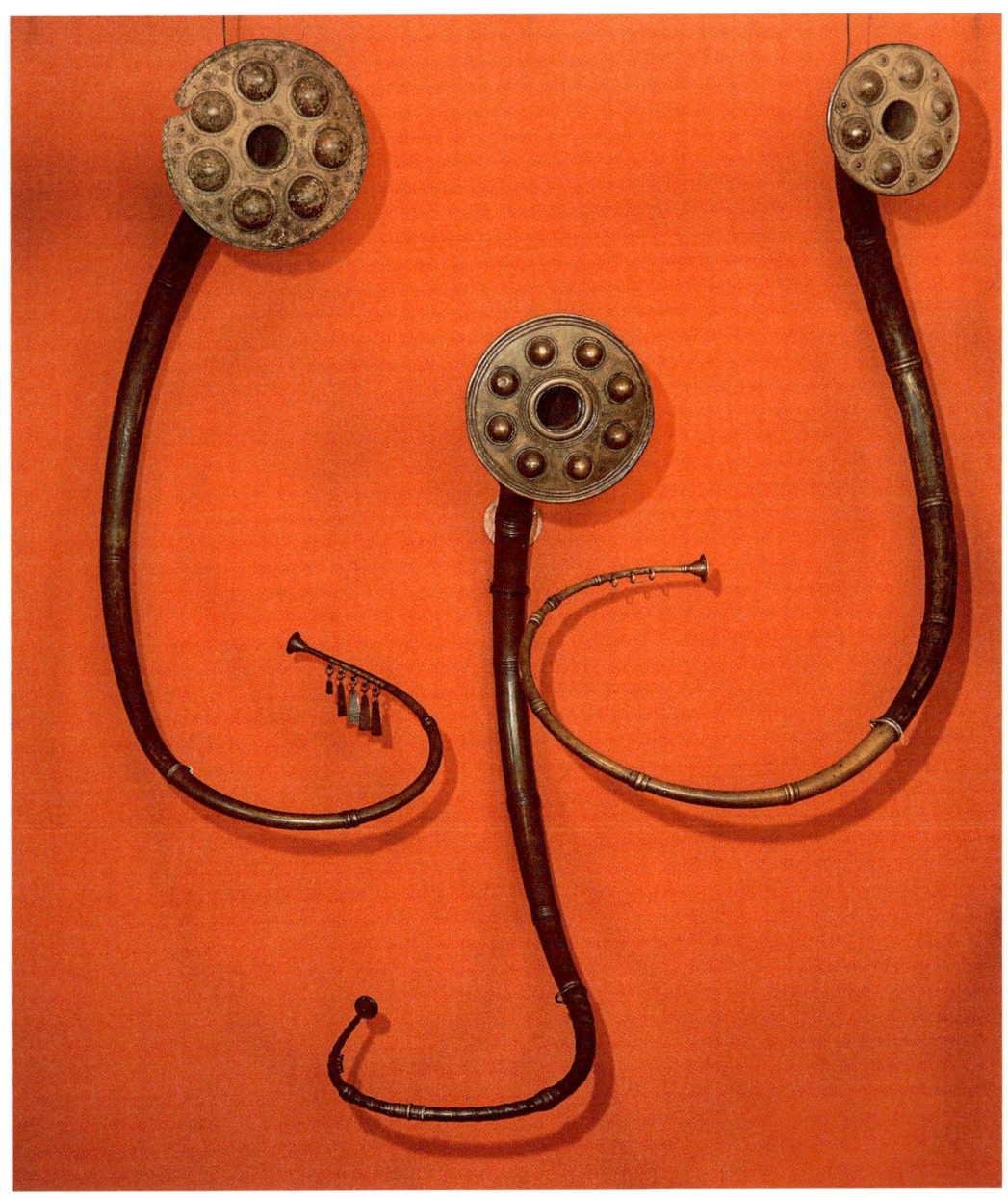

Frühe Blechblasinstrumente, so genannte Luren. Obwohl sie aussehen wie Alphörner, wurden sie in Dänemark gefunden.

Ein religiöses Kompendium auf einer Felsplatte in Westschweden aus der Nordischen Bronzezeit mit Schiffen, Menschen, Tieren, dämonischen Wesen und heiligen Zeichen.

Mythische Zeichnungen der Nordischen Bronzezeit mit Schiffen, anthropomorphen Wesen mit Stabdolchen und anderen religiösen Figuren auf einem Felsen in Südschweden.

Stonehenge ist die berühmteste der vielen, zumeist aus Holz errichteten Kreisgrabenanlagen in Mittel- und Nordwesteuropa zur Jungsteinzeit und Bronzezeit. Allerdings ist sie 2000 Jahre jünger als die Kreisgrabenanlage von Goseck.

Anders als die so genannte Himmelsscheibe von Nebra ist die Echtheit des Sonnenwagens unbestritten. Er passt archäologisch, mythengeschichtlich und ikonografisch wirklich in die Zeit.

Armring, Halskragen und Gewandschmuck aus einem Mecklenburger Fürstengrab, das den Reichtum der bronzezeitlichen Eliten zeigt.

Eine Rätsel aufgebende Ornamentik verziert den Goldhut von Schifferstadt, der kultisches Kleidungsstück eines bronzezeitlichen Priesters war.

Wie auch dieser Fund erzählt, bestimmten Krieger, Fürsten und Bauern die sozial differenzierte Gesellschaft der späten Bronzezeit.

Die Ornamentik des Berliner Goldhuts könnte in der Tat ein erstaunlich früher Kalender sein, was man von der Himmelsscheibe wohl kaum sagen kann.

Großfamilie über zunächst eine, dann über mehrere Siedlungen in einem überschaubaren Gebiet aus.

Der Prozess verläuft über Jahrhunderte. Nicht auszuschließen, dass diese zusammenhängenden Siedlungsstrukturen sich bereits durch die Nutzung eines gemeinsam errichteten Heiligtums wie beispielsweise einer Kreisgrabenanlage, an der ja die Bevölkerung mehrerer Siedlungen partizipieren konnte, herausbildeten und durch wechselseitige Heiraten sich stabilisierten. Beachtet werden musste bei der Anlage der Siedlung, wie es Hathui seinerzeit mit großem Weitblick tat, auch der naturräumliche Vorteil, den ein Bergsporn, der nur auf einer Seite mit einem Wall zu befestigen war, ideal bot, und die strategisch günstige Lage. Die Höhensiedlung diente vor allem dazu, das bäuerliche Einzugsgebiet und die Handelswege zu kontrollieren. Wälle, wie sie noch heute in die Landschaft ragen, sind inzwischen so überwachsen mit Bäumen und Sträuchern und durch Ablagerung von Böden so abgerundet, dass sie in der Tat nur dem kundigen Blick auffallen. Was für die meisten Menschen ein Berg oder ein Hügel ist, identifiziert der Archäologe als vom Menschen geschaffenen Wall oder Grabhügel. Während auch die Häuser der Höhensiedlungen mit Holz, Lehm und Flechtwerk errichtet worden waren, wurden die Wälle nicht einfach nur aufgeschüttet, sondern im Innern befanden sich Holzkästen, die man mit Steinen füllte und die man wie Kassetten aufeinander schichtete. Zum Teil haben sich diese Kassetten in den Wällen erhalten, und man fand wie auf dem Görisch an der Rauen Furt bei Meißen in einer Probebohrung Holzreste, die den Befund bestätigen. Die Höhensiedlungen der Aunjetitzer Kultur hatten noch eine eher geringe Ausdehnung, besaßen dafür aber eine gewisse Regelmäßigkeit in ihrer Verbreitung. Klaus Simon stellte in einem außerordentlich beachtenswerten Aufsatz bereits vor zwanzig Jahren fest, dass die Höhensiedlungen des mitteldeutschen Raumes in einem Abstand von 15 bis 20 und 30 bis 35 Kilometer errichtet worden sind. Begreift man eine Höhensiedlung als ein administratives, wirtschaftliches und religiöses Zentrum einer Mikroregion, kann man eine erste herrschaftlich strukturierte Gliederung des mitteleuropäischen Territoriums darstellen, wenn man die Verteilung der Höhensiedlung ausgehend von Mitteldeutschland weiter in den polnischen und tschechischen Bereich verfolgt. Alle diese Herren wurden wie Hadhu von den Bauern ihres Sprengels mit Lebensmitteln versorgt. Da sich in den Gräbern keine Lebensmittel erhielten, aber Metall, warnt Bartelheim zu Recht davor, die Bedeutung des Metalls zu über- und die Rolle landwirtschaftlicher Produkte zu unterschätzen. Metallgegenstände finden noch sehr geringen Eingang in das tägliche Leben und werden eher benutzt von einer sich herausbildenden gesellschaftlichen Elite. Es sind Männer wie Hadhu, die nach und nach zu Reichtum kommen, die Bronzegegenstände als Statussymbole und Luxusgegenstände benutzen, um ihren herausgehobenen Stand herauszustellen und auch zu legitimieren. Ist die Bronze ein Geschenk der Götter, anvertraut dem heiligen Schmied, so sind es die geschmiedeten Prunkäxte und Stabdolche, die nun in Gräbern bedeutender oder reicher Männer häufiger auftreten. Oder anders ausgedrückt: Das Vorhandensein von goldenen Ringen, bronzenen oder sogar goldenen Gewandnadeln und bronzenen Stabdolchen sowie triangulären Dolchen, Bronzemeißeln und goldenen oder bronzenen Spangen verrät dem Archäologen, dass er auf das Grab einer wichtigen Person, womöglich eines Großen Mannes gestoßen ist. Auch die Grabsitten ändern sich. Männer und Frauen werden nicht mehr unbedingt getrennt, sondern gemeinsam beigesetzt. Ausnahmen bestätigen wie immer die Regel. Reiche Frauen bekommen zwar keine Stabdolche und keine Meißel mit ins Grab, dafür aber Schmuck wie Gewandnadeln, Bernsteinketten, Goldringe. Auch in den Opfergaben an die Götter, die in Depots gefunden werden, nehmen Metallgegenstände und Bronzebarren im Verhältnis zur Keramik zu. Um die Götter gnädig zu stimmen, wurden wertvolle Gegenstände vergraben und somit der Erde übergeben, dort für die Götter als Opfergabe deponiert: beispielsweise Gegenstände, von denen sich der Eigentümer reichlichen Besitz wünschte. Während die Grabbeigaben dem Verstorbenen im Jenseits, in der anderen, ewigen Welt, die man sich wie eine Art Kopie der irdischen, aber ohne Tod und Krankheit vorstellte, zur Verfügung stehen sollten, wurde in den Depots den Göttern geopfert und die vergrabenen Gegenstände eindeutig den betreffenden Gottheiten geschenkt. Wer auf Erden Bauer war, blieb es auch im Jenseits, wer dem Schmiedehandwerk nachging, stellte auch im Jenseits Bronzewaren her, und derjenige, der im Sprengel als der Erste, der Große Mann geehrt wurde, würde es auch im Jenseits bleiben. Aus Ermangelung schriftlicher Quellen wissen wir nicht, ob der Große Mann als die Inkarnation eines Gottes angesehen wurde, der in die andere Welt lediglich zurückkehrte und einer neuen Inkarnation Platz machte, wie es zur gleichen Zeit bei den Pharaonen beobachtet werden konnte. In der Nähe der Höhensiedlungen fanden sich Depots und bäuerliche Siedlungsplätze. Der Große Herr konnte gediegen von dem leben, was die Bauern ihm opferten, ihm als Lohn für erhebliche Hilfe im heilsgeschichtlichen und kalendarischen Bereich als Stellvertreter der Götter und Herr der Zeit darboten, reich machte ihn aber etwas ganz anderes.

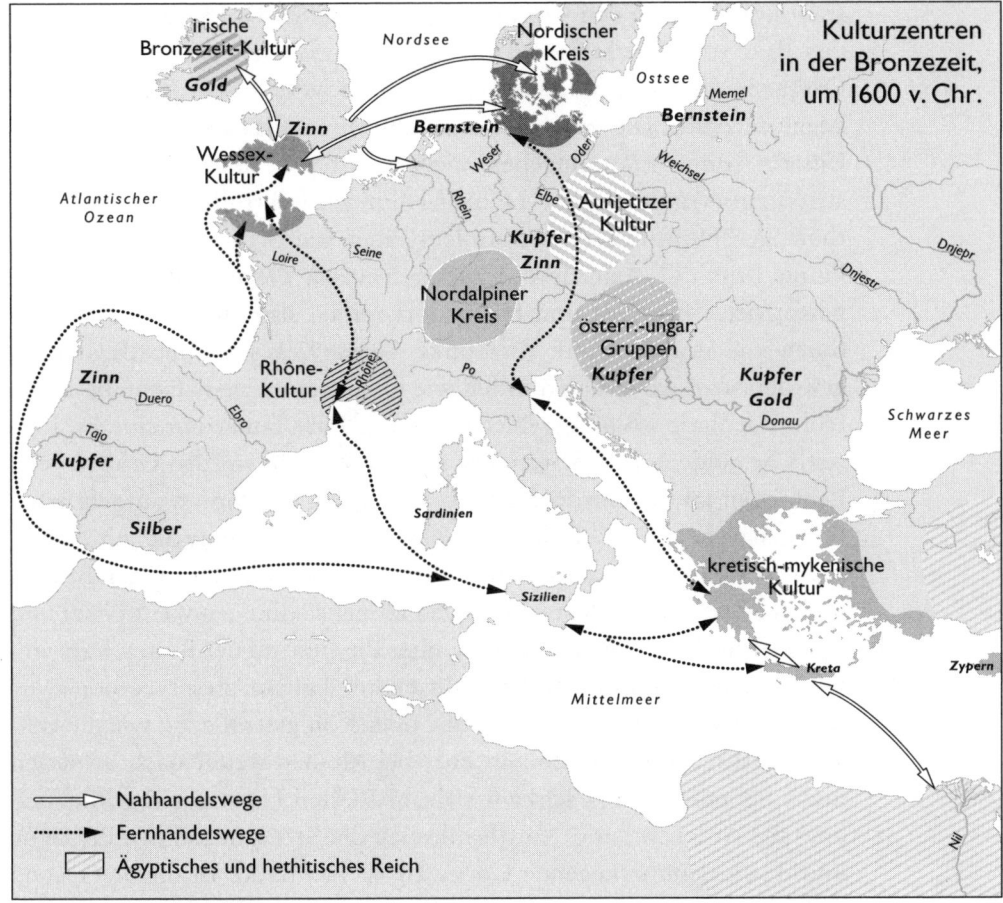

Kulturen der frühen Bronzezeit und die Handelswege, die sie miteinander verbunden haben.

Es fällt auf, dass die nachgewiesenen und vermuteten Höhensiedlungen allesamt an wichtigen Knotenpunkten von Fernverbindungen lagen. Somit konnte man von ihnen aus den Nah- und den Fern-, den West-Ost- und den Nord-Süd-Handel kontrollieren. Klaus Simon hat in seinem Aufsatz Höhensiedlungen, uralte Handelswege, wie sie bis in die jüngere Vergangenheit benutzt worden waren, und Grab- und Depotfunde aus der frühen Bronzezeit, die sozusagen am Wegesrand lagen, zueinander ins Verhältnis gesetzt. So konnte er verdeutlichen, dass die Höhensiedlungen Robisch und Burgberg von Dohna im Vorfeld von zwei wichtigen Gebirgspässen liegen, die den ost-westlichen Mittelgebirgszug unterbrechen. Dohna, das auch als »Tor nach Böhmen« bezeichnet wird, liegt am vorgeschichtlichen Fernverkehrsweg Kulmer Steig, der Böhmen mit Mitteldeutschland verbindet. Arnstadt kontrollierte den Weg, der von der oberen Donau über Franken, den Pass von Oberhof ins Thüringer Becken, weiter ins Vorland des Ostharzes und von dort westsaalisch und westelbisch in das Unterelbegebiet zielte. Die zuweilen nur schwer passierbare Niederung der Unstrut konnte man umgehen, nicht aber ohne Höhensiedlungen passieren zu müssen. Andere Höhensiedlungen kontrollierten den Nordthüringer Höhenzug von Hainleite über die Schmücke bis hin zur Finne. Römhild, Arnstadt, Orlishausen sowie die vermuteten Anlagen bei Erfurt, Nienstedt und Helmsdorf reihen sich entlang dieser Leitlinien wie Stationen auf. Zielpunkt dieses Weges könnte Magdeburg gewesen sein, wo Simon ähnlich wie in Halle eine mehrfach überbaute Höhensiedlung im Stadtgebiet vermutet. Hier fand man eine bronzezeitliche goldene Ösenkopfnadel, die den Nadeln aus den Gräbern von Leubingen und Helmsdorf gleicht. Unter den von Simon aufgeführten Handelswegen sei noch die West-Ost-Passage genannt, die am nördlichen Mittelgebirgsrand entlangführt und die vom Thüringer Becken und der Eisenacher Pforte bis zu den Höhensiedlungen von Löbsal und Görisch reicht und den Übergang über die Elbe an der Rauen Furt von beiden Seiten dominieren. Im Mittelalter bekam dieser Handelsweg den treffenden Namen Hohe Straße oder Königsstraße. So wie die Ost-West-Passage von der Rauhen Furt bei Meißen weiter nach Schlesien und Kleinpolen führt, schließt sich im Westen Hessen und schließlich über die Ardennen und Nordfrankreich die Bretagne an. Die Bretagne und das gegenüberliegende Cornwall ist Zinnland. In dieser Gegend förderten bronzezeitliche Bergleute Zinn im großen Stil, das in den ägäischen Raum, nach Spanien und nach Italien transportiert wurde. Die Zinnstraße in die Ägäis dürfte durch Mitteleuropa, also auch durch Mitteldeutschland verlaufen sein. Hadhu und seine Amtskollegen saßen auf ihren Höhensiedlungen und kontrollierten in einer Art frühem »Schutzgeldgeschäft« den Handel. Sie garantierten den Händlern freies und geschütztes Geleit durch ihr Gebiet, wenn die Händler im Gegenzug den Göttern opferten. Auf diese Art und Weise wurden die Höhensiedlungen zu kleinen Handelszentren, denn die Karawanen konnten für den Weg benötigte Nahrungsmittel erwerben und Handel treiben, Rohstoffe gegen Fertigprodukte tauschen, das heißt Zinn, das sie aus dem Nordwesten mitbrachten, gegen Stabdolche, die sie mit in den Süden nahmen. Möglicherweise dienten aber auch die Höhensiedlungen als Umschlagplatz. Denkbar, dass der Handel sich auch im Staffettenprinzip vollzog. Händler brachten Zinn hierher und zogen mit geschmiedeten Waren gen Nordwest, während andere Händler

In den Schachtgräbern Mykenes wurden auch ein Stabdolch aus Mitteldeutschland und Bernstein von der Ostsee entdeckt.

einen Teil des Zinns, der nicht für die örtlichen Handwerker erworben wurde, von hier aus bis zum nächsten Umschlagplatz schafften. Wahrscheinlich gab es beide Arten des Handels, wozu noch die transhumanten Hirten das ihrige zur Belebung von Handel und Wandel beisteuerten. Brachten diese Geschäfte bereits Reichtum und spornten die Kunstfertigkeit der professionellen Schmiede an, so fand Hadhu ein weiteres Handelsgut, das ihn reich machen sollte: Salz.

Archäologische Funde von Briquetagen im Hallenser Raum belegen, dass seit der Bronzezeit von Halle bis Staßfurt Salz hergestellt wurde. Briquetagen nennt man die tönernen Behälter, in denen die Männer des Salzes ihren kostbaren Stoff siedeten. Bis in die Neuzeit hinein gilt Salz als wichtiger Stoff, der als »Kühlschrank des Altertums« Lebensmittel haltbar und lagerbar machte. Durch das Pökeln konnte Fleisch länger aufbewahrt werden, was gerade für die Wintermonate enorme Bedeutung besaß. Dies alles, die guten Erträge der Landwirtschaft auf fruchtbaren Böden, die Kunstfertigkeit der Schmiede, die Segnungen eines florierenden Handels und schließlich die Produktion und der Verkauf von Salz machten Hadhu reich und ließen die Gegend prosperieren, denn zur Erhaltung des sozialen Friedens gab Hadhu nach einem ausgeklügelten System Teile des Überflusses weiter an die Bauern. Diese Verteilung, nach einem cleveren System vorgenommen und religiös determiniert, stabilisierte die Hierarchie, indem sie die Loyalität immer wieder erneuerte. Mit der Gabe band er die Clan- und Familienchefs an sich und stärkte ihre Position innerhalb des Clans oder der Familie. Sie wiederum sorgten dafür, dass seine Autorität von keinem Clanangehörigen oder Familienmitglied in Frage gestellt wurde. Das Ganze hatte mit dem schändlichen Eine-Hand-wäscht-die-andere-System, mit der Korruption nichts gemein, denn das Geben ist wichtiger Teil protogesellschaftlicher Kommunikation und religiöser Beziehung, die, indem sie religiös ist, als ehern und nicht auflösbar gilt. Für diese Form der Verteilung, für die das Wort Gabe benutzt werden soll, gibt es institutionalisierte und mithin auch überprüfbare Daten, die mit den an Festtagen vollzogenen Riten in Verbindung standen, mehr noch Teil der Riten wurden. Die Durchführung der Riten oblag dem Großen Mann. Zeitreisende, die wir sind, hoffen wir Hadhu, den Großen Mann, später bei der Durchführung der Riten beobachten zu können. Der sich entwickelnde Handel schafft seine Regeln. Der Nestor der deutschen Prähistoriker, Bernhard Hänsel, schrieb dazu, dass von der Ägäis bis nach Mittel- und Nordeuropa »mit geographischen Kenntnissen, intakten Wegen und allgemein akzeptierten Gepflogenheiten der Gastlichkeit« gerechnet werden muss. Dem Handel selbst kommt in diesen Jahren eine unglaubliche zivilisatorische Bedeutung zu. Er verbindet das Ägypten der Pharaonen des Mittleren Reiches mit dem von Babylon beherrschten Zweistromland, mit den Reichen der Hethiter und Hurriter in Anatolien und mit den Kretern und Mykenern der griechischen Frühzeit. Er reicht bis zu den Siedlungen an der Adria, zu denen im donauländischen Bereich, bis in die Slowakei, nach Mähren, Böhmen, Österreich, die Westschweiz, Süddeutschland, Mitteldeutschland, ins Pariser Becken bis in die Bretagne und die britischen Inseln. Die Eliten dieser Zeit wissen voneinander, von Cornwall bis Babylon. In den Schachtgräbern von Mykene fanden Ausgräber Stabdolche, die in Mitteldeutschland gefertigt wurden, und in dem Grab des Pharaos Sethos II. lag Bernstein von der Ostsee. Noch Plinius lobt in seiner *Naturgeschichte* den baltischen Bernstein:

»Man hat kürzlich erfahren, dass jene Küste Germaniens, von der (der Bernstein) eingeführt wird, von Carnuntum in Pannonien etwa 600 Meilen entfernt ist ...«

Das gibt die korrekte Entfernung von Carnuntum, im heutigen östlichen Österreich gelegen, zur Ostsee wieder. Vorher hatte Plinius bereits berichtet, dass der Bernstein

»... von den Germanen vor allem nach der Provinz Pannonien gebracht (wird), und von dort aus haben ihm zuerst die Veneter, welche die Griechen Eneter genannt haben, Ansehen verschafft, da sie nahe an Pannonien und in der Nähe des Adriatischen Meeres siedeln.«
(Plinius, *Naturkunde*, Buch 37)

Die Veneter dürften die Illyrer sein, denen wir auf unserer Reise durch die Prähistorie in wenigen hundert Jahren begegnen werden, zu der Zeit, als sich die ersten Stämme herausbildeten. Der Bericht des Plinius verweist auf die Mitte des zweiten vorchristlichen Jahrtausends. Der Bernsteinhandel besitzt wie auch der Zinnhandel eine lange Tradition. Kriegerische Auseinandersetzungen lassen sich nicht nachweisen, stehen auch nicht zu vermuten, denn der prosperierende Handel benötigt nichts wichtiger als Frieden und Verlässlichkeit. Um den Beistand und die Garantie der Götter für den Handel zu erlangen, wurden Vertreter der zu handelnden Waren in einem Depot beigesetzt. Depots oder Hortfunde stellen ein gesamteuropäisches Phänomen dar. Etwas, was dem Opfernden sehr wichtig ist, wird der Erde und mithin den Göttern übergeben, um mit ihnen zu kommunizieren. Die Sprache der Kommunikation ist die Gabe. Man gibt selbst etwas freiwillig, auf dass einem vom Adressaten – nun nicht mehr ganz so freiwillig – gegeben werde. Die Götter sind verpflichtet, sich zu dem Opfer zu verhalten. Sie können es nicht einfach ignorieren. Deshalb konnten und können die Archäologen aus der Zeit reiche Depots bergen. Die geopferten Gegenstände sind eine Gabe für die Götter. Doch in dem Wort Gabe stecken zwei verschiedene Bedeutungen, die im höheren Sinn einander ergänzen. Schon das althochdeutsche Wort *gaba/geba* besitzt die Doppelbedeutung von Gabe/Geschenk und Gnade, wobei durchaus die Konnotation Begabung mitzudenken ist. Noch stärker vereint dann das Mittelhochdeutsche im Begriff *gâbe* das Geschenk und die Begabung, also das, was jemand erhalten hat und ihn erst zur Gabe befähigt. Mit anderen Worten: Der Opfernde muss zum Opfern berechtigt sein, der Gebende hat zum Geben begabt zu sein. Be-gabt sein bedeutet, durch eine Zeremonie zur heiligen Handlung berufen zu werden. Insofern gehört die Niederlegung von Gegenständen als Gabe für die Götter zu einem religiösen Ritus, der sehr umfangreich gedacht werden darf. In der Opferung steckt noch ein zweiter religiöser Gedanke. Der Mensch, der von den Göttern gemacht wurde und wie die Natur und alles, was ihn umgibt, Werk der Götter ist, bekommt auch alles von den Göttern. Es gehört ohnehin ihnen. Damit er es besitzen und benutzen kann, muss er einen Teil davon den Göttern geben, um sie zufrieden zu stellen. Besonders aber gilt das für den Handel. Wenn der Mensch Waren tauscht, die ohnehin den Göttern gehören, wird natürlich eine Provision für den geglückten Handel fällig. So wie der Große Mann seinen Anteil erhält, erhalten auch die Götter ihren Anteil. Außerdem stellt das Depot einen Vertrag mit den Göttern in doppelter Weise dar. Zum einen wird damit ihr Schutz erkauft, zum anderen werden vor den Göttern verbindlich die Handelsbedingungen festgelegt. Das Depot ist also eine Art Handelsvertrag. Die Handelsgegenstände werden gewertet, indem die Mengen und Gewichte der in den Depots gefundenen Opferungen Wertrelationen entsprechen. Pars pro toto sei hier nur der erstaunliche Hortfund von Kyhna in Sachsen genannt, der 1979 entdeckt wurde. Niedergelegt wurden vor ca. 4000 Jahren Armspiralen, Spiralröllchen, Zierscheiben, Ösenhalsringe und eine Dolchklinge, durchaus in der Aunjetitzer Kultur bekannte und gebräuchliche Gegenstände. Gleichzeitig wurden Bernstein von der Ostsee und zwei Nadeln aus Süddeutschland geopfert. Den Fund zur Sensation erhob aber erst die ebenfalls beigelegte kykladische Pfeilspitze, eine 16,7 Zentimeter lange Klinge mit zwei Schlitzen und einem fischschwanzförmigen Ende. Die Artefakte selbst verweisen auf das Mitteldeutschland der Aunjetitzer, das Südwestdeutschland der Singener Gruppe und die Ostseeküste, wo noch Menschen in spätsteinzeitlichen Verhältnissen lebten, und mit der Pfeilspitze auf die Ägäis. Das Depot dokumentiert und heiligt die Handelsbeziehungen, stellt sie unter den Schutz der Götter. Diejenigen, die diesen Handelsfrieden stören, vergehen sich an den Göttern und werden von ihnen bestraft. Möglicherweise legt die Anzahl der Gegenstände auch die Tauschrelation fest, also: elf Bernsteinperlen haben den Wert eines Dolches oder einer Pfeilspitze, die wiederum den Wert von drei Ösenhalsringen besitzen. Sollte es so sein, dann müsste man sich den Handel weitaus standardisierter vorstellen als einen Basar. Eine Wertrelation wird für diese Gegend für eine längere Zeit verbindlich festgelegt und durch die Opferung von den Göttern beglaubigt, das heißt vor ihnen beschworen, denn eine Deponierung stellt keine Augenblickslaune und keine Leichtfertigkeit dar, sondern will etwas dauerhaft und verbindlich definieren. Sollte das zutreffen, dann dürfen wir uns auch vorstellen, dass der Große Mann des Gebietes, Hadhu, die Opferung als Teil einer feierlichen und vor allem religiösen Zeremonie durchführte, wie nur ein zum Opfer Berechtigter, ein »Begabter«, eine wirksame Opferhandlung durchführen darf. Noch heute gehört es zur Voraussetzung für die Durchführung des Kultes und die Hervorbringung des Mysteriums, dass die Messe in der katholischen Kirche von einem ordinierten Mann, einem Priester durchgeführt wird. Der Große Mann ist es, der die Ordnung überwacht und immer wieder herstellt, eine Ordnung, die für die Menschen in Mitteleuropa Stabilität und Prosperität garantiert. Die Menschen des Aunjetitzer Kulturkreises, besonders in Mitteldeutschland, bringen geschickte Handwerker hervor. Am Anfang war der Schmied als Herr des Feuers der Magier. Doch bald schon überließ der Große Mann die gewöhnlichen Schmiedearbeiten Bauernsöhnen, die vom Land ihrer Väter nicht genährt werden konnten, weil sie die jüngsten einer langen Reihe von Brüdern waren. Sie erlernten die Techniken des Schmiedes und wurden vom Großen Herrn eingeführt. Anfangs glich das Lernen einer Initiation. Sie wurden geweiht und hatten zu schweigen über das, was sie gelehrt wurden. Sie bildeten Kasten oder Gilden, auch Geheimbünde wie die bereits beschriebenen griechischen Daktylen. Doch wachsender Bedarf führt zu erhöhter Produktion und gesteigerte Produktion zur Trivialisierung, das heißt, ihre Tätigkeit wurde im Laufe der Zeit immer alltäglicher, sie dafür aber vom handwerklichen Standpunkt immer geschickter. Plinius schreibt im 34. Buch seiner *Naturgeschichte* über eine weit zurückliegende Zeit:

»Denn man hat überall begonnen, des Gewinnes wegen die Kunst auszuüben, was man einst um des Ruhmes Willen zu tun pflegte.«

Und vor dem Ruhm übte man die Kunst als religiösen Ritus aus, wie wir gesehen haben. Der Große Mann selbst schmiedete nur noch in Ausübung einer kultischen Handlung. Die Aunjetitzer Handwerker indes wurden durch die tägliche Übung immer geschickter und ihr Ruf verbreitete sich über die gesamte europäische Welt. In Gallemose in Dänemark wurden Beile und Armringe ausgegraben, die für die Aunjetitzer Kultur typisch sind. Vollgriffdolche, Stabdolche, gegossene Armstulpen, deren Form aus dem mitteldeutschen Raum stammt, wurden, wie Depotfunde in Skeldal und Gallemose, aber auch Südschweden belegen, aus dem mitteldeutschen Raum importiert. Aber auch in Süddeutschland und in der Westschweiz fanden sich in Depots diese Waren aus Mitteldeutschland. Nach Norden exportierte man außerdem Ösenhalsringe und Bronzebarren als Rohstoffe. Mitteldeutschland profitierte davon, im Zentrum verschiedener Handelswege zu liegen. Der Kupfertransport aus dem Alpenraum kreuzte sich hier mit dem Bernsteinexport aus dem Norden. Selbst hatte man hoch entwickelte Fertigwaren, Produkte einer florierenden Landwirtschaft und Salz beizusteuern. Die kykladische Pfeilspitze im Hort von

Kyhna, und dies sei hier nur als Beispiel für viele andere Gegenstände genannt, wurde wahrscheinlich als geschickter Nachbau eines kykladischen Originals in Mitteldeutschland hergestellt. Nicht nur Waren, sondern auch Formen, Techniken und Technologien tauschte man in diesem durch Handel eng verbundenen Europa aus. Die Großen Männer, Hadhus Kollegen, trugen alle den Stabdolch als Statussymbol und Zeichen ihrer Würde. Selbst in Ägypten wurden sie von Archäologen ausgegraben. Schaut man sich einen der imposanten Stabdolche näher an, fällt einem sehr rasch auf, dass sie zum ernsthaften Kampf viel zu zerbrechlich waren. Dafür waren sie auch nicht gedacht. Sie legitimierten den Träger als Priester und Administrator im Namen der Götter. Von seiner Bronzeklinge ging eine höhere, keinesfalls aber profane Gewalt aus. Und viel zu kämpfen in dieser Zeit gab es ohnehin nicht, zumindest in Mitteleuropa. In der Levante und im Vorderen Orient verhielten sich die Dinge anders. Dort konkurrierten bereits Reiche um die Vorherrschaft.

Wirtschaftliche Prosperität und sozialer Ausgleich stabilisierten ein System, in dem es zwar einen Großen Mann gab, jedoch war dessen kleine Höhensiedlung nicht mit den Palästen und Städten der Mesopotamier zu vergleichen. Scheinbar existierte ein hohes Maß an Freiwilligkeit, eine Art von Balance, in der Gebietsausdehnung nicht sinnvoll war.

Hadhu aber, der zum Gründer einer großen Familie wurde, heiratete eine Frau, die aus dem Süden kam. Funde wie das Grab der so genannten Prinzessin von Fallingbostel, die eine für die Gegend, in der sie gefunden wurde, unübliche Tracht trug, belegen, dass die Eliten sich nicht nur untereinander kannten, sondern sich durch Geschenke, durch Gaben gegenseitig verpflichteten. Diese Verpflichtung sicherte die Stabilität des Handels, denn die Einigkeit und das Verständnis der europäischen Eliten untereinander ließ sie auch die Unantastbarkeit durchreisender Händler und ihrer Güter garantieren, so diese ihrerseits die Sitten der Gegend einschließlich eventueller Abgaben achteten. Diese Verbundenheit wurde, wie es Gräber reicher Frauen mit für das betreffende Gebiet untypischen Beigaben und Bekleidungsresten dokumentieren, durch wechselseitige Vermählungen gefestigt. Diese Heiraten auf der Ebene der Großen Männer trugen zur Elitenbildung bei, weil der Große Mann nicht mehr gezwungen war, eine Bauerntochter zu heiraten, sondern die Tochter eines anderen Großen Mannes wählen konnte. Man begann, unter sich zu bleiben.

Hadhu, der Herr der Zeit, verkündete den Beginn der Aussaat wie der Ernte, er rief die Sonnenwenden aus und begrüßte den neuen Monat und das neue Jahr. Wie das Jahr sich in Frühjahr, Sommer, Herbst und Winter teilt, so erlebt auch der Mensch seine Existenz als Geburt, Pubertät, Mannesalter, Greisenschaft und Tod. Innerhalb dieser Zyklen führte der Große Mann die Riten des Überganges durch. Geboren zu werden bedeutet einen Übergang aus der jenseitigen Welt in die diesseitige Welt. Der Eintritt in die Pubertät verlangte, dass der Junge initiiert wird in die Welt der Männer. Diese Initiation konnte nur der Große Mann vornehmen. Wenn der junge Mann sich mit einer jungen Frau verband, wechselte er in eine neue Existenz. Er gründete eine Familie. Diesen Übergang musste der Große Mann religiös vollziehen. Der sterbliche Mensch, der seine letzte Reise antreten wollte, musste vom Diesseits ins Jenseits übergehen, was wiederum einer rituellen Begleitung bedurfte. Jegliches hat seine Zeit, heißt es in der Bibel. Zwischen dem Ende einer Zeit und dem Beginn einer neuen Zeit muss ein Übergang bewältigt werden, genauer ausgedrückt: Eine neue Zeit beginnt nicht einfach, man muss sie betreten, man muss in sie reisen, übergehen, übersetzen in das Land der neuen Zeit. Es wurde an anderer Stelle bereits darauf verwiesen, dass die Zeit eine besondere Art vom Raum darstellt.

Leider fehlen aus Mitteleuropa schriftliche oder bildliche Quellen aus der Bronzezeit, die auf diese Riten, die diese Übergänge ermöglichen, eingehen. Man findet sie natürlich bei den Völkern Vorderasiens, den Griechen und den Ägyptern. Dennoch dürften die Geburts-, die Initiations-, Heirats- und Bestattungsriten sich strukturell kaum von den Riten unterscheiden, die die Ethnologie und Religionsgeschichte klassifiziert hat.

Bei diesen Übergangsriten, die den Menschen helfen, von einem Lebensabschnitt in den nächsten zu wechseln, werden drei Ritenkomplexe unterschieden. Eingeleitet wird der Wechsel durch Trennungsriten. Der Mensch wird von seiner alten Welt getrennt, wie es sinnfällig bei der Geburt durch das Zerschneiden der Nabelschnur wird. Dieses Zeremoniell ist so weit verbreitet, dass es keinen Grund gibt, es nicht auch für die Aunjetitzer anzunehmen. Frühe Heiligtümer, mögen sie neolithisch oder bronzezeitlich sein, werden stets durch einen Graben, einen Wall oder eine Wand aus Stein oder Palisaden von der profanen Welt getrennt. Man betritt das Heiligtum durch ein Tor. Das Tor stellt einen Übergang in eine Zwischenwelt dar. Durch das Durchschreiten des Tores trennt sich der Mensch von seinem früheren Zustand, wie von seiner früheren Welt. Es folgt ein Schwellenritus, ein

Ritus, der den Menschen vorbereitet auf den Übertritt in diese neue Welt. Schließlich, nachdem er sich vom Alten gelöst und die Schwelle zum Neuen überschritten hat, folgt der abschließende, der Annahme- oder Einordnungsritus. Er wird von der neuen Welt angenommen und in sie eingeordnet. Wer als Jüngling in das Heiligtum geht, um seine Kindheit hinter sich zu lassen, erlebt im Heiligtum, vor den Augen der Mütter und Väter verborgen, eine Veränderung. Der sakrale Raum bleibt für Dritte uneinsehbar, er ist sichtgeschützt, wie man es bei den Kreisgrabenanlagen bewundern kann. Der Annahmeritus gliedert die Jünglinge in die Ordnung und die Welt der Männer ein, in ihren Bund. Dieser Bund wird beispielsweise durch Tätowierungen, durch Beschneidungen, durch Einsetzen von Nasenstäben, durch Ohrringe oder durch das Abtrennen eines Gliedes des kleinen Fingers zwischen den Angehörigen des Bundes und dem Novizen errichtet. Das variiert von Kontinent zu Kontinent, von Gruppe zu Gruppe. Möglicherweise bekam der bronzezeitliche Jüngling *sein* Messer überreicht, das ihn zeitlebens begleitete und mit dem er dereinst begraben werden sollte, nicht ohne dass er bei der Übergabe mit dem Messer geritzt worden wäre. Auch der Heirats-, auch der Bestattungsritus dürften in dieser Dreigliedrigkeit vom Großen Mann durchgeführt worden sein. Dass er Helfer hatte, Unterpriester, Ministranten, darf getrost angenommen werden. Dennoch, selbst wenn er von einem Unterpriester vertreten wurde, begleitete er so die Menschen seines Gebietes, seines Sprengels durch ihr Leben, teilte es ein und wurde in einem noch vollkommeneren Sinn zum Herrn der Zeit. Dies alles waren nicht etwa neue Aufgaben, die auf Hadhu zukamen. Er hatte bei seinem Vater gelernt, welche religiösen Pflichten er wie zu erledigen hatte. Unter religiöse Pflichten wird hier eine Gesamtheit von religiösen Aufgaben und rituellen Handlungen verstanden, auch die medizinischen, auch die astronomischen Pflichten. Der Synkretismus, der die praktische Form eines zutiefst religiösen Allbewusstseins der Welt ist, zerfiel noch nicht im Spezialistentum.

Doch eines Tages kam auch für Hadhu die Zeit. Auch wenn er von seiner Höhensiedlung ins Land schaute, nahm er es nur noch schemenhaft wahr. Sein Augenlicht trübte sich ein, und ohne Hilfe seines jüngsten Sohnes konnte er sich nicht mehr fortbewegen. Sein ältester Sohn hatte längst die Amtsgeschäfte übernommen. Natürlich hatte niemand bewusst die Erblichkeit dieser Funktion deklariert, aber ausfüllen konnte sie nur, wer über das geheime Wissen verfügte, das nirgendwo notiert wurde und seit Jahrhunderten von Generation zu Generation mündlich weitergegeben wurde. Und Hadhu hatte es seinem ältesten Sohn und niemand anderem weitergegeben. Er würde der neue Große Mann sein nach Hadhus Tod. Ein anderer Sohn würde Schmied, ein dritter Händler. Drei Töchter hatte er verheiratet mit den Söhnen anderer Großer Männer, nah und fern. Eines Morgens wachte Hadhu nicht mehr auf. Sein Sohn, der neue Große Mann wollte sicher gehen, dass die Würde und das Amt in seiner Familie blieben. So verkündete er, dass sein Vater zu Gamur, dem mythischen Ahnherrn, und zu den Göttern heimkehren würde, er, der große Schmied und Familiengründer, er, der erste Fürst. Und so wie er die Höhensiedlung ausgebaut und aus dem kleinen Heiligtum auf der Akropolis einen Palast gemacht hatte, so sollte er auch in einen Palast wechseln, von wo aus er die Reise zum Himmel antreten würde, um immer bei ihnen zu sein, immer auf seine Leute herabzublicken und sie bis in alle Ewigkeit zu beschützen. Es sollte ein Ort für die Ewigkeit werden, Verewigung des Toten als Memento mori und Verewigung der neuen, der dynastischen Herrschaft. Nicht nur Hadhu, sondern auch Hadhus gesamtes Geschlecht, das sich von Gmr oder besser von Gamur – wie er nun nach Jahrtausenden hieß – herleitete, war geheiligt. Gleichzeitig beabsichtigte er, und das war die revolutionäre Idee des Sohnes, einen Ort zu schaffen, an dem man an den Großen Fürsten denken, sich seiner erinnern und ihn anbeten sollte – nicht als reines Totengedenken, sondern im gewaltigen und erschauernden Bewusstsein einer überweltlichen Kraft. Groß und unübersehbar sollte dieser Ort in die Landschaft und in den Himmel ragen. Der Sohn hatte den Ort gewählt, er musste Kontinuität verdeutlichen, die lange Tradition seiner Familie. Von seinem Vater kannte er den Ort, an dem der sagenhafte und weit gereiste Hathui, der Gründer der Hügelsiedlung, begraben worden war. Genau über diesem Ort sollte sich die heilige Begräbnisstätte Hadhus in den Himmel erheben. Tief in der Erde Hathui, darüber in den Himmel ragend Hadhu. Die Verbindung von unterirdisch, irdisch und überirdisch wäre hergestellt, wieder eine Axis Mundi, eine Weltenachse. In der alten chinesischen Astronomie galt der Polarstern als Nagel des Himmels. So eine Achse, so einen Nagel ließ der Sohn entstehen.

Während die Familie und die Bauern des Sprengels den Toten betrauerten, begannen die Bauarbeiten. Der Boden wurde gepflastert und anschließend ein Steinkreis darum gezogen, der nur an der Südseite offen blieb. Darüber errichteten die Bauleute eine Holzhütte. Unter Gesängen trug nun der Sohn den Verstorbenen in die Totenhütte und legte ihn auf den Boden. Goldene Säbelnadeln, die das kostbare Gewand zusammenhielten, glänzten in der Sonne. Er trug goldene Ketten mit Bronzeperlen. Das teure Gewand verzierten Bronzespiralen und Bronzescheiben. An den Fingern steckten goldene Ringe, und ein goldener Armreifen umschmiegte das rechte Handgelenk. In der Totenhütte, die eine Höhe von einem halben Meter aufwies, wurde er aufgebahrt. Zunächst gab sein Sohn ihm den Hammer aus Diorit bei, den Hadhu von seinem Vater geerbt hatte. Der Sohn entschloss sich schweren Herzens, den Hammer beizulegen, doch musste das Opfer schmerzhaft sein, wenn es wirken sollte. Es ging nicht um Besitz, auf dem Spiel stand eine Legitimation, die weit umfangreicher ausfallen sollte, als es bisher der Fall war. Der Hammer symbolisiert den Schmied. Wie das Metall, das er treibt, stammt das schwarze Vulkangestein Diorit gleichfalls aus der Tiefe der Erde und besänftigt das aus der Erde gerissene und aus dem Erz gebrannte Metall. Da der Stein in der Unergründlichkeit geschaffen wurde, verdeutlicht er die Verbundenheit des kultischen Schmiedes mit den chthonischen Göttern und heilt so das begangene Sakrileg. Mehr noch, der Sohn beabsichtigte keine Revolution, auch wenn sein Vorgehen revolutionär war, sondern er trachtete danach, die Legitimation aus der Vergangenheit, aus der mythischen Vorzeit zu erlangen, mit der er sich im Einklang wähnen und den anderen als Gewissheit demonstrieren wollte. Der Mensch der Bronzezeit empfand sich nicht als modern, als ein Mensch einer neuen Zeit. Die Vorstellung von Veränderung, von Modernität, das Herabblicken auf die Vergangenheit, der Bruch und die Diskontinuität, die so große Mode geworden sind, brachte erst die bürgerliche Säkularisierung hervor.

Umso mehr gilt das für den Menschen der Bronzezeit, obwohl dieser Begriff höchst unscharf ist, weil Bronzezeit als Epochenbegriff eine späte Erfindung und notwendiger, aber künstlicher Behelf der Wissenschaft ist. Für den Menschen der damaligen Zeit gibt es keine scharfe Trennung, nicht das Gefühl, dass gestern noch Steinzeit war, während heute Groß und Klein zufrieden in der Bronzezeit leben. Der Mensch dieser Epoche unterscheidet nicht zwischen den Zeiten, er lebt in einem großen Kontinuum, in das ihn die Götter gestellt haben. Ohne ihren Beistand ist er verloren. Sie schaffen erst die Orientierung im Raum und in der Zeit, denn Zeit ist der eigentliche, für den Menschen geschaffene Raum, in dem er unterwegs ist. Deshalb die Riten und Zeremonien, die Einteilungen, die der Große Mann garantiert und immer wieder durchsetzt, ja sogar rettet vor den Mächten des Chaos, die das Gegenteil von Ordnung sind. Die revolutionäre Veränderung, die der Sohn durchsetzt, bedeutet, dass der Herr der Zeit nun auch zur Zeit selbst wird. Die Schaffung einer Dynastie sorgt für Ewigkeit. Mit diesem übermenschlichen Grab legt der Sohn den Grundstein für die Unvergänglichkeit des Machtanspruchs seiner Familie. Es kommt einer Heiligung gleich, deshalb hat er eine ausgefeilte und symbolträchtige Zeremonie erdacht, die aus den bekannten Elementen der Bestattungssitten besteht, denn er will ja die Kontinuität, das Vergangene, die Vorzeit für sich reklamieren, um die Zukunft zu besitzen. Obwohl der Tote in diesen Tempel gebettet wird, setzt man ihn, um die Kontinuität mit den Vorfahren zu demonstrieren, in Hockstellung bei, auf der rechten Seite mit angewinkelten Beinen liegend, nach Osten schauend, so wie der Vorfahr unter ihm beigesetzt worden war und alle Angehörigen seiner Familie seit Menschengedenken.

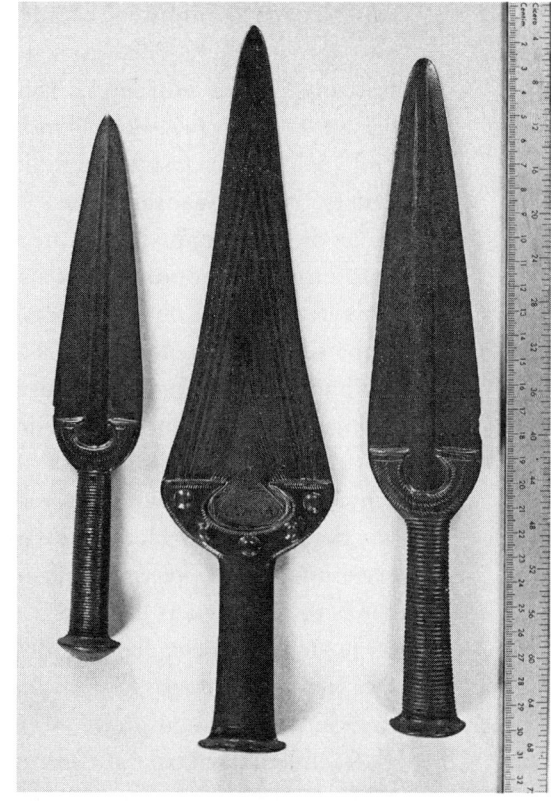

Trianguläre Dolche stellten die Bewaffnung in der frühen Bronzezeit dar.

Der Einklang mit der Vergangenheit ist in der Gegenwart hergestellt. Insofern könnten wir diese pompöse Beerdigung auch Operation Zukunft nennen.

Doch weiter: Ein Stabdolch, holzgeschäftet, und ein triangulärer Dolch werden Hadhu als Herrschaftszeichen und Waffe beigelegt. Zum Schluss übergibt der Sohn einen randvoll mit Brei gefüllten großen Krug als Wegzehrung der Totenhütte. Nun verschließt er zunächst die Tür mit einer großen Platte. Gehilfen belegen die Dachschrägen, die bis zum Boden reichen, zum Schutz mit Steinen. Es entsteht ein Steinkegel, der mit Reisig bestreut wird. Der Sohn opfert ein Rind und verstreut es auf dem Reisig. Nun wird das Reisig angezündet und Eichenholz nachgelegt. Der Sohn ist der einzige, der sich der Hütte nähern, der einzige, der sich im Steinkreis aufhalten darf. Das Feuer, das den Innenraum der Hütte wie einen Backofen erhitzt, ohne die Eichenbohlen oder die Totenlade zu entzünden, reinigt den Ort von bösen Geistern, reinigt den Toten. Sollte dem Verstorbenen irgendetwas Negatives anhaften, würde es das Feuer verschlingen. Seit uralter Zeit sahen unsere Vorfahren das Feuer als Mittel der Reinigung. Bestattungsgruben wurden zunächst ausgebrannt, bevor man den Toten beisetzte. Die christliche Tradition kennt das reinigende Fegefeuer, und auch die zoroastrische Religion der Iraner weiß um die Macht des Feuers. Wurde während der Zeit der Totenwaschung und des Schmückens des Leichnams, der Aufbahrung im Palast und der Vorbereitung des Baus der Trennungsritus als erster Teil des dreiteiligen Übergangsritus der Bestattung vollzogen, so bedeuten der unter Gesängen und Anbetungen vorgenommene Transport in die Totenhütte, die dortige Aufbahrung und die Beilegung der wichtigen Utensilien, die Leben und Status manifestieren, den zweiten Teil, den Vollzug des Schwellenritus. Der dritte Teil beginnt mit der Schließung der Totenhütte, indem eine schwere Felsplatte vor den verstärkten Eingang »geschmiegt« wird, wie der Ausgräber Hermann Größler es so deutlich beschrieb. Wieder erweisen sich die kultischen Schmiede, die Großen Männer als Herren des Feuers, denen es gelingt, den Ort mit dem Feuer so kontrolliert zu reinigen, dass nicht die Totenhütte oder der Tote in Flammen aufgeht. Der Verstorbene muss durch die Flammen, ja, aber er darf keinesfalls in ihnen verbrennen.

Nachdem das Feuer aufflammt, verlässt der Sohn den Steinkreis und schließt die noch freie Öffnung im Süden. Der Ort ist nun gereinigt von bösen Dämonen, geheiligt und geschlossen. Zu diesem geheiligten Ort darf kein Mensch mehr Zutritt haben, deshalb wird Erde herangeschafft und ein riesiger Grabhügel errichtet, der in der Tat an die Begräbnisstätten der Anführer der Hirtenvölker der südrussischen Steppe, an die Kurgane erinnert, über die Herodot, der sie den Skythen zuschreibt, berichtet: »Darauf türmen sie einen Grabhügel auf und suchen ihn so gewaltig wir möglich zu machen.« (Herodot, *Historien*, Viertes Buch) Wenn man auf diesem mitteldeutschen Grabhügel stand, so konnte man womöglich den ganzen Machtbereich des Großen Mannes überblicken. Möglicherweise steht also die Höhe des Monuments mit der Sicht und der Erhöhung über den eigenen Machtbereich in Verbindung. Für diese Art Grabmonument hat sich der Name »Fürstengrab« eingebürgert, nachdem am Ende des 19. und am Anfang des 20. Jahrhunderts ein Grab nach dem anderen freigelegt wurde.

Wie bereits erwähnt, grub der tschechische Arzt Ryzner 1879 bei Unetice nördlich von Prag zwei kleine Nekropolen aus, die dieser 700 Jahre währenden bedeutenden mitteleuropäischen Kultur den Namen gaben: Aunjetitzer. Friedrich Klopfleisch erkundete zwei Jahre früher, 1877, eines der berühmtesten Monumente dieser Kultur mit einer aufwändigen Grabung, nämlich den Leubinger Hügel. Mit seinem Fundbericht, den Paul Höfer posthum bearbeitete und veröffentlichte, führte er den Begriff des »Fürstengrabes« ein. 1906 begann Hermann Größler mit der Ausgrabung des Helmsdorfer Fürstengrabes. Zuvor wurden bereits die Hügel bei Seddin und Dörfling bei Kalbsriet freigelegt. Als Fürstengräber wurden neben Leubingen und Helmsdorf die Gräber von Dieskau, Nienstedt, Kleinkorbetha und Sömmerda eingestuft. Eindrucksvoll zeigt sich in diesen Grabmonumenten, dass eine europäische Kultur mit ähnlichen Weltanschauungen und Glaubensvorstellungen entstand, die ihre Gründer als geistige Basis der neuen Lebensweise heiligte. In Polen (Leki Male), in der Schweiz (Renzenbühl), in England (Bush Barrow) und in Ungarn (Tiszafüred) wurden Monumente wie das von Leubingen und Helmsdorf entdeckt. Wie viele unentdeckte oder vernichtete Fürstengräber existierten oder noch existieren, kann nur spekuliert werden, doch gewiss nicht allzu wenige. Hinzu kommt eine auffällige Ähnlichkeit der Keramik von der spanischen El-Argar-Kultur bis zu den Aunjetitzern.

Die Ausgrabungen der großen Grabhügel in Leubingen und Helmsdorf regten die Fantasie der Menschen in ganz einzigartiger Weise an, sodass sich die Ausgräber immer als Teil einer Kuriositätenschau fühlten: Denn wie berichtet Größler so schön über den Tag, an dem er die Totenkammer öffnen wollte:

»Bald nach 1 ½ traf die Gesellschaft am Grabhügel ein und fand dort eine zahlreiche Zuschauermenge jedes Alters und Geschlechts vor, unter der das jugendliche und das weibliche Element bei weitem überwog. ... Die einige hundert Köpfe zählenden unwissenschaftlichen Zuschauer aus der Nachbarschaft waren der Mehrzahl nach Kinder, doch auch humpelnde Alte und Weiber mit Säuglingen hatten sich eingefunden, die wohl zumeist der Wahn herbeigelockt hatte, hier werde ein Geldschatz ausgegraben werden. Auf meine Bitte war darum auch, um allen unliebsamen Störungen durch Raublustige vorzubeugen, der Hügel in den vorgehenden Nächten gesichert worden.«
(Hermann Größler, »Das Fürstengrab im großen Galgenhügel am Paulsschachte bei Helmsdorf«)

Daneben wurden bei Burk und besonders bei Goseck reiche bronzezeitliche Gräber gefunden, die aber weder den riesigen Tumulus aufwiesen, noch so reich ausgestattet waren. Die Gräber aber belegen, dass die Gesellschaft sich immer weiter differenzierte. Neue Schichten von reichen Bauern und wohlhabenden Handwerkern entstanden.

Bronzezeitlicher Schmuck

Möglicherweise begrub man in diesen durch ihre Ausstattung auffälligen Gräbern die Familienältesten und Clanchefs, die dem Großen Mann nahe standen und die die Zwischenstufe in der sich herausbildenden Hierarchie einnahmen. Die Toten, auch die in gewöhnlichen Gräbern, die nur Keramik als Vorratsgefäße mit Nahrung für die Jenseitswanderung enthielten, nahmen eine strenge Hockstellung ein. Männer wurden auf die rechte Seite gelegt beigesetzt, Frauen auf die linke. Tausende derartige Gräber identifizierte man bereits in Mitteldeutschland. Veranschlagt man, wie viele Gräber noch unentdeckt und wie viele über die Jahrtausende verloren gingen, ahnt man, wie bevölkerungsreich und prosperierend das Gebiet in der Frühbronzezeit war. Kleinere, aber noch imposante Hügelanlagen wurden auch als Familien- oder Sippengräber errichtet, wie die Hügelanlage von Hainichen in Thüringen deutlich zeigt, in der mehrere Menschen in Hockstellung beigesetzt wurden, wahrscheinlich über einen längeren Zeitraum hinweg. Auch sie umgab ein Steinkreis als Schutz und Abzirkelung des geheiligten Bereiches. Familienstrukturen in horizontaler, aber auch in vertikaler Ausrichtung strukturierten die Gemeinschaften. An der Spitze stand ein Großer Mann, der in dieser Zeit danach trachtete, seine Macht auszubauen, loszulösen von allzu engen Beschränkungen und vor allem Macht und Reichtum vererbbar zu machen. Daran dürften die Clanchefs, die er durch Gaben an sich band und die an seiner Autorität partizipierten, nichts auszusetzen gehabt haben, denn auch sie trachteten danach, ihre eigene Position und darüber hinaus die ihrer Familie dauerhaft über Generationen bis in alle Zukunft innerhalb des Clans auszubauen und zu sichern. Für strukturiertere Familienbeziehungen und institutionalisierte Erbfolgeregelungen spricht, dass die Kinder und Jugendlichen bereits eine Stellung in der Familie hatten und im Todesfall wie Erwachsene beigesetzt wurden. In Apolda legten Archäologen ein Grab frei, in dem man das Skelett eines circa fünf bis sieben Jahre alten Kindes fand, das reich gekleidet beigesetzt worden war. Wie immer fand man nur die haltbaren Gewand- und Schmuckgegenstände: eine Kette mit Knochenanhängern, die von Bronzespiralröllchen getrennt wurden, Perlen, Gewandnadeln, einen Noppen- und einen Spiralarmring. Das Kind von Apolda wurde allerdings nicht in Hockstellung, sondern in gestreckter Lage mit dem Blick in den Himmel begraben wie auch der Fürst von Leubingen.

Zudem häufen sich aus dieser Zeit die entdeckten, reich ausgestatteten Depots mit wertvollen und umfangreichen Bronzebeigaben. Für die Menschen dieser Zeit steht außer Frage, dass sie den wachsenden Wohlstand, die Intensivierung und Ausdehnung, aber auch das Handelsglück den Göttern verdanken. So opfern sie ihnen, um sie günstig zu stimmen und sie in die Verantwortung zu nehmen, damit dieser Zustand anhalten möge. Der schon erwähnte Klaus Simon hat die geografische Lage der mitteldeutschen Fürstengräber, der Depots, der vermuteten Höhensiedlungen und der Handelswege in einen bemerkenswerten Zusammenhang gestellt. In der Tat vermittelt der angebotene räumliche Zusammenhang eine Ahnung von der Struktur dieses Siedlungsraumes. Kleine Herrschaftsgebiete mit einer Ausdehnung von etwa zwanzig mal zwanzig Kilometern, ganz gleich, ob wir sie Gaue, Domänen, Sprengel, Territorien nennen, werden von einer Höhensiedlung dominiert, die gleichzeitig durch ihre strategisch herausragende Lage an einem neuralgischen Punkt – an einer Handelsstraße, einem Pass oder einer Furt beispielsweise – den Handel kontrolliert. In Beziehung zur Höhensiedlung stehen mehrere Siedlungen von Bauernclans. Depots spiegeln die Kommunikation mit den Göttern der einflussreicheren und vermögenderen Mitglieder der Gemeinschaft wider, den steten und eifrigen Versuch, Beistand in ihrem Tun und Vergebung für ihre Erhöhung zu erlangen. Der erreichte Wohlstand benötigt ein theologisches Fundament. Identifikatorisches Zentrum der Gemeinschaft wird ein »Fürstengrab«, als ein von außen mächtiger, mehrere Meter Höhe messender Grabhügel, der seinerseits das Gebiet beherrscht. In dem Grab wurde sicherlich eine Gründerpersönlichkeit, die mit dem Aufschwung und der hierarchischen Struktur der Gemeinschaft in ursächlichem Zusammenhang steht, beigesetzt und verehrt. Man errichtet keinen so imposanten Hügel, wenn man ihn nicht als Stätte der Anbetung und der gemeinschaftlichen Selbstvergewisserung nutzen will.

Das bis jetzt beeindruckendste und auch geheimnisvollste aller Fürstengräber ist das von Leubingen. Jahrtausende verlieh es der Landschaft ihr Gepräge:

»Wenn man auf der Eisenbahn von Sangerhausen nach Erfurt fahrend die Station Leubingen verlassen hat, sieht man auf der linken (östlichen) Seite in einer Entfernung von etwa einer halben Stunde den Hügel ragen, von dem hier die Rede ist.«
(Paul Höfer, »Der Leubinger Grabhügel«)

Der Jenaer Professor Friedrich Klopfleisch bekam im Jahr 1877 von der Historischen Kommission der preußischen Provinz Sachsen den Auftrag, den Hügel von Leubingen zu ergraben. Der aktuelle Anlass für die Grabung bestand wie so häufig in der Notwendigkeit, den archäologischen Befund vor Verlust zu schützen, kann also als typische Notgrabung eingestuft werden. Die Gemeinde Leubingen legte nämlich am Fuß des Hügels eine Lehmgrube an, die den Bestand des Grabhügels gefährdete. Klopfleisch hatte nicht nur mehrere Männer anzuleiten, sondern musste auch eine Methode entwickeln, wie an diesem immerhin 8,50 Meter hohen, im Durchmesser 34 Meter und in seinem exzentrischen Umfang 145 Meter messenden Hügel gegraben werden konnte, ohne Funde zu zerstören oder ihre Lage unkenntlich zu machen, um nicht die historisch entstandene Schichtenfolge zu zerstören. Außerdem durfte kein Arbeiter durch nachrutschende Erdmassen verletzt oder getötet werden. Alles musste ja noch in Handarbeit erfolgen. So entschloss sich Klopfleisch vom Hügelkamm aus einen terrassenförmigen Trichter in die Tiefe des Hügels graben zu lassen. Zunächst stieß er knapp unter der Oberfläche auf eine Begräbnisschicht, die eine Dicke von 2 und einen Durchmesser von 24 Metern maß. Hier konnte er 55 noch bearbeitungsfähige Schädel sichern. Der Leubinger Hügel musste die Bewohner der Völkerwanderungszeit, aus der die Skelette stammten, so beeindruckt haben, dass sie den Kamm des Hügels als Nekropole nutzten. In einer Tiefe von etwa 6,50 Metern stieß Klopfleisch auf einen Steinbau, unter dem sich eine leicht eingedrückte Totenhütte befand. Über deren sorgsam gepflasterten Boden hatte man die Totenhütte errichtet, die mit Schilf bedeckt war, worüber die Steinschicht und die Erde aufgeschichtet wurden. Um die Totenhütte grub man einen Kreisgraben, der einen Durchmesser von zwanzig Metern maß, zwei Meter breit und einen halben Meter tief war. Er nahm die äußeren Grund- und Einfassungssteine für den Steinbau auf, der die Holzhütte umgab. Dass sich bei diesem Kreisgraben bautechnische und religiöse Gründe verschränkten, belegt bereits die simple Tatsache, dass das ganze Bauwerk als Kultstätte errichtet worden war. Die überreiche Ausstattung bestand aus den haltbaren Kleidungsbestandteilen wie Ösenkopfnadeln, einem Armring, einem Noppenring, einem Spiralröllchen, alles aus Gold, wobei der massive Goldarmring den größten Eindruck macht. Die Gefäße mit Nahrungsmitteln für die Jenseitsreise, die Symbole des Schmiedekönigs oder des kultischen Schmiedes, wie der vulkansteinliche Hammer und die Bronzemeißel, aber auch die Statussymbole wie Bronzedolche, Dolchstab, Bronzeäxte ließen das Herz des Ausgräbers höher schlagen und erstaunen noch uns, wenn wir uns die Artefakte anschauen. Konnte all das bereits als sensationell gelten, verschlug es den Ausgräbern die Sprache, als sie entdeckten, dass die Äxte und Dolche gekreuzt niedergelegt waren, ebenso gekreuzt wie das Skelett eines etwa zehn- bis zwölfjährigen Kindes, das dem Fürsten, der mit dem Kopf im Süden und mit den Füßen im Norden lag, quer über den Bauch gelegt worden war. Bis heute haben die Wissenschaftler keine Erklärung dafür und können das Grab nicht interpretieren. Erschwerend kommt hinzu, dass die Skelette zu schlecht erhalten sind, um DNA-Analysen vornehmen zu können. Man weiß also nicht, ob die beiden miteinander verwandt, vielleicht sogar Vater und Sohn waren. Wurde ein Kind getötet, das den Herrn im Jenseits bedienen sollte, oder ist das Kind die Hauptperson und der Mann nur der Diener oder Erzieher? Gegen Letzteres spricht, dass in diesem Fall wohl das Kind in Süd-Nord-Richtung liegen würde und man für ein Kind kaum diese identifikationsstiftende Gedenkstätte errichtet hätte. Außerdem hätte man, und das widerlegt ebenfalls die Idee, das Kind sei als Diener des Fürsten beigesetzt worden, einen Diener wohl kaum im Zentrum des Grabes positioniert, und schon gar nicht in körperlicher Berührung des Herrn. Er hätte in jedem Fall abseits gelegen, an der Peripherie. So bleibt am wahrscheinlichsten, dass wir es mit Vater und Sohn zu tun haben. Genau weiß man nicht, ob sie gemeinsam begraben worden waren oder ob man das Kind später beigesetzt hat, doch spricht einiges dafür, dass sie zur gleichen Zeit zur ewigen Ruhe gebettet wurden.

Wie wichtig den Lebenden die Schaffung dieser sakralen Stätte war, erkennt man daran, dass die vielen Steine, die benötigt wurden, über größere Entfernungen und aus verschiedenen Gegenden herbeigeholt worden waren, so als ob andere Große Männer Anteil nahmen an dem Tod des »Leubinger Fürsten« und Steine sandten für den Bau des Grabmals. Ein Teil der Steine stammt aus dem Gebiet von Nebra, daher, wo man das derzeit größte Geheimnis fand, welches das Mysterium des »Leubinger Fürstengrabes« noch überragt – nämlich die Himmelsscheibe von Nebra.

10. Herr der Ringe oder Knecht der Scheibe

> »... sollen sie doch auftreten und dich retten, sie, die den Himmel deuten und die Sterne betrachten, die dir an jedem Neumond verkünden, was kommt. Wie die Spreu werden sie sein, die das Feuer verbrennt. Sie können sich nicht retten vor der Gewalt der Flammen.«
> *Jesaja 47,13–14*

Zeit, auf der Reise auszuruhen, sich Ruhe zu gönnen und ein wenig zu träumen, denn der Schlaf der Vernunft gebiert nicht nur Ungeheuer, sondern ermöglicht auch die Erkenntnis des Unerwarteten, des Nichtherleitbaren, des Staunenmachenden. Und große Entdeckungen sollen, so heißt es, im Schlaf gemacht worden sein, vertrauen wir uns ihm für eine kurze Zeit an. Sobald wir die Lider schließen, entsteht vor unserem inneren Auge ein Kellergewölbe, in dem ein talargekleideter Alchimist zufrieden auf sein Werk schaut. Viermal hatte er das Konzept unter heftigen Zweifeln und wuchernden Hoffnungen geändert, viermal die Bronzescheibe, die vor ihm lag, umgeschmiedet. Immer wieder hatte er aus den dicken Folianten über das geheime, hermetische Wissen der Ägypter neue Anregungen und Hinweise gewonnen, verfiel in Zweifel, dann in Raserei und schließlich wieder in erfrischende Zuversicht. Nun endlich, unter Zweifeln und Anspannung geboren, lag die Scheibe fertig vor ihm: Von einem dunklen, fast schwarzen Diskus glänzten Mond und Sterne und die Sonnenbarke im strahlenden Gold, während die perforierten Ränder sie dereinst mit Erdkraft umgeben, die sie berühren und durchdringen würde, dabei das Innere aber wie in einem magischen Kreis schützen, wenn es zur Vollendung käme. Seit einer Stunde schrieb man den 31. Dezember 1505. Bereits ein paar Jahre zuvor kaufte er einem Bauern aus Nebra sehr alte Bronzebarren ab, die dieser in seinem Acker fand. Der Pflug eines anderen Bauern hatte zwei alte Schwerter, einen Meißel, zwei Randleistenbeile und zwei Armringe ans Licht geholt. Auch diesen Fund aus ferner, aus heidnischer Zeit erwarb er.

Wie viele Alchimisten experimentierte er seit Jahren besessen, um eines Tages Gold zu machen. Das konnte aber seiner Auffassung nach nur gelingen, wenn er sehr altes Metall unter magischen Riten in der Sylvesternacht in den Schoß der Erbe vergrub, den Uterus der Metalle,

Auf dem Mittelberg bei Nebra wurde wahrscheinlich die Himmelsscheibe von Raubgräbern gefunden.

auf dass die Mutter Erde ihr Werk vollendete und Bronze sich zu Gold verwandelte. Denn er hing der Vorstellung an, dass alle Metalle sich zu Gold entwickelten, wenn die Erde genügend Zeit hätte und sie nicht vorzeitig und unfertig aus ihrem Leib geholt würden. Im 1505 erschienenen *Bergbüchlein* heißt es:

»Nach Ansicht der Weisen wird das Gold vom allerhellsten Schwefel erzeugt, der in der Erde unter Einwirkung des Himmels und vor allem der Sonne gut gereinigt und geläutert wurde ...«

Für den Alchimisten stand fest, dass Bronze bereits den halben Weg zum Gold zurückgelegt hatte und er deshalb nur unter Anwendung magischer Riten die alte, heidnische Bronze der Erde übergeben müsse, wo sie dann zu Gold verwandelt und vollendet würde. Bei dieser Opferung und dem Gebrauch der Magie mied er jede Öffentlichkeit. Seine Zeitgenossen reagierten mit äußerst drakonischen Strafen auf die Anwendung der allseits und allerorten gefürchteten schwarzen Magie. Um die Mitternachtsstunde des 31. Dezembers 1505 vergrub der Alchimist die Scheibe, die Werkzeuge und Schwerter auf dem Mittelberg. In den ersten Minuten des neuen Jahres, Anno Domini 1506 also, löste er von der Scheibe einen Horizontbogen, den er mit sich nahm, um in magischer Verbindung zu seinem wachsenden Schatz zu bleiben, bevor der Alchimist die Schatzgrube mit Erde verschloss. Fünf Jahre, hatte er berechnet, würde die Umwandlung benötigen. Doch raffte ihn leider zuvor eine Quecksilbervergiftung dahin, die er sich bei seinem besessenen Experimentieren zuzog, sodass er seinen Schatz nicht mehr wie beabsichtigt und ersehnt bergen konnte. Dafür blieb ihm eine herbe Enttäuschung erspart, denn die Scheibe hatte sich nicht in pures Gold verwandelt, obwohl sie Jahrhunderte später locker mit jedem Goldschatz konkurrieren konnte, freilich aus anderen Gründen. So harrte sein Schatz in der Erde auf dem Mittelberg bei Nebra bis ins Jahr 1999 geduldig aus. – Zugegeben, dass sich in dieser Art und Weise die Entstehungsgeschichte der berühmten Himmelsscheibe von Nebra zugetragen haben soll, klingt höchst unwahrscheinlich, eben wie ein Traum, bar jeder Vernunft, aber auch die veröffentlichte Fundgeschichte der Himmelsscheibe kommt nicht weniger krude und spektakulär daher. Auch zeigt dieser seltsame Nachtmahr, dass noch eine dritte Möglichkeit außer den apodiktischen Optionen »echt« und »gefälscht«, wie sie eine Zeit lang die öffentliche Diskussion um die Scheibe anheizte, existiert. Bisher nicht in Erwägung gezogen wurde nämlich die Herstellung der Scheibe in historischer Zeit, verursacht von einer ernsthaften Absicht in völlig anderem Zusammenhang, die nichts mit Fälschung und Betrug gemein hatte, sondern mit womöglich ehrbaren Gründen, die aber leider im Dunkeln liegen. In der Tat elektrisierte dieser Fund zuerst die Fachwelt, dann aber durch ausuferndes Marketing, das der armen Scheibe nicht immer und schließlich immer weniger gut tat, die Öffentlichkeit.

Raubgräber, die von gewerbsmäßigen Hehlern mit einer Metallsonde ausgestattet worden waren, empfingen bei ihrem Gang über den Mittelberg im Sommer 1999 von ihrer Sonde sehr eindeutige Signale. Unter ihren Füßen musste sich Metall befinden. Das konnte allerdings auch ein Essgeschirr aus dem Zweiten Weltkrieg sein oder anderer Eisenabfall. Sie machten sich ans Werk, mit Hammer und Spaten dem Signal nachzugehen. Einen schmutzigen Diskus, auf den sie zuerst stießen und den sie für einen wertlosen Eimerdeckel hielten, warfen sie achtlos und ein wenig erbost beiseite, wie man sich eben ärgert, wenn der berühmte Fisch an der Angel sich doch nur als ein alter Schuh entpuppt. Dann entdeckten sie zu ihrer großen Freude zwei Schwerter, einen Meißel, zwei Beile und zwei Armspiralen. Sie klaubten den Fund aus der Erde, warfen ihre leere Wasserflasche hinein, und bemerkten auf dem vermeintlichen Eimerdeckel plötzlich einen Goldglanz. Nun sahen sie sich das achtlos weggeworfene Objekt nochmals an und ahnten, dass sie einen seltsamen Fund gemacht hatten. Kurz und gut, sie sackten den gesamten Fund ein, schütteten das Loch zu und verkauften für 31 000 D-Mark ihren Fund an einen Händler aus dem Rheinland. Damit machten sich die beiden strafbar, denn nach dem sachsen-anhaltinischen Gesetz gehören alle historischen und prähistorischen Funde, die im Landesgebiet gemacht werden, dem Land Sachsen-Anhalt. Bei dieser Raubgräberei führten sie die Vernichtung der Quelle, die der Fundzusammenhang für den Fachmann darstellt, herbei. Darüber hinaus trugen sie dazu bei, den Zweifel an der Echtheit der Scheibe zu nähren, um ihre Tat zu verringern und zu entschuldigen. Bisweilen scheint großen Funden eben wegen ihrer Größe eine Unfassbarkeit anzuhaften, die ihre Profanierung geradezu herausfordert, um mit ihnen umgehen zu können. Den hochberühmten Ötzi beispielsweise untersuchte zunächst die Mordkommission als vermeintlich neuzeitliches Verbrechensopfer, bis der Archäologe Spindler die Ermittlungsbeamten überzeugen konnte, dass dieser Mord, wenn es denn einer war, nicht mehr in ihre Zuständigkeit fällt, denn der Tote lag bereits seit mehreren tausend Jahren auf dem Pass, und Zeugen würden sich wohl schwerlich noch finden lassen.

Um eine lange Geschichte kurz zu erzählen, erhielt der sachsen-anhaltinische Landesarchäologe vom Direktor des Museums für Vor- und Frühgeschichte Wilfried Menghin in Berlin den Tipp, dass interessante Artefakte auf dem grauen Markt angeboten wurden, die aus dessen Zuständigkeitsbereich stammten. Der Landesarchäologe schaltete die Kriminalpolizei ein. Schließlich wurden die Hehler in der Schweiz verhaftet und der geheimnisvolle Fund kam 2002 ins Landesmuseum für Vorgeschichte nach Halle.

Wenn dieser Fund wirklich aus der Bronzezeit stammt, worauf die Schwerter, Beile und Meißel hinweisen, dann hält man in Halle einen Jahrhundertfund in den Händen, die bis jetzt erste komplexe Himmelsdarstellung nördlich der Alpen. Durch die Ermittlung und Befragung der Raubgräber wurde der Fundort lokalisiert. Die Raubgräber bestätigten im Verhör, dass sie den Fund in dieser Zusammenstellung und an dieser Stelle auf dem Nebraer Mittelberg auch tatsächlich bargen. In Halle wusste man um die Anfälligkeit des Fundes gegenüber wissenschaftlicher Skepsis, denn den Aussagen der beiden Raubgräber stand die Außergewöhnlichkeit und Einzigartigkeit des Fundes gegenüber. Nirgendwo auf der Welt und schon gar nicht nördlich der Alpen wurde bisher ein Diskus mit einem so komplexen, astronomischen Bildprogramm gefunden, das in seiner Ikonografie noch dazu beispiellos ist. Selbst die häufig angeführten Parallelen zur nordischen Bronzezeit liegen nicht nur zeitlich später, sondern enthalten Unsicherheiten, auf die wir noch kommen. Auch die rätselhaften Goldhüte konnten mehrfach geborgen werden. Dass diese mysteriöse Scheibe neben den bedauerlichen Fundumständen noch dazu ein Unikat darstellt, erregte zu Recht Zweifel an ihrer Echtheit. Also leitete das Landesamt in Halle umfangreiche naturwissenschaftliche und kriminaltechnische Untersuchungen ein. Anhand der Bodenanhaftungen stellte das LKA Magdeburg fest, dass der Fund in dieser Zusammensetzung aus der angegebenen Stelle vom Mittelberg stammte. In der fachgerecht freigelegten Fundstelle stellte man Goldspuren fest, Partikel, die von den Artefakten herrührten, die das Wasser über Jahrtausende von ihnen wusch und Kleinsttiere bei ihren unterirdischen Wanderungen lockerten und abrissen. Da Bronze keinen Kohlenstoff enthält, konnte zur Datierung die C 14-Methode nicht angewandt werden, so blieb nur die Isotopenuntersuchung mit Blei 210. Weil aber radioaktive Bleiisotope relativ schnell zerfallen, vermochte man nur mit Sicherheit auszusagen, dass die Scheibe älter als 100 Jahre ist, also vor 1900 nach Christus hergestellt worden sein musste. Wie viel früher, darüber schweigt diese Methode leider. Ein Echtheitsbeweis für die Himmelsscheibe lässt sich ohnehin nicht erbringen, weil das verlangen würde, sie beispielsweise in eine Reihe von Himmelsscheiben einordnen zu können und sie in Beziehung zu setzen zu anderen ähnlichen Artefakten, die als typisch für eine bestimmte Zeit gelten dürfen. Ein Bild von Dürer gilt als echt, wenn es von Dürer gemalt worden ist und diese Tatsache anhand des Stils, des Alters, der Materialkonsistenz und historischer Berichte, die Auskunft geben über das Bild und den Maler, nachgewiesen werden kann. Niemand kennt den Schmied, der diese Scheibe herstellte, niemand weiß seinen Namen zu nennen. Die Scheibe, die als Unikat nicht mit anderen Scheiben oder der künstlerischen und handwerklichen Eigenheit eines bekannten Meisters in Verbindung gesetzt werden und nicht absolut, das heißt aus sich selbst heraus datiert werden kann, verweigert sich damit einer Echtheitsbestimmung. Mithin kann man nur versuchen, einen indirekten Beweis zu führen: Es bleibt als einzig gangbarer Weg, eine Fälschung auszuschließen, statt einer Verifikation eine Falsifikation vorzunehmen. Unter Fälschung muss in diesem Zusammenhang eine bewusst ausgeführte Herstellung des Gegenstandes zur Vorspiegelung einer falschen Herkunft verstanden werden. Daraus ergeben sich zwei Fragen. Erstens, kann man das geschätzte Alter der Scheibe fälschen und zweitens, wem würde es nutzen. Da der Diskus älter als 100 Jahre ist, muss ihn jemand vor 100 Jahren hergestellt haben, zu einer Zeit also, als Artefakte der Bronzezeit nicht diesen finanziellen Wert besaßen, der eine aufwändige Fälschung gelohnt hätte, wenn überhaupt die technischen Möglichkeiten dafür bereits vorhanden gewesen wären. Für das hohe Alter der Himmelsscheibe spricht der hohe Arsenwert der Bronze, die großen und höchstwahrscheinlich gewachsenen Kristalle des Bronzerosts, des Malachits. Die blaugrüne Färbung der Scheibe stellt nicht ihre ursprüngliche Farbe dar, sondern ist lediglich Rost, wenngleich hübscher Rost. Ursprünglich schimmerte sie wahrscheinlich dunkel bis schwarz, besaß also eine Farbgebung, die sowohl edel wirkte und den nächtlichen Himmel symbolisierte, als auch den goldenen Sternen und dem Mond eine ganz andere Strahlkraft verlieh. Es existieren noch andere, ähnlich gelagerte, naturwissenschaftliche Analysen, die eine Fälschung mit großer Wahrscheinlichkeit ausschließen. Allerdings bleibt Skepsis angebracht. Die theoretische Grundannahme des sächsisch-anhaltinischen Landesamtes, dass man Zeit nicht fälschen könne, klingt zwar gut in ihrer lyrischen Diktion, lässt sich jedoch nicht verifizieren. Auch Zeit lässt sich fälschen, leider! Möglich, dass jemand ein Verfahren gefunden hat, wie er Malachit auch mit großen Kristallen, die wie gewachsen aussehen, herstellen kann. Ein ganzer ineinander greifender Komplex lässt es als sehr wahrscheinlich erscheinen, dass die Scheibe keine Fälschung ist. Aber die Gegenüberstellung von Echtheit im Sinne eines Artefakts der frühen Bronzezeit, der Aunjetitzer Kultur etwa, und Fälschung als eines bewusst zur Täuschung von Käufern hergestellten Gegenstandes, lässt noch ein drittes außer Acht: nämlich die Herstellung zu einer anderen Zeit und an einem anderen Ort. In gewissem Sinne würde die Scheibe auch als echt gelten, wenn sie wie oben erzählt das Werk eines Alchimisten des beginnenden 16. Jahrhunderts nach Christus wäre. In diesem Fall hätten die Malachitkristalle ebenfalls genügend Zeit gehabt zu wachsen.

Die meisten Artefakte lassen sich einordnen, weil man über eine ganze Reihe Funde verfügt, die in nachgewiesenen und fachmännisch gegrabenen Zusammenhängen geborgen worden waren. Die Himmelsscheibe von Nebra, die weder aufgrund ihres Typs, also klassifikatorisch, noch aufgrund einer Materialanalyse eingeordnet und datiert werden kann, wird definiert über die Beigaben. Schwerter, Randleistenbeile, Meißel und Armspiralen, die den Archäologen aus anderen Funden gut bekannt sind, bieten für die Niederlegung der Scheibe im Depot von Nebra eine Datierung um 1650 vor Christus an, wobei es sehr interessant ist, dass die Schwerter zu dieser Zeit erst in Mitteleuropa auftauchen und mithin als erste Distanzwaffe fungieren. Mit anderen Worten: Die Scheibe kann nicht vor 1650 vor Christus deponiert worden sein, weil es vorher die beigelegten Schwerter in Mitteldeutschland nicht gab. Den frühesten Zeitpunkt der Opferung definieren also die Schwerter. Zuvor nahm ihre Funktion als Waffe der trianguläre Dolch ein, denn der Stabdolch fand nur als Statussymbol Verwendung und wurde sicher auch zu den kultischen Handlungen benutzt. Während der trianguläre Vollgriffdolch, der im Depot von Nebra nicht vorkam, als ein Leitartefakt der Aunjetitzer Kultur gilt, tauchen die Schwerter im Zusammenhang mit der zweiten großen Epoche der Bronzezeit, der Hügelgräberkultur auf. Daher scheint es schlüssig, dass die Himmelsscheibe nicht vor 1700 vor Christus beigesetzt werden konnte – aber vielleicht treten die Schwerter in Mitteldeutschland auch ausgerechnet im Hortfund von Nebra zum ersten Mal auf. Denn irgendwo müssen sie ja zum ersten Mal auftauchen, warum also nicht dort? Es gibt allerdings keinen so harten Beweis, dass die Himmelsscheibe nicht später niedergelegt wurde, also 1500 oder 1400 vor Christus, denn etwas Fertiges kann jederzeit geopfert werden. Als möglichen Zeitpunkt der Herstellung gibt das Landesamt die Zeit zwischen dem Fürstengrab von Leubingen, also 1940 vor Christus, und dem Zeitraum der Niederlegung um 1700 vor Christus an. Damit wird die Himmelsscheibe von Nebra in die ausgehende Frühbronzezeit datiert. Wie lange sie benutzt worden war, 300 Jahre oder 100 Jahre, wie das Landesamt annimmt, oder erstaunlicherweise kürzer, was zumindest denkbar ist, bleibt im Dunkeln.

An der Fragwürdigkeit der Umstände des Fundes und am einzigartigen Charakter der Scheibe machen sich alle Kritiken, alle Skepsis und die Minderheitsmeinung derjenigen fest, die die Scheibe für eine Fälschung halten. Ob sie eine Fälschung ist, ob sie aus der frühen Bronzezeit stammt oder später geschmiedet und niedergelegt wurde, wird die Zukunft eventuell ans Licht bringen. Zweifelhaft aber wird bleiben, ob wir jemals erfahren werden, wer sie zu welchem Zweck geschmiedet hat.

Es fehlt eine wie auch immer geartete Gebrauchsanweisung der Scheibe. Deshalb versucht man mit Strukturuntersuchungen des Materials und des Bildprogramms, mit begründeten Analogien und mit Einordnung in bekannte Siedlungszusammenhänge, dem Geheimnis der Himmelsscheibe von Nebra auf die Spur zu kommen. Es werden nach gründlichen technischen Untersuchungen, bei denen die Scheibe sogar geröntgt wurde, fünf Phasen unterschieden. Zunächst wurde die Scheibe geschmiedet und mit Sternen und zwei großen Himmelskörpern, die entweder Sichelmond und Vollmond oder Sichelmond und Sonne, etwas unwahrscheinlicher Sonne und partielle Sonnenfinsternis darstellen. Das Gold stammte vermutlich aus dem Karpatenbecken, das Kupfer wohl aus dem Bergwerk vom Mitterberg bei Salzburg. Um diese Aussage mit Bestimmtheit treffen zu können, fehlt es allerdings noch an einer exakten flächendeckenden Kartierung der Charakteristik der verschiedenen Kupfervorkommen Europas, denn das Kupfer unterscheidet sich nach den verschiedenen Steinen, in denen es vorkommt, und nach seinem Arsengehalt. Für Teile Europas gibt es diese Kartierung, und nach ihr bietet sich der Mitterberg als Herkunftsort des Kupfers an. Allerdings besteht die Möglichkeit, wenn auch nicht die große Wahrscheinlichkeit, dass man in einem noch nicht analysierten Areal Osteuropas beispielsweise Kupfer dieser Konsistenz findet. Das Gleiche gilt mutatis mutandis für das Gold.

Dennoch: Die Herkunftsorte von Kupfer und Gold illustrieren sehr schön die auch aus anderen Zusammenhängen bekannten Handelswege der frühen Bronzezeit, in der sich ein fast vorbildlich durch Handel verbundenes Europa herausbildete. Aus dem Südosten kam Gold nach Mitteldeutschland, aus dem Südwesten Kupfer. Dafür gab man Salz und geschmiedete und gegossene Bronzegegenstände, die sich aufgrund des großen handwerklichen Könnens der mitteldeutschen Meister großer Beliebtheit erfreuten. Die Funde in der Westschweiz, in Süddeutschland und in Skandinavien belegen diesen Transfer. Zu diesen Bronzegegenständen, die man handelte, gehörten beispielsweise Stabdolche, wie sie in einem mykenischen Grab gefunden worden waren, trianguläre Dolche, Gewandnadeln, Meißel und Beile.

In der zweiten Phase der Bearbeitung der Himmelsscheibe wurden Rundbögen, die man später als Horizontbögen bezeichnete, zugefügt. Hierzu war es notwendig, einige Sterne zu versetzen.

In der dritten Phase kam die Sonnenbarke hinzu. Der Schmied der Rundbögen hatte Sterne versetzt und auf den Abstand der Bögen zu den Sternen geachtet. Das interessierte den Schmied der Barke nicht. Aus diesem Grund nimmt man an, dass die Schmiede verschiedene Personen waren. Beim Tauschieren der Barke beachtete der Schmied weder den Abstand zu den Sternen, noch versetzte er diese, sondern versuchte sich mit der Barke an den Sternen vorbeizumogeln.

In der vierten Phase wurde die Scheibe rundherum perforiert. Dabei wurde keinerlei Rücksicht auf die Bildmotive wie Barke oder Rundbögen genommen. Wahrscheinlich wurde die Scheibe irgendwo aufgenäht oder angenagelt.

Die letzte Phase gipfelte in der Niederlegung im Depot. Um sie unbrauchbar zu machen, wurde sie entweiht, indem ein Rundbogen entfernt wurde. Er soll sich weder im Depot gefunden haben, noch tauchte er anderen Ortes auf.

In welchem zeitlichen Abstand die fünf Bearbeitungsstufen erfolgten, bleibt im Dunkeln.

Auch ohne die Himmelsscheibe von Nebra gibt es genügend Belege, dass die frühe Bronzezeit, und hier in beträchtlichem Maße die Gemeinschaften der Aunjetitzer Kultur in Mitteleuropa, also im heutigen Mitteldeutschland, Südwestpolen, Niederösterreich, Böhmen und Mähren eine bedeutende Kultur hervorbrachten, die man durchaus als Hochkultur bezeichnen sollte, als die erste Hochkultur nördlich der Alpen, die zudem noch ein erstaunliches Kommunikations- und Handelsnetz etablierte. Auch wenn man die Definition von Hochkultur immer an das Vorhandensein einer Schrift band, muss diese Aussage im Lichte der neueren Forschung überprüft werden. Ist eine komplexe Kultur, die darauf verzichtet hat zu schreiben, deshalb keine Hochkultur? Beim Stand des Handels und der Beziehungen hätte man irgendwann die mykenische oder die hethitische Schrift kopiert, wie man die Fertigungsweise eines Schwertes oder der kykladischen Pfeilspitze erfolgreich nachgeahmt hatte, wenn ein genügend starkes Bedürfnis dafür existiert hätte. Natürlich bestand auch die Möglichkeit für die Aunjetitzer, eine Schrift zu entwickeln, so wie später in der Eisenzeit die Runen erfunden wurden. Wenn es keine Schrift gab, bedurfte es ihrer auch nicht. Denkmöglich aber ist es, dass eine Aunjetitzer Schrift existierte, sie allerdings statt auf haltbaren Tontäfelchen auf vergängliche Birkenrinde notiert wurde, wie die Aunjetitzer ihre »Tempel« statt aus ehernem Stein aus über die Jahrhunderte hinweg sich zersetzenden Holzpalisaden errichteten. Die Vorliebe unserer Vorfahren für vergängliche Materialien wie Leder, Holz, Felle und Flechtwerk beraubte uns wichtiger Hinterlassenschaften, die im Vorderen Orient, wo man mit Stein und Ziegeln arbeitete, durchaus erhalten geblieben sind. In diesem Zusammenhang darf man nicht die sich bis zur Neuzeit steigernde Besiedlungsintensität in Mitteleuropa, die viel störte und zerstörte, zu gering veranschlagen. Man kann mit Fug und Recht vermuten, dass das meiste an Artefakten – auch der frühen Bronzezeit – noch im Boden harrt. Der Hallenser Archäologe François Bertemes konnte per Luftbildarchäologie zwölf weitere Kreisgrabenanlagen im mitteldeutschen Raum wie die von Goseck identifizieren, von denen einige bis in die Bronzezeit reichen dürften. Hinsichtlich der Ergebnisse der Erforschung dieser Anlagen darf man noch mit großen Überraschungen rechnen. Zumindest zeigen diese Befunde, dass die Notwendigkeit zur Errichtung dieser Heiligtümer in der Bronzezeit fortbestand, was sehr schön und sehr überzeugend verdeutlicht, dass es zwischen Steinzeit und Bronzezeit keinen jähen kulturellen Bruch gab, sondern sich die Gemeinschaften bei einer relativen Stabilität des kulturellen Überbaus der religiösen Vorstellungen sehr langsam transformierten. Auf der unveränderten Basis der Landwirtschaft entstanden Handwerk, Handel, institutionalisierte Administration, die zugleich in Personalunion eine religiöse Instanz darstellte.

Die Himmelsscheibe, wenn sie wirklich in diese Ära gehört, eröffnet uns einen Blick auf religiöse und astronomische Vorstellungen der Bronzezeit. Allerdings darf man ihre heuristischen Möglichkeiten nicht überschätzen, wie die virulenten Deutungen zeigen. Weil die Bildobjekte auf der Oberfläche eine bestimmte, gewollte oder zufällige Anordnung aufweisen, lässt sich natürlich alles und nichts hineindeuten. Ist die Anordnung zufällig, so werden die ausführenden Schmiede im Jenseits vor Vergnügen prusten, wenn sie die mitunter bedeutungsraunenden Interpretationen vernehmen, die ihr kleiner Scherz in der heutigen Welt auslöste. Es soll vorgekommen sein, dass neuheidnische Ausstellungsbesucher vor der Scheibe beteten oder versuchten, obskure Rituale durchzuführen, die nur durch beherztes Eingreifen des Museumspersonals verhindert werden konnten. Die Himmelsscheibe von Nebra hatte die Öffentlichkeit sofort fasziniert. Die Verbindung von Archäologie, die von rätselhaften Hinterlassenschaften fremder, noch rätselhafterer Kulturen berichtet, mit den Sternen, geheimnisvollen Welten und Galaxien hat die Fantasie der Menschen schon immer sehr stark angeregt. Nicht umsonst sprach Immanuel Kant in einem seiner schönsten Texte von dem bestirnten Himmel über ihm und dem moralischen Gesetz in ihm, das ihn zu immer größerer Bewunderung anrege. Während der bestirnte Himmel über ihm mit seinen abertausend fernen Welten ihm zu Bewusstsein bringe, wie klein und verloren er als sterblicher Mensch in der übergroßen Fülle der Welten doch sei, weniger als ein Sandkorn in der Sahara, so lasse das moralische Gesetz im Menschen diesen kleinen endlichen Menschen die eigene unvergleichliche Bedeutung tröstend und verpflichtend erkennen. Setzt man für das moralische Gesetz die religiöse Idee, dann ist man bei dem Faszinosum der Scheibe angekommen. Deutlich gestaltete der erste

Schmied der Scheibe den bestirnten Himmel und vermittelte damit eine kosmogonische Idee, die uns anrührt, denn in der Kosmogonie – dem allgemeinen Weltmodell im Gewordensein – waren Astronomie und religiöses Denken in einem ursprünglichen Synkretismus vereint. Für Menschen, die niemals mit technischen Mitteln die Sterne erreichen konnten, weil sie keine Raketen besaßen, und denen die Erfahrung des Fliegens fehlen musste, erschien es nicht sinnvoll, den bestirnten Himmel von den Göttern zu lösen. Den Himmel erklomm nur die Seele nach dem Tod – eventuell –, und deshalb galt ihnen auch die Seele als das eigentlich wichtige, das Ewige, und nur das Ewige im Menschen, das Unvergängliche vermochte den Himmel zu erreichen. Insofern gehörten in früher Zeit Himmel und Seele, Ewigkeit und Unendlichkeit untrennbar zusammen. Der Himmel galt als metaphysischer Raum, als die Heimat der Götter. So geht man wohl eher fehl in der Annahme, wenn man das Bildprogramm der Himmelsscheibe als nüchtern und in seiner Nüchternheit als beinahe modern preist, denn wäre die Darstellung nüchtern und modern, dann wäre sie nicht Ausdruck der Bronzezeit und des Menschen dieser Zeit. Denn die Menschen dieser Epoche werden eines mit Sicherheit nicht getan haben: modern gedacht. Und modern gedacht heißt ja, dass Wissenschaft und Religion voneinander getrennt sind, dass in der Natur die Naturwissenschaft herrscht und in der Moral die Religion oder ein anderes ethisches System.

Es mag einem modern empfindenden Menschen unserer Zeit so scheinen, als sei das Bildprogramm auf das Wesentliche reduziert und das Wesentliche sei das nüchterne Bild des nächtlichen Himmels. Das Bilderverbot im Islam führte zur Maureske. Jene mit Schriftzeichen verbundene Darstellung von Blattornamenten reduzierte ja auch nicht die Welt auf das geometrisch Wesentliche, auf die Linie, sondern fand in der Linie eine hohe Abstraktion für einen äußerst komplexen und alles andere als nüchternen theologischen Zusammenhang. Mit anderen Worten stellt die nüchterne Maureske einen Gipfelpunkt der Mystik dar. Auch in der abstrakten Unendlichkeit des Mäanders wohnt Gott im mystischen Sinn. Im ikonografischen oder im geistigen Sinn ist diese Nüchternheit, diese Abstraktion, das heißt die Beschränkung auf das faktisch Wissenschaftliche oder sichtbar Wesentliche, obsolet, denn zu dieser Zeit existiert noch keine Wissenschaft, mehr noch, sie wäre ein Vergehen gegen die Götter und würde schlimmste Strafen zur Folge haben, die in den alten Schriften deutlich dargestellt worden sind. Im Übrigen ist das Wesentliche in den Vorstellungen der Menschen zu dieser Zeit das Religiöse. Denn eine nüchterne Himmelsdarstellung, die nicht mehr als eine Sternenkarte im astro-geografischen Sinn wäre, würde den Himmel als Wohnung der Götter nicht akzeptieren und mithin sehr praktisch die Götter exmittieren. Und wer, wenn er sogar ein Gott ist, ließe sich schon seiner Wohnung berauben? Umso wichtiger, nicht mit Analogien zu arbeiten, die nach dem Zerfall des ursprünglichen Synkretismus beheimatet sind.

Eine ebenso metaphorisierende wie folgenreiche Interpretation will in der deponierten Scheibe den Körper und den Geist des Fürsten von Leubingen sehen. Folgenreich ist diese Vorstellung deshalb, weil damit statt eines mittelbaren ein unmittelbarer Zusammenhang zwischen dem monumentalen Fürstengrab von 1940 vor Christus und dem Depot von Nebra installiert wird, das sich auf die Datierung auswirkt, denn indem Anfang und Ende einer Epoche insinuiert werden, kann die Scheibe nicht später als 1600 vor Christus beigesetzt worden sein, weil ihre Ära, nämlich die der Aunjetitzer Kultur, an diesem Datum endet. Und einer früheren Niederlegung widersetzen sich die beigefundenen Schwerter, die erst zu diesem Zeitpunkt in Mitteldeutschland aufkamen. Zudem wird plötzlich eine mittelalterliche Vorstellung evoziert statt eines geistigen Ansatzes, der der Bronzezeit entsprechen würde. Es bleibt trotz aller schönen Wünsche außerordentlich schwierig, das Depot der Scheibe als Gegenstück zum Grab von Leubingen zu interpretieren, weil man Äpfel nicht mit Birnen vergleichen kann. Typologisch und angesichts seiner religiösen Implikationen stellt ein Depot etwas völlig anderes dar als ein Grab. Ein Grab wird für einen Menschen errichtet, der in dieser Erdstätte dann auch beigesetzt wird und an den man sich auch an dieser Stelle erinnern will. Es geht für den Toten um die letzte oder vorletzte Ruhestätte und für die Hinterbliebenen um das Memento mori. Die Gegenstände, die einem Toten beigegeben wurden, sollten im Jenseits den Status des Toten verdeutlichen und ihm für die Reise Wegzehrung und für die andere, wahrscheinlich sogar »wahre« Welt wichtige und kostbare Utensilien mitgeben, von denen man annahm, dass er sie benötigte. Auch wenn man sich vielleicht nur schweren Herzens von den kostbaren Gegenständen trennte, die man dem Toten ins Grab legte, blieb es unabdingbar für die Sicherung der eigenen Existenz. Menschen vermochte man vielleicht betrügen können, einen Toten zu übervorteilen jedoch bedeutete, die Feindschaft der mächtigen anderen Welt auf sein Haupt zu lenken. Diesem Denken entstammte die alte lateinische Maxime, nicht schlecht über Tote zu reden: »De mortuis nil nisi bene«, denn die Toten wohnten bei den Göttern und standen ihnen am nächsten, näher als die Lebenden. Die

Gründe für diese Maxime lagen also weniger in der Pietät, einem abstrakt moralischen Empfinden, als in der angeratenen Vorsicht, es sich nicht mit der anderen Welt oder gar den Göttern zu verderben. Möglicherweise bestanden besondere Beziehungen zwischen dem Verstorbenen und bestimmten Gegenständen, die ihm seit seiner Initiation und Aufnahme in die Welt der Erwachsenen gehörten und die unauflöslich mit ihm verbunden waren, als lebte ein Teil seiner Seele im Gegenstand und ein Teil des Gegenstandes in ihm. Einem dritten, der sich diesen Gegenstand widerrechtlich aneignete, hätte er nur Unglück gebracht.

Anders hingegen verhielt es sich mit den Depots. Was in einem Depot niedergelegt wurde, opferte man den Göttern und gab es nicht einem Menschen mit. Keinerlei Beziehungen der deponierten Gegenstände zu toten Menschen sind denkbar, zu Lebenden allerdings viele. Insofern kann auch die Scheibe nicht den Köper des Königs oder den Körper des Fürsten repräsentieren – sozusagen als Wiederkehr des Leubinger Fürsten als Bronzescheibe im Depot zu Nebra –, denn das Depot stellte weder einen Ort der Andacht dar, noch begleiteten die beigelegten Gegenstände die Scheibe ins Jenseits und gehörten ihr. Sondern alles, was im Depot niedergelegt wurde, gehörte den Göttern, nicht einem Toten, der ja ohnehin nicht vorhanden war. Im Grunde basiert der Ansatz lediglich auf einem formalen Vergleich. Das Grab von Leubingen und das Depot von Nebra weisen eine »Überausstattung« aus. Mit dieser Formalität beginnt bereits das Dilemma, denn das Depot von Nebra würde ja nur wirklich eine Überausstattung aufweisen, wenn die Artefakte einem Menschen beigegeben worden wären, das heißt, es wird das, was es zu beweisen gilt, bereits als Voraussetzung postuliert. Überausstattung bedeutet, dass einem Toten mehr ins Grab mitgegeben wird, als er benötigt. Sie soll seinen Reichtum und seine Verfügungsgewalt demonstrieren. Zwei oder mehr Beile oder Schwerter benötigt kein Mensch, es genügen ein Beil, ein Dolch oder ein Schwert. Dem Fürsten von Leubingen wurden drei Dolche, ein Stabdolch, zwei Bronzebeile und drei Bronzemeißel mitgegeben. Die Meißel dürften bei näherem Hinsehen wohl nicht als Überausstattung zu werten sein, weil wir von Handwerkern wissen, dass sie mehrere Exemplare eines Werkzeuges besaßen. Für den Nebraer Depotfund stellt sich die Angelegenheit etwas anders dar. Formal haben wir auch im Depot mehrere gleichartige Artefakte: zwei Schwerter, zwei Beile und einen Meißel. Nur ein Mensch kann bei seinem Begräbnis überausgestattet werden, also müsse, so diese Theorie, etwas anderes den Menschen ersetzen, wenn keiner gefunden wird. An diesem Punkt kommt als Lückenbüßer, als Stellvertreter des Menschen die Himmelsscheibe ins Spiel. Bleibt die Frage, ob in Abwesenheit eines Menschen überhaupt erstens von Überausstattung gesprochen werden, zweitens ein Depot überhaupt überausgestattet sein kann, denn dann wären alle Depots überausgestattet. Stellen wir den Umkehrschluss an: Was wäre anders am Depot von Nebra im Vergleich zum Fürstengrab, wenn wir annehmen, dass das Depot statt der Scheibe einen Toten enthielte? Es fehlte der mächtige Grabhügel, der den Ort zu einem Ort des Andenkens, der Herrschaftsdemonstration – das Land, das ich auf dem Hügel stehend erblicke, ist mein Land – und der Integration einer Gemeinschaft erhebt, also alles, was den Fürstenhügel von Leubingen für die Gemeinschaft ausmacht und ihn zum Grab deklariert. Dem Fürsten von Leubingen wurden nur Gegenstände beigegeben, die seiner Zeit und seinem Leben entsprachen. Der Hortfund hingegen vereinigt zwei Epochen: die der Aunjetitzer Kultur, die endet, und die anbrechende der Hügelgräberleute, die durch die Beigabe der Schwerter symbolisiert werden.

Dass es einen allgemeinen und mittelbaren Zusammenhang zwischen Höhensiedlungen, Fürstengräbern, Depots und Handelswegen als Entsprechungen sowie wechselseitige Bedingtheiten gibt, hatte Klaus Simon bereits in den achtziger Jahren vermutet. Im direkten Sinn hat die Himmelsscheibe mit dem Fürsten von Leubingen wohl nichts zu tun, was die Fragen der Datierung und des kulturellen Zusammenhanges weiterhin offen lässt.

Wenn dieser folgenreiche Interpretationsansatz zudem noch Ideen aus Ernst Kantorowicz' brillanter Studie über *Die zwei Körper des Königs* borgt und deshalb leider zu dem falschen Schluss kommen muss, dass die Himmelsscheibe von Nebra Körper und Geist des Fürsten von Leubingen sei, seine symbolische Präsenz, resultiert das einzig daraus, dass er unbeabsichtigt dem bronzezeitlichen Faktum eine mittelalterliche Vorstellung unterschiebt. Der Depotfund von Nebra widersetzt sich allen Versuchen der Einordnung. Die Vorstellung der beiden Körper des Königs oder von Körper und Geist des Königs führt dabei nicht weiter. Herrschaft ist als Hierarchie auf Dauer angelegt. Es geht um die Bewältigung des Alltages, um die konstante Regelung für die Gemeinschaft wichtiger Angelegenheiten, sowohl wirtschaftlicher als auch religiöser Natur. Gemeinschaftlicher Kult soll durchgeführt werden, Wirtschaft, das heißt das gemeinschaftliche Zusammenwirken von Landwirtschaft, Handwerk und Handel, und die Verteilung des Mehrprodukts im Patronagesinn sollen organisiert und zwar seltene, aber dafür notwendig werdende gemeinschaftliche Arbeiten wie das Errichten eines Heiligtums müssen geleitet werden. Dass alles impliziert Dauer und Alltag und nicht Außergewöhnlichkeit. Gerade das Fürstengrab von Leubingen dürfte eher, um mit Max Weber zu sprechen, patriarchalische oder patrimonale Herrschaft befestigen wollen als charismatische. Dass es dazu charismatischer Gründerfiguren bedarf, versteht sich von selbst, hat aber mit dem definierten Begriff der charismatischen Herrschaft nichts zu tun. Ein Musterbeispiel für charismatische Herrschaft ist der Krieg, aber den scheint es, in den ausgesprochen auf Handel ausgerichteten Zeiten kaum gegeben zu haben. Die großen und reichen Fürstengräber stehen im Zusammenhang mit den Depots, aber nur weil sie die sichtbaren Heiligtümer sind, während die Depots Orte verborgener Opferhandlungen darstellen. Diese sichtbaren Grabanlagen sind zur Anbetung, zur Identitätsstiftung geschaffen. Das kann man von den nicht sichtbaren Depots nicht behaupten. Die Scheibe kann also keine Fortführung oder Konsequenz des Leubinger Grabmonuments sein. Der Körper des Königs unterscheidet im assoziierenden Zitat bei Kantorowicz die beiden Körper des Königs, des natürlichen der privaten Person, und des juristischen der öffentlichen Person des Königs. Diese juristische Idee wird hergeleitet aus der hochmittelalterlichen Unterscheidung zwischen *corpus naturale* und *corpus verum*. Ohne in die Tiefe der zunächst kirchenrechtlichen Definition der beiden Körper Christi gehen zu wollen, begegnen wir in dem Bild der Körper des Königs einer im westlichen Mittelalter entstandenen juristischen Betrachtungsweise, die für die Definition des englischen Königtums zur Tudorzeit bedeutsam wurde, wie Kantorowicz zeigte. Letztlich beruht unsere Unterscheidung zwischen privater Person und juristischer Person auf dieser Differenz. All das trifft, wie man leicht sehen kann, auf die frühe Bronzezeit nicht zu. Es beginnt genau genommen erst mit dem Konzil von Chalkedon 451 nach Christus.

Ein Interpretationsansatz, der aufgrund der Überausstattung des Grabes von Leubingen und der Überausstattung des Depots von Nebra in der Himmelsscheibe den verborgenen Körper des Königs sehen will, rekurriert also auf mittelalterliche Vorstellungen und kommt somit der vormittelalterlichen, nämlich frühbronzezeitlichen Realität der Himmelsscheibe nicht näher. Denn alles, was die Scheibe betrifft, ist höchst rätselhaft, deshalb sind komplexe Forschungen mehr als notwendig. Vorausgesetzt die Datierung der Scheibe ist korrekt und Fundort und -zusammenstellung entsprechen der Wahrheit, woran wir kaum Grund haben zu zweifeln, steht man vor einem ganzen Bündel von ungelösten Problemen.

Die wichtigste Frage allerdings lautet: Was bedeutet das Bildprogramm auf der Scheibe? Der Astronom Wolfhard Schlosser hat nachgewiesen, dass man vom Mittelberg aus den Kyffhäuser und den Brocken anpeilen konnte. Die Bewaldung der Berge existierte damals nicht. Die Plejaden, das Siebengestirn, zeigen den Beginn des bäuerlichen Jahres an: Wenn sie »von der Sonne verschluckt« werden, also nicht mehr zu sehen sind, musste der Bauer mit der Aussaat beginnen. Wenn man mit dem linken Horizontbogen den Brocken anpeilte, so hatte man dort exakt den Punkt der Wintersonnenwende. Am 1. Mai stand die Sonne über dem Kyffhäuser. Über dem Brocken kam sie auf ihrer Reise exakt zum Zeitpunkt der Sommersonnenwende an. Damit erhielt man als Rahmendaten für das Jahr: den 10. März als Termin für die Aussaat und Beginn des bäuerlichen Jahres, den 21. Juni als Sommersonnenwende, den 1. Mai, der später zur Walpurgisnacht wurde, den 17. Oktober als Ende des bäuerlichen Jahres und den 21. Dezember als Wintersonnenwende. Der kleinere der beiden Horizontbögen mit seinem Winkel von 82 Grad kann perfekt vom Mittelberg bei Nebra aus justiert werden. Da der zweite Horizontbogen in Richtung Osten liegt, würden die Horizontbögen die Wanderung der Sonne am Himmel symbolisieren. Die Sonnenbarke würde sie dann über den Tageshimmel transportieren, vom Aufgang im Osten zum Untergang im Westen. Auf dem kleineren Horizontbogen ließe sich dann auch verfolgen, wie die Sonne von Tag zu Tag weiterwanderte, das heißt länger sichtbar blieb. Den weitesten Weg hatte sie bis zum Brocken zurückgelegt. Ging sie über dem Brocken unter, hatte man den 21. Juni erreicht und die Tage wurden wieder kürzer: Das war der Termin der Sommersonnenwende. Im Grunde wäre die Himmelsscheibe dann ein zweidimensionales Modell, eine Abstraktion und Kartierung der Sachverhalte, die man auch im wenige Kilometer entfernt liegenden Heiligtum von Goseck beobachten konnte. Die Scheibe ließe sich stimmig auf das Gosecker Monument projizieren. Die Scheibe wäre so etwas wie eine mitführbares, ein transportables Goseck.

Auf dem Mittelberg befand sich um den Bergkamm und den Fundort der Scheibe ein Kreisgraben, der den heiligen Bezirk abzirkelte. Vorgelagert waren zwei Wälle. Auch hier kam wieder das Gosecker Modell zum Tragen und verdeutlicht erneut die geistige und religiöse Kontinuität zum Neolithikum. Die Wälle mussten nicht um den Kreisgraben gezogen werden, weil lediglich der Bergkamm abzuriegeln war. Den inneren heiligen Bezirk bildete wiederum ein Kreisgraben, der allerdings nicht aus Palisaden, sondern lediglich aus aufgeschütteten Wällen bestand.

Die Sichel auf der Scheibe könnte den Neumond symbolisieren. Am 10. März war es zuweilen möglich, vom Mittelberg aus am Abend die Plejaden mit dem jungen Neumond am westlichen Sternenhimmel in Konjunktion zu sehen. Wolfhard Schlosser hat seinen Berechnungen die Sternenkonstellation des Jahres 1600 vor Christus, die mit unserer nicht mehr identisch ist, zugrunde gelegt. Am 17. Oktober sah man am Morgen die Plejaden das letzte Mal in der Domäne des Vollmondes. Das spricht eindeutig dafür, dass wir es bei den großen Himmelskörpern mit Erscheinungsformen des Mondes zu tun haben. Andererseits verweist der Rundbogen unten auf der Scheibe, der als Sonnenbarke klassifiziert wird, auf die Sonne. Die Horizontbögen würden in dieser Interpretation ebenfalls auf die Sonne verweisen, denn ihre Winkel sind in Anpeilung des westlichen Himmels mit dem Sonnenwendtermin identisch.

Bisherige Interpretationen versuchten, die Himmelsscheibe in ihrem aktuellen, in ihrem letzten Erscheinungsbild zu deuten und berücksichtigen dabei zu wenig den Prozess, den die Scheibe selbst durchlief. Wenn alles, was auf dem Diskus verändert wurde, absichtsvoll geschah, wovon auszugehen ist, muss die Deutung stärker von den verschiedenen Phasen ihrer Fertigung und Veränderung ausgehen. Grundbestand und Veränderung als dynamisches Spannungsverhältnis helfen womöglich bei der Erkenntnis des eigentlich Unerkennbaren. Der Wissenschaftler Christian-Heinrich Wunderlich untersuchte die Himmelsscheibe hinsichtlich ihrer Herstellung. Um die Ergebnisse zu erhärten, überprüfte er die gewonnenen Erkenntnisse gemeinsam mit zwei Goldschmiedinnen an Duplikaten des Bronzediskus, an denen er bronzezeitliche Techniken simulierte. Er kam zu bemerkenswerten Resultaten. Die Scheibe besteht aus einer weichen Bronze, die einen Zinngehalt von 2,5 Prozent aufweist. Die Beigabe von Zinn härtet das Kupfer. Normal war zu dieser Zeit ein Zinngehalt von 7 Prozent, das heißt, der Schmied der Scheibe nahm bewusst weniger Zinn, um eine weiche Bronze zu erhalten, die er besser austreiben konnte. Der Bronzerohling wurde erhitzt und getrieben, also nicht gegossen, sondern gehämmert. Dabei unterlief es dem Schmied, dass an den Rändern durch die hohe Spannung des Materials Risse entstanden. Dieses und ein weiteres Detail zeigen, dass der Schmied wohl kein Alltagsschmied war, sondern jemand, der aus kultischen Zwecken, aus Amtsgründen also, im sakralen Bereich zu schmieden hatte. Die Goldobjekte, die als Himmelskörper gedeutet werden, wurden eingelegt. Es konnte bisher kein Artefakt nördlich der Alpen gefunden werden, bei dem diese Art von Einlegearbeiten nachzuweisen wären. Der kultische Schmied hatte sich offenbar von seinen mykenischen Kollegen anregen lassen, sie aber nicht sklavisch kopiert, denn die Goldkörper wurden nicht als Ganzes eingelegt (tauschiert), sondern nur an den Rändern in eine zuvor geschaffene Rille gedrückt, die mit dem kleinen Wall, der beim Verfertigen der Rille entstanden war, zugedeckt und eingeklemmt wurde.

Die Veränderungen des Bildprogramms der Scheibe legen den Schluss nahe, dass es jeweils einem erfolgten kulturellen Wandel angepasst worden war.

Die Einzigartigkeit der Himmelsscheibe von Nebra verweist jeden Interpretationsversuch ins weite Reich der Spekulation, eine Spekulation, die nicht einmal durch eine Zeitreise aufzuhellen ist, eher wohl noch in unserem durch einen erquickenden Schlaf geschützten Traum von der Sternenscheibe. Deshalb ruhen wir uns nach der Passage der Jahrtausende noch eine kleine Weile aus und träumen ein wenig von Geschichte. In unserem Traum ist die Himmelsscheibe echt, sie wurde irgendwann um 1750 vor Christus von einem Großen Mann geschmiedet. Er hämmerte einen Diskus, den er mehrmals erkalten ließ und anschließend wieder behämmerte, sodass er durch den Wechsel von Erkalten und Erwärmen die dunkle Farbe des nächtlichen Sternenhimmels annahm. Dabei verwandte er ein Verfahren, das Tempern genannt wird. Für das Aufbringen der Goldkörper hatte er eine Technik ersonnen, die er beim ersten Stück erprobte. Dieser Goldkörper ist noch heute als erster zu identifizieren, weil seine vergleichsweise geringere Kunstfertigkeit ihn als Versuchsstern und erstes Objekt entlarvt. Dann folgten 24 Goldobjekte, eine Ballung von sechs Goldkörpern, die einen weiteren in ihrer Mitte umrunden und zwei größere Objekte, die einen Vollkreis und eine Sichel darstellen.

Zuallererst ist die Gestalt des Diskus beachtenswert, denn die Rundheit übersetzt die Dreidimensionalität des realen Raumes in die Zweidimensionalität der benutzten Fläche. Die Rundung verweist weiterhin darauf, dass der dreidimensionale Raum, der Pate stand, als Kuppel wahrgenommen wurde, wie der Himmel jedem erscheint, der auf weitem Feld steht und nur den bestirnten Himmel über sich hat, der überdies am Horizont mit der Erde verschmilzt. Doch den kultischen Schmied interessiert der Horizont noch nicht. Die Verbindung von Himmel und Erde ist noch nicht Gegenstand seiner astrotheologischen Spekulation, wie sie später in den Rundbögen, die Horizontbögen genannt werden, zum Ausdruck kommt. Für ihn ist der Himmel groß und mächtig und die einzig wirkliche Realität. Kreis und Sichel stellen den mächtigen Mondgott dar, der in seinen 29 Häusern in unterschiedlicher Gestalt erscheint. Vollmond und Neumond als Extrema der Erscheinungsweisen stehen sich gegenüber. Das Bild muss also als dynamisches Bild verstanden werden. Es versinnbildlicht keinen Zustand, sondern einen Prozess, einen Prozess von 29 Tagen. Insofern stellt das Bildprogramm auch einen mechanischen Mondkalender dar. In den sieben Sternen könnten sich die Plejaden abbilden, die auch als Siebengestirn bezeichnet werden. In alten mesopotamischen Darstellungen symbolisierte ein Haufen von sieben Punkten oder eine Rosette die Plejaden. Außerdem mögen die sieben Gestirne aber auch Götter meinen, Fruchtbarkeitsgötter, Vegetationsgötter, Wettergötter. Leider kennen wir das frühbronzezeitliche Pantheon nicht, doch dieses könnte sich zeichenhaft in den Plejaden abgebildet haben.

In Uruk kannte man die Götter des Siebengestirns sehr gut und verehrte sie, heißt es doch im *Gilgamesch-Epos*: »Ich hätte berufen als Hüter deines Wohlergehens die Gottheiten des Siebengestirns.« (*Gilgamesch-Epos*, Siebte Tafel) Enkidu aber sagt das, als er todgeweiht sein vergehendes Leben sieht und damit hadert, nicht an seine alten Schutzgötter geglaubt zu haben, weil er neue erwählt hatte. Diese Aussage weist darauf hin, dass diese sieben Götter einer älteren Stufe des Pantheons angehören und macht es für die Scheibe nur umso wahrscheinlicher, dass die sieben Sterne Gottheiten meinten, eben sehr alte Götter. Eine der frühesten Darstellungen der sieben Götter, hier als sieben Göttinnen findet sich auf einem Relief aus dem dritten vorchristlichen Jahrtausend, das im berühmten Tell Chuera oder Tell Huera in Nordsyrien ausgegraben wurde. Große, ja monumentale Steinbauten, sich verjüngende Tempel, aber auch Wohnstätten künden von einer prosperierenden Kultur, die aus bisher noch unbekannten Gründen im zweiten vorchristlichen Jahrtausend unterging. Den sieben Göttinnen stehen im Zweistromland die sieben Weisen von Eridu gegenüber, die Söhne des Enmesarra, des Gottes der Unterwelt, dessen Frau die Göttin der Menschen ist. Dagegen kannte man im alten Babylon auch die Böse Sieben, die sieben bösen Geister oder Dämonen, die den Menschen Krankheit und Tod bringen konnten: »Gegen den Menschen wüten sie, sie essen das Fleisch, lassen das Blut sich ergießen, trinken die Adern …, unablässige Blutsäufer sind sie.« (Babylonische Tafel) »Der böse Utukku naht sich seinem Hals, der böse Alu naht sich seiner Brust, der böse Etemmu naht sich seiner Leibesmitte, der böse Gallu naht sich seiner Hand, der böse Ilu naht sich seinem Fuß …« (Babylonisches Beschwörungsrelief)

Die Böse Sieben wird in der altorientalischen Astrologie als Plejaden, als Siebengestirn, oder eben als siebenköpfige Schlange symbolisiert. Volkert Haas bringt die besondere, religiöse wie mythische Bedeutung der Zahl Sieben mit den Mondphasen in Verbindung, die »den Siebenzyklus in der Zeiteinteilung verursachen. Der Zeitraum der sieben Tage wurde daher als die Fülle, im Sinn einer vollen Periode, betrachtet.« Die Dämonen der Bösen Sieben, Asakku, Namtaru, Utukku, Alu, Etemmu, Gallu, Ilu, wurden auch als Winddämonen betrachtet, die zudem die Fähigkeit besaßen, eine Mondfinsternis hervorzurufen: »Dichte Wolken des Himmels, die die Finsternis des Himmels herbeiführen sollen, sind sie.« (Babylonische Beschwörung der Mondfinsternis)

Dem Gott Ea gelingt es durch Beschwörung, den Mondgott aus der Bedrängnis, aus der Verfinsterung zu befreien. Die Bedeutung der Zahl Sieben überwältigt ganz einfach, da gibt es die Plejaden, die sieben Wochentage, die sieben Meere, die sieben Zwerge, die ihre Herkunft wahrscheinlich den Bergleuten der Bronzezeit verdanken und in deren Mitte eine Muttergottheit steht, die tief in der Erde, im Berg wohnt und die christliche Transformation im Laufe der Jahrhunderte zur Jungfrau umformte, wie sie uns heute aus dem Grimmschen Märchen entgegentritt. Aber der allerursprünglichste Bedeutungszusammenhang stellt sich zur zeitlich sehr alten und unteren religiösen Schicht des Mondgottes oder der Mondgöttin, zu den Mondphasen her, die wiederum je Phase sieben Tage ergeben, die wiederum zu 29 synodischen Tagen werden. Insofern spricht vieles dafür, die sieben Punkte als sieben Gottheiten zu verstehen. Da die Plejaden in Konstellation mit dem Vollmond und dem Neumond, der bereits als Sichel und zunehmender Mond erscheint, vom kultischen Schmied angebracht worden waren, weisen sie auf die kosmogonischen Beziehungen zwischen Mondgott und den sieben Göttern hin, die in 12 mal 29 Tagen das Jahr beherrschen, das Wachstum und die Natur, sterben und neu entstehen. Der unlösbare Zusammenhang zwischen Geburt, Gedeihen und Tod wird auch in den 29 Tagen symbolisiert: Der Mondgott wird als Neumond geboren, er wächst als Sichelmond und erreicht seine Reife und Vollendung – übrigens wieder als Kreis, wie die ganze Scheibe auch ein Kreis ist – als Vollmond, um dann zu verschwinden oder, um es in diesem Paradigma korrekt zu benennen, um zu sterben. Er stirbt, um wiedergeboren zu werden: der große Kreislauf der Natur wurde in dieser Dreierkonstellation von Sichelmond, Vollmond und Siebengestirn wiedergegeben. Übrigens waren die Heiligtümer der Zeit Kreisgrabenanlagen, also Kreise wie die Scheibe ein Kreis ist und der Mond und die Sonne Kreise sind. In der Theologie wird der Kreis schließlich zum Abbild der Vollkommenheit. Das Leben ist keine Spirale, es geht nicht um Veränderung, sondern um den Kreislauf des Lebens, um die ewige Wiederkehr des Gleichen, das den sterblichen Menschen aufhebt und verewigt, indem er sich im endlosen Band des Kreises verjüngt.

Damit hätte der Große Mann und Priester, der das kosmogonische und das religiöse Bild seiner Welt gefertigt hatte, zudem noch die Möglichkeit eines Mondkalenders schuf, seine Arbeit beenden können. Doch 25 Sterne kamen noch hinzu. Sie könnten kleinere Götter versinnbildlichen, aber so wie diese 25 Sterne ohne erkennbare Ordnung Mond und Plejaden umrunden, dürften sie das vertreten, was im religiösen Pantheon noch fehlt: die Ahnen. Durchaus denkbar, dass der Große Mann sein Geschlecht, wie wir es von den Ahnentafeln und von den Genealogien kennen, auf 25 Vorfahren, die vom ersten Urahn, der mit einem sagenhaft langen, nach Jahrhunderten zählenden Leben bedacht wurde, bis zu des Schmiedes Vater reichen, dessen Leben dann wohl eine menschliche Dimension von fünfzig Jahren umfasst haben könnte.

»Adam war hundertdreißig Jahre alt, da zeugte er einen Sohn ... und nannte ihn Set. ... Die gesamte Lebenszeit Adams betrug neunhundertdreißig Jahre, dann starb er. Set war hundertfünf Jahre alt, da zeugte er Enosch. ... Die gesamte Lebenszeit Sets betrug neunhundertzwölf Jahre, dann starb er.« (Genesis 5,3–5)

Auch in den babylonischen Königslisten verkürzen sich die Lebensdaten von den mythischen Ahnen bis zu den direkten Vorfahren. Insofern können die 25 Ahnen durchaus eine Zeit darstellen, die mit menschlichen Maßen nicht mehr zu verstehen und mit wissenschaftlichen Chronologien nicht mehr zu verifizieren ist. Doch die mythische Wahrheit und die Zeitvorstellung des Schmiedes der Scheibe unterscheiden sich mit Sicherheit von unseren Realitäts- und Zeitvorstellung, die mit einer Atomuhr gemessen wird. Wenn die 25 Sterne, die den Mondgott oder die Mondgöttin und die Vegetationsgötter umkreisen, die Ahnen symbolisieren, so erinnern sie an den Uranfang, an eine weit zurückliegende Epoche, in der die Menschen noch unter den Göttern wandelten und mit ihnen in Eintracht lebten. Gleichzeitig würde der Große Mann sein Geschlecht legitimieren und mithin einen dynastischen Anspruch formulieren, der so mächtig ist, wie seine Geschlechtertafel in die noch zeitlose Zeit zurückreicht.

Die astronomischen, auch die lunarkalendarischen Darstellungen erfordern nicht zwingend eine Darstellung. Die Konstellationen konnte man sich auch anders merken. Es geht also um Vergegenständlichung, um Demonstration. Schuf der Schmied einen heiligen Gegenstand, der seinen Anspruch als Priester und Großer Mann dokumentierte? Wurde vielleicht ein Kreisgrabenheiligtum aufgegeben, weil man den Kult in die Höhensiedlung verlegen wollte? Wenn man dieses Heiligtum aufgab, aus welchen Gründen auch immer, so ging es über in den sakralen Diskus, dann ist die Himmelsscheibe von Nebra ein heiliges Symbol für einen heiligen Ort, an dem ein Himmelskult stattfand, den wir auf der Scheibe wiederfinden. Dann, um den Gedanken in die Konsequenz zu treiben, wäre die Himmelsscheibe im wörtlichen Sinn die sakrale Übersetzung eines Kreisgrabenheiligtums. Sie hätte als physische Realisation das Heilige des verlassenen Orts gespeichert. Dann wäre sie selbst zum heiligen Ort geworden. Sie würde ihn vielleicht nicht nur symbolisieren, nein mehr noch, sie wäre er selbst durch Transsubstantiation. Die Heiligkeit des Ortes wäre in die Heiligkeit der Scheibe übergangen. Sollte das alles richtig sein, was wir vermuten, dann kann auch der Mittelberg bei Nebra, der dem heiligen Berg, dem Kyffhäuser, in noch sichtbarer Entfernung gegenüber liegt, der heilige Ort sein, den sie repräsentiert, denn von ihm kam sie und zu ihm kehrte sie zurück. Diese Annahme erklärte zusätzlich den Fundort.

Später, wie viel später weiß niemand, wurden dem Diskus zwei Rundbögen zugefügt. Mit dem rechten Rundbogen lässt sich auf dem Kamm des Mittelberges von Nebra der Brocken anpeilen und mithin die beiden Konstellationen der Plejaden mit dem Sichel- und dem Vollmond feststellen. Aber auch dazu bedarf es technisch gesehen der Scheibe nicht, denn den Brocken sieht man, den Kyffhäuser, der hinsichtlich der Peilung und der Plejaden keine Rolle spielt, entdeckt man auch ohne Scheibe, und den dritten Punkt kann man sich ebenfalls merken, außer wiederum, man inszeniert die entsprechenden Termine als Zeremonie, in deren Zentrum ein Ritual steht, dass jenes Geborenwerden der Natur, des Mondgottes, der Vegetationsgötter demonstriert und wobei im Ablauf des Ritus der Himmelsscheibe eine bestimmte Rolle zukommt, wie das Kreuz, der Kelch, die Reliquien und die Heilige Schrift in physischer Gestalt des Buches im katholischen Ritus eine Rolle spielen. Der Wein ist das Blut Gottes. Das Material ist zur Substanz geworden, das Alltägliche zum Heiligen. Die Himmelsscheibe, und das würde eine kleine religionsgeschichtliche Revolution bedeuten, wäre als ein vom Menschen geschaffener Gegenstand zu einem Heiligtum selbst geworden und hätte die gesamte Welt in sich gespeichert: Geburt, Tod und Wiedergeburt. Hinter der Nüchternheit versteckte sich dann die aller unnüchternste Mystik, die wir nur nicht erkennen können, weil uns die Erklärungen fehlen.

Auch hier lässt sich der Ablauf des Ritus aus bekannten und strukturellen Tatsachen konstruieren, ohne dass man weiß, ob er tatsächlich so stattfand. Ohne schriftliche Mitteilungen fehlen uns die Namen der Götter, ihre Konstellation und Korrelation. Und da jeder Ritus mit der Anrufung der Götter, des Gottes oder der Ahnen beginnt, kommt dem Namen die Funktion des Schlüssels, des Kodewortes zu. Solange wir keinen Namen besitzen, wird uns die letzte und entscheidende Tür verschlossen bleiben.

Mit einer rituellen Feier wurden in den Heiligtümern die besonderen Tage im Jahr begangen, geehrt und empfunden. Diese Feiern stellten immer wieder aufs Neue eine religiöse Initiation dar. In der Initiation wurde der Bund der Menschen mit den Göttern erneuert, weil das zu erinnernde und für die Gemeinschaft ungemein wichtige Urereignis immer wieder von neuem, religiös symbolisch, durchlebt werden durfte. Die Erneuerung setzte eine Reinigung des Menschen voraus, die Teil des Ritus war und ist. Nach dem Frühlingsfest, das bei den Kelten Beltain hieß und bei den Hethitern Telipinu, aber in beiden Fällen die Wiedergeburt des Vegetationsgottes oder der Vegetationsgötter feierte, gab es ein Erntefest, ein Erntedankfest, und gefeiert wurde auch das Ende des alten und der Beginn des neuen Jahres. Wann unsere frühbronzezeitlichen Vorfahren das alte Jahr verabschiedeten und das neue begrüßten, ob der Wechsel zwischen Dezember und Januar stattfand oder zwischen Juni und Juli oder zu anderer Zeit, zur Sommer- oder zur Wintersonnenwende, lässt sich nicht sagen, der Möglichkeiten gibt es viele. Sinnvoll hätte das neue Jahr mit dem Frühjahr begangen werden können, mit dem Beginn der neuen Vegetation, an dem sichtbar das neue Jahr und das neue Leben startet, wo in unseren Breiten der Schnee schmilzt und das erste zaghafte Grün sich zeigt.

Die beiden Rundbögen, die der zweite Schmied anbrachte, könnten eine Veränderung der religiösen Vorstellungen bedeuten. Möglicherweise war der Sinn der 25 Sterne verloren gegangen, denn der Schmied versetzte einen Stern, zwei weitere wurden rücksichtslos durch den Rundbogen überprägt. Der Bezug wurde diesseitiger. Die Rundbögen markierten als Horizontbögen die Berührung des Himmels mit der Erde, eine Zwischenwelt, das Land hinter dem Horizont, welches möglicherweise beim Ausbau des religiösen Pantheons entstand und nun dokumentiert werden musste. Vielleicht verdeutlichen die Horizontbögen auch das Oben und das Unten des geweihten Ortes. Oder sie weisen doch stärker, als man das bisher annimmt, weil sie noch dem lunaren Katechismus zugeordnet wurden, bereits auf den Sonnenkult hin, da sie, wie wir gesehen haben, durchaus die Bahn der Sonne darstellen, ihren Weg, den sie zurücklegt und der unterschiedlich lang ist.

Doch es existiert noch eine Möglichkeit, die man nicht außer Acht lassen darf, auch wenn sie uns am wenigsten vertraut ist. Gerade, aber nicht ausschließlich in der dunklen Jahreszeit kann es vorkommen, dass wir morgens den Vollmond sehen und ihn für die Sonne halten oder dass sich zur Dämmerung Sonne und Mond begegnen. Die festgehaltene Situation auf der Scheibe würde dann diese Begegnung von Sonne und Mond widerspiegeln.

Denkbar ist es, dass unserer Vorfahren die Sonne als Tagmond oder den Mond als die Nachtsonne interpretierten, als eine einzige Gottheit, wie sie sich in der Gegenüberstellung auf der Scheibe zeigt. Sie wäre dann eine Gottheit, die zu verschiedener Zeit in unterschiedlicher Gestalt erscheint. Oder stellte die Begegnung der Mondsichel mit der Sonne in der Dämmerung am Himmel ein religiöses Ereignis dar?

Gleichviel, wohl um 1600 vor Christus erlebte die Scheibe eine weitere große Veränderung. Es wurde ein dritter Rundbogen angebracht. Diesen gefiederten Rundbogen interpretiert man gemeinhin als Sonnenbarke aufgrund des geschwungenen Bogens, den man ikonografisch als Schiff ansieht, wie man Schiffsdarstellungen von altägyptischen, mesopotamischen und griechischen Darstellungen kennt, und wegen der charakteristischen Fiederung rechts und links des Bogens, die man als Darstellung von Rudern identifizierte. Folgt man diesem Gedanken, dann hat die Scheibe spätestens bei der dritten Überarbeitung durch den dritten Schmied eine Öffnung hin zur Sonnenreligion erfahren, die mit der Konzentration auf Tagesgeschäfte wie Handel und Handwerk im Zusammenhang stehen dürfte.

Die frühe Bronzezeit, die von ihren wirtschaftlichen und religiösen Standards noch sehr jungsteinzeitlich geprägt war, vollzog den entscheidenden Schritt, indem sie sich hierarchisierte, indem neue Wirtschaftszweige, die ein beachtliches Mehrprodukt schufen, zum Ackerbau und zur Tierhaltung hinzutraten. Das im allerrealsten Sinn Ins-Bild-Treten der Sonnenreligion auf der Scheibe verdrängte entweder die Mondreligion, indem der Vollmond als Sonne umgedeutet und die Sichel sogar als Nachtsonne betrachtet wurde, oder indem es zu einer Symbiose von Mond- und Sonnenreligion kam. In der Geschichte der Religionen geschehen allerdings die harten Brüche viel seltner, als das Transformationen und Akkumulationen eintreten. Religionen vereinnahmen und schmelzen mit Vorliebe frühere religiöse Symbole und Denkweisen um und passen sie in ihr System ein. Dieser Mechanismus, der etwas Sammlerisches und etwas Eklektizistisches haben mag, hat sich als äußerst effizient bewährt. Er benutzt Erprobtes, stellt eine lange, auch gefühlsmäßig erfahrene Kontinuität her, macht sich zum Erben all dessen, was vor ihm war, und schafft damit eine breite Integrationsbasis. Nicht umsonst errichteten die christlichen Missionare ihre Kirchen an heiligen Orten der Heiden – Erbe, Fortsetzung und Herrschaft klar und deutlich für alle als Zeichen setzend. Aus diesem Grund mag es wahrscheinlicher sein, dass die Mondreligion vom Sonnenkult adoptiert wurde und als bildhafter Ausdruck dieser Verschmelzung auf der Scheibe der als Sonne umgedeutete Vollmond und die Mondsichel über der Sonnenbarke einträchtig nebeneinander figurieren.

Die Babylonier stellten sich den Sonnengott als Sohn des Mondgottes vor. In der Religionsgeschichte früher Völker finden sich komplexe Verhältnisse und Beziehungen zwischen Mond- und Sonnengott, die auf eine theologisch vollzogene Symbiose von Gottheiten aus verschiedenen zeitlichen und mithin unterschiedlichen religiösen Schichten des Mythos stammten. Es scheint, als ob die Mondreligion aus älteren Zeiten kommt und die Sonnenreligion im Vergleich dazu jüngeren Datums ist. Die ältesten Götter dürften der Mond- und der Fruchtbarkeitsgott, die Große Mutter oder Mutter der Erde sein. Der Tag, glauben die Babylonier, wurde aus der Nacht geboren. Warum war aber der Mond und nicht die Sonne der erste Gott? Unternehmen wir folgendes kleines Gedankenexperiment: Stellen wir uns völlige Finsternis vor. Es existiert kein künstliches Licht, keine Eisenbahntrasse, keine Stadt, kein Dorf, keine Landstraße, die ihr Licht weit in die Landschaft strahlen und streuen. Der Zustand der Blindheit ist erreicht, die Finsternis vollkommen. Der moderne Mensch hat keinerlei Gefühl und selten eine Vorstellung davon, was totale Dunkelheit bedeutet. Immer gibt wenigstens eine kleine Quelle Licht ab, und wenn es nur das Display des Handys ist. Katzen können im völligen Dunkeln sehen, Wölfe auch, der Mensch nicht. In dieser feindlichen und tödlichen, uns verunsichernden und ängstigenden Finsternis, in der man buchstäblich die Hand nicht vor den Augen sieht, tritt plötzlich erhaben und distanziert der Mond hinter einer dicken Wolke hervor und taucht die Landschaft in ein zwar fahles, dennoch aber auch mildes Licht, sodass wir sie wieder sehen und Gefahren erkennen können. Mehr noch, der Mond erscheint in dieser völligen Dunkelheit plötzlich als ein helles, überwältigendes, majestätisches Phänomen, das zudem durch seine Krater, Berge, Täler und Mare geheimnisvoll strukturiert wirkt und ein Gesicht besitzt. Aber damit nicht genug, das Gestirn ändert sich von Neumond zu Vollmond und besitzt etwas, was der Mensch versteht und schätzt: eine Regelmäßigkeit. Die Regelmäßigkeit ist Ordnung, mithin Leben und damit das Gegenteil vom Chaos, das Tod bedeutet, Dunkelheit. In der germanischen Mythologie beginnt der Tod, wenn der Fenriswolf von der Kette gelassen wird und den Mond verschlingt, wodurch die Finsternis befreit wird. Der Mond spendet durch seine Regelmäßigkeit, durch sein ordnendes Prinzip Leben. Durch seine regelmäßige Veränderung erlaubt er, die Zeit einzuteilen. Nicht umsonst geht unser Begriff Monat auf das Wort Mond zurück. Ein Monat bedeutete ursprünglich einen Mondzyklus. Wirklich menschliches, bewusstes Leben beginnt mit der Unterscheidung und der Einteilung. Deshalb wird der Mond zum Basisgott. Das ist die eine existenzielle Grunderfahrung; die zweite besteht darin, dass aus der Erde alles wächst und alles wieder zu Erde wird. Die frühesten Götter sind der männliche Himmel und die weibliche Erde. Noch heute bedeutet im Chinesischen das Schriftzeichen für Regen: Schauer der Erregung.

Doch Tempi passati oder andere Zeiten andere Sitten. Die Scheibe wird dem Sonnengott umgewidmet. Die Möglichkeit, dass Sonnenbarke und Horizontbögen zur gleichen Zeit auf der Scheibe angebracht worden waren, reduziert sich aufgrund des bereits erwähnten unterschiedlichen Umgangs des Schmiedes mit dem früheren Bildelement der Sterne und der Verschiedenheit der Goldlegierung von Bögen und Barke. Ikonografisch lässt sich die Sonnenbarke vielfältig in der ägyptischen Religion nachweisen. Die Sonne wird auf der Barke über den Taghimmel transportiert und muss von Seth gegen die Riesenschlange Apophis verteidigt werden, die sie verschlingen will. Wenn aber Apophis zum Ziele gelangen würde, dann brächen das Ende der Welt und das große Chaos an. Die Welt fiele in ihren Urzustand zurück und die Menschen würden eines qualvollen Todes sterben. Insofern entsprechen Apophisschlange und Fenriswolf einander, obwohl hier keinerlei Beziehung oder Beeinflussung stattfand – beide Vorstellungen darf man als autochthon ansehen, was sich aus der Existenzialität der Grunderfahrung erklärt.

Die Pharaonen machten sich die astronomischen Kenntnisse für die Befestigung ihrer Herrschaft zunutze. Für die normale Bevölkerung musste eine Sonnenfinsternis furchteinflößend, ja apokalyptisch wirken, war die Sonne doch offensichtlich von dem Monstrum Apophis verschlungen worden. Indem es Pharao möglich war, das Eintreten und das Enden dieses Naturschauspiels vorherzusagen, konnte er den Sonnengott Re auch wieder »befreien«. Wenn Re an seinen Platz am Himmel zurückkehrte, war für die Menschen die Rettung erfolgt und die Verehrung für Pharao kannte keine Grenzen mehr. Die Katastrophe selbst, die über die Menschen gekommen war, ließ sich gut und gern als Strafe für eine Verfehlung darstellen. Ob freilich den Großen Männern, den Schmieden der Himmelsscheibe ähnliche Möglichkeiten zur Verfügung standen, Wissen gezielt für die Herrschaftserweiterung und die Befestigung der eigenen göttlichen Stellung einzusetzen, wissen wir nicht, aber denkbar ist es zumindest. Auch bei ihnen ging es darum, Naturphänomene als göttliche Konsequenz sichtbar zu machen, sie zu inszenieren. Deshalb benötigte man Goseck, und deshalb könnte die Himmelsscheibe wichtig gewesen sein. Die Sakralität in der Realität zu veranschaulichen war Bestandteil der Zeremonie. Dass übrigens auch in einer Sonnenreligion die Sterne als Ahnen oder Götter gelten können, zeigt der Vers aus dem ägyptischen *Pfortenbuch*:

> »Die Götter sind es, die Mannschaft der Sonnenbarke
> Welche ›Den im Horizont‹ rudern, bis er sich niederlässt
> Im östlichen Torweg des Himmels.«
> (Das Amudat, 9. Stunde)

In der nordischen Bronzezeit, ab 1400 vor Christus, tauchen Sonnensymbole und Schiffe in großer Zahl auf. Auch der Halskragen von Deersheim, auf dem Schiffsdarstellungen eingraviert sind, stammt erst aus dem 9. Jahrhundert vor Christus, wie die beeindruckenden Goldschiffe von Nors wohl aus dem Jahr 1400 vor Christus herrühren. Schiffsdarstellungen im Aunjetitzer Gebiet konnten für die Zeit der Himmelsscheibe nicht nachgewiesen und gefunden werden. Mithin ist die auf der Scheibe tauschierte Ikonografie der Sonnenbarke in Mittel- und Nordeuropa zu dieser Zeit völlig unbekannt. Hinweise auf die Himmelsbarke finden sich in Mesopotamien und in Ägypten. Wurde von dort diese Ikongrafie angeregt, dann kann die Vermutung, dass der Sonnenkult aus dem Süden rezipiert und übernommen wurde, nicht einfach verworfen werden, denn es lässt sich innerhalb der Aunjetitzer Kultur kein kultureller Bruch nachweisen, der eine bedeutungsvolle Veränderung der Kultur nahe legen würde.

Allerdings kann die Sonnenbarke bereits Ausdruck einer gewissen religiösen Dekadenz sein, die vielleicht mit der brutalen und entweihenden Perforierung der Scheibe einhergegangen wäre. Vom Kultobjekt zum Kunstobjekt. Vielleicht aber veränderte sich die Kultur doch nachdrücklich, und wir befinden uns bereits am Beginn der Hügelgräberzeit, der dunklen, der Achsenzeit Mitteleuropas, in dem die Sonnenbarke als Ornament zugefügt und die Scheibe an die Wand oder an die Tür genagelt wurde, um die Bedeutung des neuen Herren zu unterstreichen. Um wie viel größer muss der neue Herr sein, wenn er die Himmelsscheibe so tief und so einfach erniedrigen kann?

Da es immer Leute gibt, die der modischen und allgemeinen Veränderung der Sitten und Religionen nicht zu folgen gewillt sind, ist es durchaus denkbar, dass für einen Menschen, für den die Scheibe unverändert die große religiöse Bedeutung besaß, das Sakrileg nicht hinnehmbar war, sein ganzes Fühlen und Denken dagegen revoltierte, sodass er sie deshalb aus der Profanierung befreite und sie den Göttern opferte. Vielleicht steckte sogar der alte Schmied der Scheibe dahinter. Wenn er die Scheibe den Göttern opferte, so legte er aber die Insignien der neuen Zeit bei und entfernte einen Horizontbogen, um die Scheibe für heilige Handlungen unbrauchbar zu machen.

Hier nun schließt sich das letzte große Rätsel der Scheibe an. Die beigegebenen Schwerter kommen mit der Hügelgräberzeit um 1600 vor Christus auf, die ungefähr 1300 vor Christus von der Urnenfelderzeit, der letzten bronzezeitlichen Epoche in Mitteleuropa, abgelöst wird. Es scheint, als legte man die Scheibe nieder oder entsorgte sie als sakralen Abfall zu Beginn einer neuen Ära. Gleichzeitig bekam sie typische Insignien dieser neuen Zeit mit, so als verabschiedeten sich die Menschen von einer Epoche und hofften auf den Beistand der Götter für eine neu beginnende, der sie mit Erwartung aber auch mit Skepsis entgegensahen. Dass sich hier der Bogen zu dem Fürsten von Leubingen schließen soll, scheint uns beim Erwachen aus unserem Schlaf und tüchtigem Augenreiben wohl eher ein lyrisch angenehm klingender Gedanke zu sein.

So geheimnisvoll wie das Ende der Scheibe verging auch die Aunjetitzer Zeit. Vielleicht fand das Ende ihrer Kultur nicht abrupt statt, und der Ausklang war wohl eher eine Überformung durch Leute, die aus dem Süden kamen und neue Ideen mitbrachten. Möglicherweise hatten sich die alten Eliten auch nur erschöpft in der großen und imposanten Geschichte der letzten 700 Jahre, in denen sie Produkt und Motor einer außergewöhnlichen Kultur- und Wirtschaftsentwicklung im Herzen Europas gewesen waren und eine Hochkultur hervorgebracht hatten, die uns ihre Konturen zaghaft zeigt, deren Erkundung aber noch aussteht und ein wichtiges Ziel heutiger und künftiger Forschung bleibt.

Unter unseren Füßen existierte vor 4000 Jahren eine Hochkultur, die sich langsam zu zeigen beginnt, uns geschickt immer wieder ein geheimnisvolles Fundstück entgegenhält, um sich bereits im Geheimnis des Artefakts zu verhüllen und sich so unserer Erkenntnis wieder halb verschließt, aber mit Sicherheit noch zu großen Überraschungen führen wird, ganz gleich ob die Himmelsscheibe von Nebra nun echt oder unecht ist.

Ob sich die Annahmen über die Datierung und über die Verwendung der Himmelsscheibe bestätigen werden oder nicht, spielt für die Identifikation dieser frühen Kultur als eine erste Hochkultur in der Mitte Europas eine sekundäre Rolle. Natürlich wäre es schön, wenn sich die plausiblen Theorien bewahrheiten würden, aber der Bronzediskus könnte auch ein Abakus sein, eine Rechenmaschine, mit der ein bronzezeitlicher Vater seinem Sohn das Rechnen beibrachte. Schließlich kennen wir das frühe Zahlensystem der Aunjetitzer nicht, war es ein Dezimalsystem oder ein Septimalsystem, alle Varianten sind mathematisch denkbar und einige historisch auch bekannt. Wenn man einen Mathematiker mit einer Analyse des Bildprogramms beauftragte, würde er sicher eine mathematisch schlüssige Interpretation anbieten können. Vielleicht aber war sie nur einfach eine vorzeitliche Frisbeescheibe und hat dem König und seinem Sohn beim Spiel auf freier Wiese viel Vergnügen bereitet.

Möglicherweise aber war sie in ihrer ersten Gestalt eine Landkarte, die heiliges Land darstellte, nämlich den Herrschaftsbereich des Großen Mannes. Unter dem Mond- oder Sonnengott wurde die Höhensiedlung als Punkt dargestellt, der von sechs anderen umgeben war, während die anderen Goldpunkte die 25 Siedlungen seines Herrschaftsbereiches zeigten.

Tolkien hat in seiner großartigen *Herr-der-Ringe*-Trilogie den Ring als Symbol des Begehrens, des Geheimnisses und der Macht geschildert. Aber der Ring konnte Unheil bringen, wenn er das ganze Sinnen und Trachten eines Menschen beherrschte und mithin Gelassenheit, Großzügigkeit und Achtung zerstörte. Deshalb sollte man der Himmelsscheibe nicht verfallen und sie nicht für den Mittelpunkt der Aunjetitzer Welt halten, denn derjenige, der sich als der Herr des Ringes dünkte, wurde nur allzu rasch zu dessen erstem Knecht.

11. Der Händler und der Krieger

> »Tu nicht dein sämtliches Gut hinein in die bauchigen Schiffe,
> Lass das meiste daheim, das mindere magst du verladen.
> Schlimm ist's, im Gewoge des Meeres Schaden erleiden,
> Schlimm ist's, wenn du den Wagen im Übermaß belastest,
> Dass die Achse zerbricht, und geht dein Frachtgut zugrunde.
> Wahre die richtige Mitte; solch Maß ist in allem das beste.«
> *Hesiod, Werke und Tage*

Ausgeruht setzen wir die Zeitreise fort und denken wie in einer Reminiszenz noch etwas an den Großen Mann, der für seinen Vater ein Fürstengrab errichtet hatte. Im Rückblick erkennen wir, dass er seine Familie zu einer Dynastie Großer Männer erhob, die in der Höhensiedlung lebte, fortan den Handel kontrollierte und das Mehrprodukt verteilte, zu gemeinschaftlicher Arbeit aufrief, wenn es notwendig wurde, und die Handwerker kontrollierte. Vor allem aber blieben die Dynasten in der Höhensiedlung die Herren über die Zeit und leiteten die großen kultischen Feste der Sonnenwende, die womöglich als Tagmond galt, und des Frühjahrsfestes, des Erntefestes und Erntedankfestes. Dafür bekamen sie von den Bauern ihres Sprengels reichliche Abgaben in Naturalien. Doch wurden sie von den ratlosen Bauern auch bei unerklärlichen Phänomenen hinzugezogen, wie dem Versiegen einer Quelle oder bei Krankheit von Tier und Mensch. Sie wirkten als Priester und als Heiler, als Administratoren und als Ratgeber in einer Person, denn sie verfügten über das geheime Wissen, das vom Vater auf den Erstgeborenen weitergegeben wurde. Seit Gamurs Tagen, der einmal Gmr hieß, was aber niemand mehr wusste, wurde dieses geheime Wissen immer umfangreicher und immer hermetischer, weil das Mysterium als Teil des Religiösen sich immer stärker institutionalisierte, bis es die Religion an sich ausmachen sollte. Der Gott der Geheimnisse wurde zum geheimnisvollen Gott.

Nein, der Große Mann benötigte keine Texte, die ihm das wichtige und seit Jahrhunderten angesammelte Wissen vermittelten, das hatte er vom Tag seiner Initiation an bis zum Tag seiner Amtsübernahme von seinem Vater und Vorgänger übernommen. Dieses Wissen, das wir modern als Herrschaftswissen bezeichnen, kam für ihn direkt von den Göttern, die er auf Erden vertrat, ein Wissen, das seine Vorfahren nur getreu von Generation zu Generation weitergaben, so wie er es eines

Tages seinem Sohn beibringen würde. Göttliche Kunde aber legte man nicht schriftlich nieder auf die Gefahr hin, dass sie gestohlen und veröffentlicht werden könnte und mithin der Bann der Herrschaft gebrochen würde und der Weltenbau ins Wanken geriete, weil die Menschen die Götter verraten hatten.

Entstanden viel später in Mitteleuropa oder bereits zu dieser Zeit im Vorderen Orient kodifizierte Texte, weil die Gemeinschaften an Größe zunahmen und zu Gesellschaften wurden, die aufgrund ihrer komplexen Struktur verfasste Gründungsmythen, Moral- und Rechtskodizes als gesellschaftliches Fundament benötigten, so achtete man streng auf eine regulierte Zugänglichkeit, die den Kreis der Eingeweihten auf ein absolut notwendiges Maß minimierte. Und die wirksamste Kontrolle des Geheimnisses bleibt die Nichtkodifizierung und die mündliche Weitergabe an einen kleinen Kreis ausgewählter Personen. Schrift kann aber bei einer bestimmten Größe und Komplexität von Gemeinschaften, die wir bereits Gesellschaften nennen dürfen, nicht mehr vermieden werden. Mit dem Entstehen vielschichtiger und mithin unpersönlicher Verwaltungsprozesse bedarf es einfach des Mediums der Schrift. So sind die ersten überlieferten Texte keine religiösen, sondern Erinnerungsnotizen wirtschaftlicher Natur, wie beispielsweise die berühmte Bäckerliste der mykenischen Linear B, eine Tontafel, auf der ein Olivenhändler im zwölften vorchristlichen Jahrhundert die Bäcker, die er mit Olivenöl belieferte, in dem das Brot gebacken wurde, mit Liefermengen verzeichnete.

Eine Gemeinschaft, die durch und durch persönlich war und die wegen der überschaubaren Anzahl ihrer Mitglieder Verwandtschaft untereinander verband, wo das alte »Nenne mir einen, dann kenne ich alle« noch galt, bedurfte keines Verwaltungsapparates. Alles Wichtige ließ sich noch von Mann zu Mann, von Frau zu Frau regeln.

Immer seltener benutzte der Große Mann seinen Schmiedehammer, und wenn er ihn vorholte, dann nur zu besonderen Anlässen. Die Schmiedekunst selbst entwickelte sich zum profanen Handwerk, das von Schmieden, oftmals die Zweit- und Drittgeborenen des Großen Mannes, fortan ausgeführt wurde. Wahrscheinlich sollte man sich die Schmiede noch nicht als freie Handwerker denken, sondern als in enger Verbindung zum Großen Mann stehende und von ihm angeleitete Mitbewohner der Höhensiedlung. In Mykene und Kreta gehörten sie zu den Angestellten des Palastes, an dessen Spitze ein Priesterkönig, in Mykene *wanax* genannt, stand. Das sakrale Moment in diesem Handwerk sollte sich aber noch lange erhalten. Derjenige aber, der das

Metall verteilte, hieß Basileos, und dieses Wort wurde später der griechische Ausdruck für König.

Die engen kultischen Bindungen des Großen Mannes zu den handwerklichen Tätigkeiten lockerten sich mit der Institutionalisierung, die ja auch immer eine gewisse Rationalisierung bedeutet. Der Große Mann verwandelte sich langsam vom Sohn der Götter in deren Stellvertreter, zum Funktionär seiner Dynastie. Sein Sohn wurde wieder der Große Mann und dessen Erstgeborener auch, wie der nächste und der übernächste Erstgeborene ebenfalls. Doch Herrschaft, die selbstverständlicher und persönlicher, ererbt und nicht erkämpft wird, Autorität, die immer weniger erworben, sondern nur noch beglaubigt werden muss, überschreitet ihren Höhepunkt und wird unweigerlich dekadent. Der allgemeine Wohlstand verdeckte mit seinem Wohlgefühl einstweilen noch die Risse, die sich in der Gemeinschaft bildeten. Man spürte, dass die Zeiten unruhiger, gefährlicher und rauer wurden. Überfälle von Fremden häuften sich, aber man tat sie einstweilen noch als Tribut an das Schicksal ab. Es wäre dem Großen Mann nicht in den Sinn gekommen, Leute anzustellen, die diese Fremden verjagten. Hilfspriester und Schmiede entstammten noch immer seiner Familie. Sollte er fremde Männer in sein Haus holen? Wie könnte er ihnen trauen, wo sie keine familiäre Beziehung, keine Verwandtschaft band? Worauf sollte sich die Loyalität gründen? Für ihren Schutz blieben die Männer der Sippen der Siedlungen selbst zuständig. Der Große Mann vollzog nicht den Herrschaftshandel, der darin bestand, dass er den Bauern die Freiheit oder die Unabhängigkeit nahm und ihnen dafür Sicherheit bot. Er stand dem Typ des Herrschers als Primus inter Pares weitaus näher als dem Typ des absoluten Herrschers, des Herren, obwohl die Funktion des Primus inter Pares und religiösen Führers bereits erblich und dynastisch zu werden schien, was sie als den Beginn der patrimonalen Herrschaft kennzeichnete.

Wieder stand an der Spitze des Sprengels ein Gatur, der drei Söhne und eine Tochter hatte. Die Tochter, beschloss Gatur, würde er an den Sohn eines Großen Mannes verheiraten, der den Hellweg kontrollierte, um den Handelsweg in den Westen zu sichern, dorthin, woher das wichtige Zinn kam. Im Gegenzug sollte sein Erstgeborener dessen Tochter zur Frau nehmen. Lange schon nahm er Wegegeld von Händlern, die durch seinen Sprengel reisten. Da sie immer wieder kamen, schien es sich trotz aller Beschwerlichkeit vom Handel leben zu lassen. Also beschloss er, dass sein Zweitgeborener sich mit dem Handel befassen sollte und der Drittgeborene das Schmiedehandwerk zu erlernen hatte.

Für einen gesonderten Berufsstand von Fernhändlern gibt es für die ausgehende frühe Bronzezeit um 1600 vor Christus keine archäologischen Belege. Das Grab eines Menschen, den man als Händler deuten könnte, wurde nicht gefunden. Eine reiche Frau oder einen bedeutenden Mann identifizierte man an den Beigaben, die über der sozialen Norm lagen, einen Schmied an den Werkzeugen und Düsen. Doch woran erkennt man einen Händler? Er hielt wohl kaum sein liebstes Handelsstück in der Hand, als er begraben worden war. Zumal dieses wiederum nicht als Handelsobjekt, sondern im Fall einer Gewandnadel als Gewandnadel und im Fall eines Dolches als Dolch gewertet werden müsste. Und dennoch müssen Grabbeigaben existieren, die dem Verstorbenen nicht als Prestigeobjekt, sondern als Zeichen seiner Händlertätigkeit mitgegeben wurden. Artefakte konnten nach dem Stafettenprinzip gehandelt werden, Rohstoffe wie Zinn wohl kaum. Wenn man Zinn als Rohstoff über Stafetten nach Mittel- und Süddeutschland transportierte, wie viel würde davon noch ankommen, wenn jeder auf dem Weg, der Zinn brauchte, etwas davon abzweigte oder einhandelte? Warum soll ein Aunjetitzer Schmied, der Zinn für die Bronzeherstellung benötigte, mehr von dem begehrten Rohstoff einhandeln, um einen Teil weiterzuverkaufen? Dann wäre aus ihm zumindest zum Teil ein Händler geworden. Dass aber unser Schmied, der in der Nähe und in Abhängigkeit vom Großen Mann arbeitete, einen kleinen Privathandel aufzog, wirkt nicht sehr schlüssig. Auch transhumante Hirten kommen kaum in Frage. Die Bronzemengen, die nachgewiesenermaßen in Mitteleuropa verarbeitet worden waren, entstammten bereits einem regelmäßigen Bronzehandwerk. Man musste sich also auf die regelmäßige Zulieferung der unverzichtbaren und unersetzlichen Rohstoffe verlassen können. Für die Zinnbergwerker des Nordwestens hingegen rückte die Frage, wie viel Zinn wo benötigt wurde, ins Zentrum ihrer Planungen. Wenn sie statt Landwirtschaft zu betreiben, Zinn im beträchtlichen Maß förderten, mussten sie mit dem Zinnhandel ihren Lebensunterhalt auch sichern können. In der Bretagne und in Cornwall bauten frühe Bergleute seit 2000 vor Christus in größerem Stil Zinn ab und exportierten ihn. Ob das Zinn nur als Zinnseife gewonnen wurde, indem es wie analog das Gold aus Flüssen gewaschen wurde oder aber man den Zinnstein Kasserit abbaute, bleibt bislang noch ungeklärt. Die Verhüttung von Zinn ist zwar recht einfach, dafür lässt sich aber reines Zinn archäologisch schwer nachweisen, weil es relativ schnell durch Frost zerfällt. Transportiert wurde das Zinn in Barrenform. Im Laufe der Zeit veränderten sich die Barren von Ösenhalsringen über Spangenbarren zu Stabbarren. Sehr schnell professionalisierte sich der Abbau, weil die Nachfrage stieg, und es entstand eine regelrechte Zinnindustrie. Ganz Europa benötigte Zinn, es war sozusagen das Erdöl der Bronzezeit. Teils kam es aus dem Iran und Afghanistan, teils aus Nordwesteuropa, also aus Irland, Cornwall und der Bretagne, teils aus Spanien. Noch die Römer bezogen dieses rare Metall aus Britannien und aus Spanien. Reich machte es die Phönizier, die das erste uns bekannte Zinnhandelsmonopol der Geschichte errichteten, indem sie kurzerhand die Straße von Gibraltar für alle außer die eigenen Schiffe sperrten. In der übrigen Alten Welt, besonders bei den Griechen und Römern, entstanden sagenhafte Geschichten und Vorstellungen über die Zinngruben des Nordens. Einem, dem es gelang, die Blockade zu durchbrechen, war der kühne Pytheas von Massalia, der im 4. Jahrhundert vor Christus mit einem Schiff in die Nordsee reiste. Nur durch Rezensionen erlangten wir von dem verloren gegangenen Reisebericht Kenntnis. Auch schien den Nachfahren diese Nordlandfahrt als so unwahrscheinlich, dass ihn sonst so ehrbare und verlässliche Geografen wie Strabo als Lügner schmähten. Pytheas' Bericht sollte sich jedoch bewahrheiten, und kaum jemand zweifelt heutzutage daran, dass der kühne Mann tatsächliche diese Reise unternommen hatte. Manche meinten sogar, er habe Thule gefunden. Nordland aber wuchs in der Fantasie der Südeuropäer zum Sagenland, zum Zinnland, zum Bernsteinland.

Ein so imposanter Aufschwung der Bronzeherstellung und Bronzeschmiedekunst, wie sie die Wissenschaft zwischen 2000 und 1600 vor Christus belegen kann, bedurfte vermutlich einer gesicherten, abgesprochenen und regelmäßigen Versorgung mit Rohstoffen. Für Mitteldeutschland konnte nachgewiesen werden, dass ein Teil des Kupfers vom Mitterberg in der Nähe von Salzburg stammte. Das Zinn dürfte aus dem Nordwesten bezogen worden sein. Die einzige bekannte Zinnlagerstätte im Aunjetitzer Gebiet bildet das Erzgebirge. Doch konnte für das Erzgebirge kein prähistorischer Zinnabbau großen Stils nachgewiesen oder bemerkt werden. Hätte man damals im Erzgebirge ein so begehrtes Metall gefördert, müsste sich eigentlich ein zusätzlicher wirtschaftlicher Zug für die ohnehin schon prosperierende Aunjetitzer Kultur abzeichnen. Dieser Schub hätte dazu geführt, dass aus den Gemeinschaften rund um die Höhensiedlungen Gesellschaften entstanden wären, deren ungleiche Entwicklung zu Konkurrenz und kriegerischen Auseinandersetzungen geführt hätte. Zudem steht zu vermuten, dass dieser Movens die Höhensiedlungswirtschaft zur Palastwirtschaft getrieben haben würde, weil der Bergbau zum Handwerk und zur Landwirtschaft getreten wäre und eine zentralisierte und effiziente Verwaltung verlangt hätte.

Für die Großen Männer der mitteleuropäischen, aber auch der südosteuropäischen Bronzezeit nahm die Bedeutung von verbindlichen Absprachen zu. Ein erstes kommunikatives Band der Eliten Europas in dieser frühen Zeit schuf ein System von verbindlichen Absprachen. Gatur beauftragte seinen zweitgeborenen Sohn, der nach guter Familientradition Hadhu hieß, nach Westen aufzubrechen, am Nordrand der Mittelgebirge entlang zu einem Großen Mann, der weit im Westen wohnte und bei dem viel Zinn ankam. Als Geschenke nahm Hadhu trianguläre Dolche, Stabdolche, Ringe und zwei Bernsteinketten mit. Außerdem begleitete ihn seine Schwester, so wie es bereits vor Monden beschlossen worden war, als der Große Mann des Westens Gatur besucht hatte. Und so machten sie sich auf den Weg. Sie übernachteten auf ihrer Reise bei den Häuptlingen oder Großen Männer der Sprengel, die auf ihrem Wege lagen und die von seinem Vater und seiner Familie wussten und mit denen Gatur im Kontakt stand. Auf dem Weg konnte er die Beziehungen festigen. Das Aufwändige an dieser Reise bestand darin, dass Hadhu für jeden Großen Mann eine Gabe mitführen musste. Denn wenn das Zinn diese Gebiete passieren sollte, war es erforderlich, das Einverständnis der Großen Männer dieser Gebiete zu besitzen. Deshalb überreichte er ihnen ein Geschenk, um sie zu verpflichten.

Wahrscheinlich entwickelte sich der Handel auf einer festen Basis von Beziehungen untereinander, die sich durch Gabentausch und Geschenkunterbreitung herausbildete und stabilisierte. Wenn der Nehmende das Geschenk akzeptierte, hatte er sich auch dem Geschenkgeber verpflichtet. Abzugeben, zu schenken, den Göttern in einem Depot als Opferung oder anderen Menschen, derer man sich versichern und die man binden wollte, als Gabe, besaß ein hohes soziales Prestige, denn man musste es sich leisten können zu schenken. Die Gabe funktionierte, wie Marcel Mauss herausfand, nach dem »do ut des«-Prinzip, ich gebe, damit du gibst. Das bedeutet nicht, dass ein Gegengeschenk verlangt, erwartet oder eingefordert wurde. Loyalität, Hilfe, ein Dienst konnten in gleicher Weise als Äquivalent bestehen. So reiste Hadhu mit seiner Schwester, mit den Kollegen seines Vaters redend, Neuigkeiten berichtend, Gaben verteilend in Richtung Westen, bis sie eines Tages bei Yongivar eintrafen. Sein Haus, das inmitten einer befestigten Siedlung lag, hatte er festlich geschmückt und zur Begrüßung erschien der

Große Mann des Westens mit seinen Söhnen im festlichen Ornat. Das gewebte und mit Ocker gefärbte Gewand wurde durch eine goldene Nadel über den Brustkorb geschlossen. Goldene Armringe am linken Arm, eine bronzene Armschutzschiene am rechten Arm schmückten eindrucksvoll seine kräftigen Ellen. Im Ledergürtel steckten zwei Vollgriffdolche. In der Hand hielt er einen Stabdolch als Zeichen seiner Würde, einen Stabdolch, wie ihn auch Gatur zu offiziellen Anlässen trug. Den Kopf bedeckte eine Kappe aus Rinderleder mit Eberhauern und Goldplättchen belegt. Bauern aus der Umgebung schafften Schafe und Schweine herbei, Met und Bier, Mehl und Käse. Yongivar hatte für die Hochzeit seines Sohnes und zu Ehren Gaturs, Hadhus und dessen Schwester ein Fest ausgerichtet. So hielten Yongivars Sohn und Gaturs Tochter Hochzeit und die Feier dauerte drei Tage und drei Nächte. Am vierten Tag endlich zogen sich Yongivar und Hadhu zu Gesprächen zurück. Lange unterhielten sich die beiden, bis Yongivar einstimmte. Gatur bekäme Zinn, dafür lieferte Gatur Dolche, Beile, Bernstein und Salz. Zur Besiegelung des Vertrages würde seine Tochter mit ihm gehen und Gaturs Erstgeborenen, Hadhus Bruder, heiraten. Dafür, dass dieser Pakt dauerhaft sei und niemand, weder Yongivar noch Gatur noch deren Kinder und Kindeskinder diesen Pakt brechen würden, beschlossen sie, den Göttern zu opfern, damit diese den Pakt heiligten und jeden vernichteten, der ihn wissentlich oder unwissentlich verletzte oder bedrohte, jeden Räuber, aber auch jeden Nachkommen, und schließlich auch sie selbst: Sollten sie ihren heiligen Pakt einmal vergessen und ihm zuwiderhandeln, dann möge die Rache der Götter über sie kommen und sie vernichten bis ins siebte Glied. Und so gingen sie um Mitternacht in den Wald, zum heiligen Hain, um das Opfer niederzulegen. Unter dem Schein des Mondes hoben sie eine Grube aus, baten die Götter um ihren Segen und um den Schutz des Bundes, legten Zinn, Dolche, Beile, Bernstein und Salz in dem Verhältnis in die Mutter Erde, in dem sie es auch fortan zu tauschen gedachten. Nach rituellen Gesängen wurde die Grube mit Steinen abgedeckt und mit Erde verschlossen. Der Große Mann und Hadhu kehrten zu Yongivars Haus zurück. Am nächsten Morgen machte sich Hadhu nach erfolgreicher Mission mit Yongivars Tochter auf den Rückweg.

In den Depots wurden nicht nur Gegenstände niedergelegt, von denen man künftig mehr besitzen wollte und deshalb den Göttern abgab, um ihre Hilfe und ihren Segen zu erlangen, sondern auch Vereinbarungen materiell dokumentiert, die man, modern gesprochen, göttlich bestätigt und seitens der Götter garantiert zu wissen wünschte. Ein Verstoß dagegen wäre einem Sakrileg gleichgekommen. Wie im Hortfund von Kyhna schloss man einen Handelsvertrag. In anderen Depots legte man Wertverhältnisse fest. Ein Beil besaß den Wert einer bestimmten Anzahl Bronzebarren und die wiederum den Wert von einem Goldring oder zwei Armspiralen. So fanden die Ausgräber im Depot von Guben-Bresinchen 146 Bronzeartefakte, trianguläre Dolche, Stabdolche, Ösenhalsringe, Beile und Bronzebarren, deren Binnenverhältnis eine Wert- und Austauschäquivalenz dargestellt haben dürfte. Unsere Vorfahren verfügten also über Möglichkeiten, Wertsysteme anders als durch Schrift auszudrücken und vor allem wirksamer festzulegen. Im Gegenteil: Kein Papyrus und kein Tontäfelchen, auf dem Verfügungen mit Hieroglyphen, Keilschriften und Linear B getroffen worden waren, konnte mit der symbolischen Festlegung von Handelsobjekten und der Bestimmung ihres Tauschwertes, beispielsweise in Ösenhalsringen, an Verbindlichkeit mithalten, denn die Bestimmungen wurden durch die Deponierung, das heißt durch die Opferung für die Götter zum göttlichen Gesetz. Diese Wertrelationen konnten bisher in großer Zahl für Keramik, vor allem aber für Metallhorte nachgewiesen werden. Ob in den Depots auch Handelsgüter wie Mehl, Fleisch, Salz, Leder oder andere organische Produkte Eingang fanden, kann derzeit nicht festgestellt werden, weil die organischen Produkte wegen ihrer Vergänglichkeit keine heute messbaren Spuren hinterließen. Auf alle Fälle unterschieden unsere Vorfahren, das zumindest zeigen die Depots, zwischen Gebrauchswert und Tauschwert, indem jeder Ware ein Tauschwert anhand anderer Produkte zugewiesen wurde. Zur Problematik von bestimmten Waren als Grundäquivalente, sodass beispielsweise alle Handelsgüter in Relation zu Ösenhalsringen oder Bronzebarren als universelle Maßstäbe wie Gold oder Geld standen, gibt es interessante und plausible Theorien, die versuchen, aus der Analyse von Depotfunden und der Beschaffenheit und Anzahl der Artefakte ein prämonetäres Wertsystem zu rekonstruieren, das, wenn es tatsächlich existierte, göttliches Recht und praktisches Bedürfnis perfekt vereinigte.

Die langen unsicheren Wege weckten das Bedürfnis nach Sicherheit der Versorgung sowohl für die nordwesteuropäischen Zinnbergleute als auch für die Aunjetitzer Großen Männer. Deshalb vollzog sich der Handel auf der Ebene des Tauschs mit Festpreisen, die man so dauerhaft wie möglich zu definieren versuchte. Da sie im Falle der Deponierung vor den Göttern bezeugt und beschworen worden waren, vermochte niemand dieses Äquivalent allzu rasch zu verändern. Da noch niemand vom Handel selbst lebte, stand nicht die Gewinnmaximierung durch

Drücken des Handelspartners auf dem Wege des Feilschens im Vordergrund, sondern die Zuverlässigkeit der Lieferung.

In der bronzezeitlichen Realität müssen wir uns den Handel sicherlich als Amalgam verschiedener Formen vorstellen, der allerdings auf dem Gütertausch beruhte, wenngleich sich mit der Festigung des Handels prämonetäre Systeme herausbildeten, die durch die Deponierung ermöglicht und garantiert wurden. Dass in einem dieserart funktionierenden System Krieg und Eroberung nur hinderlich und kontraproduktiv wirkten und mithin zu vermeiden waren, liegt auf der Hand. Durch Heirat und Interessenausgleich versuchte man, mögliche Konflikte zu beheben. Da der Große Mann als eine Art Primus inter Pares galt und das Gebiet seines Wirkungsfeldes und die Bauern seines Gebietes, die ihn als Priester, Administrator und Heiler verehrten, ihm nicht gehörten, ergab die Eroberung eines fremden Territoriums für ihn keinen Vorteil – zumal er in Ermangelung eines Heeres selbst den zum Kämpfen ungeeigneten Stabdolch in die Hand hätte nehmen und den Häuptling des zu erobernden Gebietes hätte niederwerfen müssen. Frieden, Handwerk und Handel hatten die Aunjetitzer Häuptlinge reich gemacht, das prägte ihre Erfahrung, und ihre Erfahrung stellte nichts anderes dar als den offenbarten Willen der Götter. Zum einen wurden Güter getauscht, die durchreisende Hirten anboten, zum anderen tauschte man mit dem Nachbarhäuptling, der wiederum mit dem Nachbarhäuptling Waren wechselte. Schließlich wird man jemand aus der Familie beauftragt haben, sich um die Tauschgeschäfte zu kümmern. Vom Norden kamen vielleicht Menschen, die Dolche gegen Bernstein, und vom Süden welche, die Gold aus den Karpaten gegen Bernstein tauschen wollten. Da die frühen Handelsrouten sich an den Pässen der Gebirge und an den großen Flüssen wie Elbe, Saale, Moldau, Donau, Rhein orientierten, saßen die Aunjetitzer Häuptlinge in Mitteldeutschland, Niederösterreich und Böhmen an natürlichen Warenumschlagplätzen. Irgendwann wird das Familienmitglied, das beauftragt worden war, die Tauschgeschäfte zu überwachen, dazu übergegangen sein, selbst den Handel voranzutreiben, in den Süden und in den Norden zu fahren. Zumal die Zufuhr mit Rohstoffen wie Zinn und Kupfer stabilisiert werden musste. Die Mengen, die verarbeitet worden waren, können kaum das Produkt einer Zufallstätigkeit gewesen sein, die auf dem Prinzip beruhte, dass geschmiedet wurde, wenn zufällig mal Bronze da war. Eine kontinuierliche Handwerkstätigkeit konnte nur auf planbarem Erhalt von Rohstoffen, mit dem man sicher rechnen konnte, beruhen.

Durch den Archer von Amesbury wissen wir, wie mobil die Menschen der damaligen Zeit waren. Tauschhandel vor Ort, Regional- und schließlich Fernhandel bildeten sich heraus, wenngleich es aufgrund der kleinen Gemeinschaften und der noch nicht gesellschaftlich organisierten Sprengel im mittleren und nordwestlichen Europa wohl noch zu keiner Herausbildung einer eigenen Händlerkaste kam.

Hadhu jedenfalls brachte Yongivars Tochter mit, damit sie seinen erstgeborenen Bruder heiraten sollte. Doch in seiner Abwesenheit hatte sich sein Bruder mit seinem Vater zerstritten und war verjagt worden. Sein jüngster Bruder, Hathui, nahm seine Stelle ein. Möglicherweise hatte Hathui bei dem Zwist nachgeholfen und ein wenig intrigiert, denn der Vater mochte seinen jüngsten Sohn am liebsten und Hathui litt darunter, dass er nicht als erster von Gaturs Söhnen auf die Welt gekommen war. Wie Hesiod so warnend schreibt: »Zeuge nur einen Sohn, dass er vom Erbe des Vaters zehre, denn so vermehrt sich im Palast der Reichtum.« (Hesiod, *Werke und Tage*)

Hadhu, den Gatur überging, verdross das nicht, im Gegenteil, es erleichterte ihn sogar, denn er war weder seinem Naturell nach charismatisch, noch besaß er ein Gefühl für die zeremoniellen Aufgaben. Natürlich glaubte er an die Götter, doch ohne rechten Eifer und Enthusiasmus. Alles in allem war Hadhu von nüchterner, sehr sachlicher Wesensart. Sich um den Besitz und um den Handel zu kümmern, entsprach seinen Neigungen und Talenten. Menschenansammlungen aber waren ihm zuwider, und vor ihnen als Gott im Ritus aufzutreten, nun, diese Vorstellung blieb ihm doch herzlich fremd. Was sein älterer Bruder an Ehrgeiz zu viel besaß, das fehlte bei ihm völlig.

Dolmar, wie Hadhus Bruder hieß, bebte innerlich vor Zorn als er, von zu Hause verstoßen, sich auf den Weg in den Süden machte. Für ihn begann eine große Wanderung. In Pannonien bewunderte er die ihm unbekannten langen Dolche, die Schwerter, und erlernte die Kunst, mit ihnen umzugehen, er, der bisher nur Beil und Dolch benutzt hatte. In Familienfehden bediente man sich seiner, das verschaffte ihm ein bestimmtes Salär. Je tiefer in den Süden Dolmar kam, fand er zwar weiterhin ähnliche Verhältnisse wie zu Hause vor, doch umso größer und aufwändiger wurden die befestigten Siedlungen der Häuptlinge. Die Sprache der Menschen kannte er zwar nicht, doch gelang ihm die Verständigung mittels Zeichen, und bald schon wusste er auch einige Wörter.

Eines Tages dann stand er vor einer drei Meter hohen Mauer, ging durch ein Gewirr von engen Straßen, in denen er sich verlief, bis er zufällig vor einer weiteren Mauer stand, die die Akropolis abschirmte. Ein so großes Haus wie den Palast hatte er noch nicht gesehen. Er war im heutigen Istrien angekommen, in einer Stadt, die seit den fünfziger Jahren des vorigen Jahrhunderts ausgegraben wurde und Mokodonja heißt, eine der frühen bronzezeitlich begonnenen und eisenzeitlich weitergenutzten Siedlungen, die noch heute in ihrer Größe überraschen. Hier sah Dolmar den ersten wirklichen Fürsten seines Lebens, aus der Ferne natürlich nur, reicher gekleidet als sein Vater, mit einer goldenen Krone versehen. Aber den Stabdolch als Zeichen seiner Macht und Würde hielt auch er in der Hand. Doch lange blieb Dolmar nicht, man hatte hier kaum Verwendung für ihn. Weiter nach Süden wollte er, in den Südosten, dort, wo der Sonnengott wohnte, denn das hatte den Streit mit seinem Vater ausgelöst. Für Dolmar stand der Sonnengott über allen anderen Göttern, auch über dem guten altehrwürdigen Mondgott. Gatur reagierte zornig auf diese Lästerung. Jemand, der so dachte, konnte nicht sein Nachfolger werden. Aber Dolmar fühlte sich im Recht. Er hielt es für notwendig, dass die Bauern mehr an Abgaben leisteten, wofür Dolmar eine Art kleine Schutztruppe zu bilden gedachte, um den Überfällen von Fremden zu wehren. Herrschaft gegen Sicherheit. Groß und leuchtend und herrschend wollte er werden, wie der Sonnengott, der bis zum Gipfelpunkt des Himmels aufsteigt. Auf seinem Weg sah er Mykene und Tiryns, die großen Städte, die sich um die gewaltigen, in den Himmel ragenden Paläste versammelt hatten. Und überall begegnete er dem Sonnengott. In Mykene und in Tiryns hatten sich die Achäer etabliert, auf Kreta war die erste Hochkultur der Ägäis entstanden, die so genannte minoische Palastepoche, benannt nach ihren großen, mit überwältigender Farbigkeit ausgestalteten Palästen. Ein Fürst residierte mit seiner Familie und einer wachsenden Verwaltung im Palast und beherrschte die Stadt, die ihn umgab, und die Bauern seines Gebietes. Handel und Handwerk erreichten einen Höhepunkt und eine Regelmäßigkeit. Die Stadt war nicht nur verwirrend groß, sondern auch volkreich. An der Spitze stand in Mykene der König, der *wanax*. Der König und sein Oberbefehlshaber, der *lawagetas*, besaßen als einzige Grundbesitz, den sie an ihre Gefolgsleute verpachteten, die ihn wiederum gegen entsprechende Abgaben an die Bauern weitergaben. Mit dem Palast waren etwa 4000 Personen verbunden, unter ihnen 250 Bronzeschmiede, die auf Anweisung des Königs hin wirkten. Für Dolmar nahm das Staunen kein Ende; gegen diese Pracht der Herrschaft und diese Fülle des Reichtums konnten sein Vater und seine

Aunjetitzer Kollegen bei all ihrer Kunstfertigkeit nur als arme Verwandte gelten.

Nachdem Dolmar eine Weile bei den Bewaffneten des Königs gedient hatte, zog er weiter nach Südosten. Die Handelsstadt Troja zog ihn in seinen Bann wie vormals seinen Vorfahren Hathui, der die Höhensiedlung errichtet hatte. Aus alten, kaum glaubhaften Erzählungen wusste er, dass dieser berühmte Vorfahre bis ins Land der Sonne gezogen war. Und das Metall der Sonne, die Bronze von dort mitgebracht hatte. Doch die Welt hatte sich seitdem geändert. Troja wuchs unaufhörlich. Die Luwier und Hethiter errichteten in Anatolien Reiche, und weiter im Südosten stieg das Land Mittani zu einer Großmacht auf. Mit Mursilis, dem König von Hattusa, dem Herrn der Hethiter, zog er sogar gegen Babylon. Mursilis besiegte zwar Babylon, doch lag es zu weit von seinem Reich entfernt, als dass er es hätte beherrschen können. So setzte er die Kassiten, die aus dem Zagros-Gebirge kamen, als Herrscher ein. Im Südwesten stieg die 18. Dynastie in Ägypten auf und begründete das Neue Reich. Ägypten wurde zu einer Großmacht und einem Weltreich. In Mesopotamien aber entschloss sich Dolmar heimzukehren, denn er war lange unterwegs gewesen und sehnte sich nach seiner Heimat. Einiges von dem, was er gesehen hatte, wollte er zu Hause verwirklichen. Enkidu nannten ihn die hethitischen Krieger, Enkidu, wie der fremde Freund des Gilgamesch hieß, der wandernde Krieger, den fern der Heimat ein Fieber dahinraffte. Dolmar wollte nicht wie Enkidu in der Fremde sterben.

»Du wurdest geboren und wuchsest auf in der Steppe.
Vor dir gerieten selbst Löwen in Angst. Alles hast du erfahren,
auch erwachsene Männer nahmen Reißaus vor dir.«

»Er rührte mich an; in ein Wesen, das einer Taube gleicht,
hatte er mich verwandelt.
Da band er mir wie einen Vogel die Schwingen.
Er hat mich gepackt und führt mich dabei zum Hause des Dunklen,
zum Sitz der Irkalla, zu dem Haus, aus dem jene, die es betreten, nie mehr herauskommen können,
auf die Reise, deren Weg ohne Wiederkehr ist,
zu dem Haus, dessen Bewohner beraubt sind des Lichts,
dorthin, wo aus Staub ihre Nahrung und ihre Speise aus Lehm besteht.«

»Er (Enkidu) rief nach Gilgamesch, und er sagte zu ihm:
›Auf mich mein Freund, hat mein Gott seinen Hass gerichtet.‹«
(*Gilgamesch-Epos*, Siebte Tafel)

Und wie Enkidu fürchtete Dolmar er könnte sterben, fremd und fern. Er hatte die Welt gesehen und die Sonne, groß und heiß und schön und flirrend, wie er sie zu Hause und in seiner Kindheit und Jugend nicht kannte. Zum Sonnengott selbst, in das Land, in dem er wohnt, wo er morgens aus dem Bett steigt, um seine Bahn über den Himmel zu ziehen, war er nicht gekommen. Zweifelhaft, ob er überhaupt in dieses Land gelangen könnte. Doch er sah viel Wunderbares und begriff, dass alle Menschen, die den Sonnengott anbeteten, in einem mächtigen Land lebten. Der Sonnengott bedeutete für ihn Wohlstand. So stand Dolmars Entschluss fest. Er nahm seinen Abschied und bekam zum Lohn einen Streitwagen und ein Pferd. Und mit dem Streitwagen und dem Pferd machte er sich auf den langen Weg in seine Heimat, in das Land, wo die Sonne unterging.

Zur gleichen Zeit als Dolmar, den man in der Höhensiedlung vergessen hatte (nur Hadhu dachte gelegentlich an ihn) sich nach Jahren in der Fremde auf den Heimweg machte, begab sich Hadhu zum Mitterberg zu den großen Bergen. Mit den Bergleuten erneuerte er eine Absprache, denn er wollte weiter ihr Kupfer beziehen. Doch in den Berg, in die Unterwelt, in die diese kühnen Männer gingen, folgte ihnen Hadhu nicht. Ein wahrer Höllenschlund, über dem es beständig rauchte. Unablässig trugen sie Wasser in den Berg, als müssten sie die Feuer der Hölle löschen und kamen mit Kupfererz wieder aus ihm heraus, um es vor dem Berg in Hochöfen zu verhütten. Im Berg selbst folgten sie der Kupferader. Dazu mussten zuweilen Podeste errichtet werden, auf die man über leiterähnliche Baumstämme gelangte. Weiches Material ließ sich aus dem Berg schlagen. War das Gestein zu hart, wurden Feuer entfacht und das Gestein erhitzt. Durch die anschließende Schockabkühlung mit kaltem Wasser wurde das Gestein langsam mürbe, sodass es sich herausschlagen ließ. In der Tat musste es im Berg, dessen Gänge durch Fackeln beleuchtet waren, in dem Feuer loderten und Wasser, das gegen heißes Gestein geworfen wurde, zischte, wie in der Hölle zugegangen sein. Die schwere und ungesunde Arbeit, man denke nur an ständig mangelnden Sauerstoff und Berggase, bescherten den Bergleuten keine hohe Lebenserwartung. Älter als dreißig Jahre wurden wohl nur wenige. Die im Berg arbeitenden Männer, deren Haut sich allmählich schwarz färbte, führten seltsame Riten aus, denn sie mussten die ständig aufgebrachten Berggötter und die Mutter Erde, die sie störten, und deren Kinder, die Erze, die sie raubten, besänftigen und sich gewogen stimmen. Bis zu 170 Meter in die Tiefe trieben die Bergleute ihre Stollen in den Mitterberg, die häufig Höhenunterschiede von mehreren Metern zu überwinden hatten. Schätzungen besagen, dass in der Bronzezeit allein aus dem Mitterberg circa 800 000 Tonnen Gestein abgebaut wurden, was eine Kupfermenge von 17 Millionen Kilogramm oder 17 000 Tonnen bedeutet. Das Bergwerk vom Mitterberg war eines von vielen Abbaugebieten. In der mediterranen Welt wurde das Kupfer in Anatolien und auf Zypern gewonnen, der Kupferinsel des Altertums überhaupt. Zinn bezog man im Vorderen Orient vorwiegend aus Mittelasien, aus dem Iran, aus Afghanistan und aus dem kaukasisch-ostpontischen Gebiet um Maikop. Erst als der Handel durch Kriege und Einfälle von kriegerischen Hirtenvölkern empfindlich gestört wurde, bezog man das Zinn im Vorderen Orient und in Griechenland aus Spanien, aus Britannien und womöglich auch aus Serbien.

Hadhu, der in die Jahre gekommen war, freute sich auf seine Rückkehr. Wieder hatte er alles regeln können, wieder hatte er seine Aufgabe erfüllt und die Versorgung mit Rohstoffen gesichert. Das von ihm für seinen Bruder und seinen Sprengel gespannte Netz von Handelsbeziehungen funktionierte. Doch rechte Freude darüber wollte nicht aufkommen, denn er spürte, dass sich die Welt änderte.

12. Achsenzeit – Die dunkle Epoche

> »Brüder kämpfen
> Und bringen sich Tod,
> Brudersöhne
> Brechen die Sippe;
> Arg ist die Welt,
> Ehbruch furchtbar,
> Schwertzeit, Beilzeit,
> Schilde bersten,
> Windzeit, Wolfszeit,
> bis die Welt vergeht –
> nicht einer will
> des andern schonen.«
> *Edda, Der Seherin Gesicht*

Durch welche Landschaft Dolmar auch kam, erblickte er nur Krieg und Kampf und Unordnung. In Griechenland wanderten kriegerische Hirten ein, die sich in Tiryns und Mykene und anderen Städten festsetzten und Land, Menschen und Reichtümer an sich rissen. Man nannte diese indogermanischen Stämme, die aus dem Norden kamen, Achäer. Auf Kreta entwickelten sie nach dem Zusammenbruch der so genannten minoischen Palastepoche selbst eine Hochkultur. Auch wenn sie bereits dabei waren, sich mit der früheren Bevölkerung zu verbinden und die neuen Herren stellten, wobei sie den Anschein erweckten, als lebten sie schon seit Menschengedenken hier, spürte Dolmar immer noch den Strudel der Ereignisse.

Überall, an der Adria, im Banat, in Pannonien waren die Menschen in Bewegung gekommen. Aus dem pontischen Raum drängten junge Männer, die neues Glück, neues Land und Frauen suchten, um eine Familie zu gründen, Reiternomaden, die teilweise auf ihren Streitwagen die pannonische Tiefebene in Windeseile durcheilten und sich dort zu den neuen Herren der alten Kulturen aufschwangen, welche einerseits prosperierten, andererseits aber am Ende ihrer Entwicklung ankamen, da niemand zu tiefgreifenden Reformen in der Lage schien. Die Gemeinschaften ruhten in sich. So wie damals Dolmars Vater ihn verjagt hatte, weil er eine andere Religion durchsetzen wollte, was immer einherging mit einer anderen Herrschaftsform. Denn Herrschaft und Religion gehörten zusammen, mehr noch, Herrschaft konnte nur Ausdruck eines religiösen Weltverständnisses sein. Ob diese Streitwagenleute, wie die Vertreter der neuen Kultur, die auch als Mittelbronzezeit bezeichnet wird, in der älteren Forschung hießen und die man nach ihrer auffälligen Grabsitte Hügelgräberleute nennt, bereits eine ausgeprägte Stammeskultur besaßen, bleibt vorerst noch ebenso der Spekulation überlassen wie die Frage, ob man sie als Ur-Illyrer oder als Ur-Illyro-Thraker bezeichnen darf. Dolmar jedenfalls folgte dieser neuen Kultur, die sich vom Karpatenbecken über die Donaugebiete, über Böhmen und Mähren, Mittel- und Süddeutschland, Österreich und die Schweiz bis nach Frankreich ausgebreitet hatte. Und er erkannte sie an ihren mächtigen Grabhügeln, die sie überall, wo sie sich niederließen und die Herrschaft an sich gerissen hatten, errichteten. Als er endlich seinen heimatlichen Sprengel erreichte – mit klopfendem Herzen und Sorge und Furcht, welches Bild ihn erwarten würde –, steht er vor einer Überraschung.

Plötzlich ist die einst so faszinierende und vielfältige Landschaft leer. Gamurs Nachkommen, die Hathuis und Hadhus und ihre Kinder, die Großen Männer in ihren Höhensiedlungen scheinen unauffindbar. Wenige Funde nur, so als seien die Aunjetitzer ins Dunkel gelaufen, spurlos in der Geschichte verschwunden, konnten geborgen werden. Es ist, als ob sich ein schwarzes Loch an dem Ort auftut, wo einst eine großartige Kultur prosperierte. Dieses Verschwinden bleibt rätselhaft, zumal um diesen schwarzen Abgrund herum neue Kulturen entstanden. In Südschweden, in Dänemark, in Schleswig-Holstein, Niedersachsen und Mecklenburg-Vorpommern, dort, wo man noch vor einigen Jahrzehnten neolithisch lebte und die Bronzeerzeugnisse aus Mitteldeutschland gegen Bernstein eintauschte, setzte sich mit Macht und Formenreichtum in unvermuteter Pracht die nordische Bronzezeit durch. Große Felsbilder, beeindruckende Gräber, mysteriöse Artefakte aus Gold und Bronze wie der Sonnenwagen von Trundholm künden von ihr. In Niedersachsen, in Hessen, im Rheinland, in Bayern und Baden-Württemberg bildeten sich reiche und sozial ausdifferenzierte Gemeinschaften, die auf dem Wege zu ersten Gesellschaften waren. Im Osten Deutschlands, in Ostbrandenburg und Ostsachsen zeigt sich fast verschämt die so genannte Vorlausitzer Kultur. In allen Siedlungsgebieten beherrscht man die Kunst der Bronzeherstellung und Bronzegießerei. Noch mehr Zinn und noch mehr Kupfer wurden gefördert und der Handel belebte sich von neuem und aktiver denn je. Die Siedlungen wuchsen, die Höhensiedlungen im Süden Deutschlands verwandelten sich immer mehr zu Burgen. Pferd und Wagen hielten Einzug. Echte Fürsten entstanden, Krieger, Handwerker und Händler neben den Bauern als eigene Berufszweige mit eigenständigen und selbst verantworteten wirtschaftlichen Aktivitäten, die immer weniger in enger familiärer Situation zum Großen Mann standen. Die Großen Männer waren überdies verschwunden, statt ihrer standen nun Fürsten an der Spitze ihrer Kleinreiche. In der Mittelbronzezeit mit der Hügelgräberkultur im Süden und der nordischen Bronzezeit in Norddeutschland und in Skandinavien kam es zu einem flächendeckenden Aufschwung. Aber was wurde aus dem ehemals so reichen Gebiet der Aunjetitzer? Mehr als Mutmaßungen können die Archäologen aufgrund einer mageren Fundausbeute nicht anbieten. Was wurde aus Hadhu, aus seiner Familie, was wurde aus den einstmals so blühenden Landschaften der Aunjetitzer? Über sie legt sich Dunkelheit. Und doch bleibt es undenkbar, dass das fruchtbare Land unbebaut blieb. So wie Dolmar aus dem Süden auf einem Streitwagen zurückkehrte, mögen fremde, andere Leute aus dem Südosten in das mitteldeutsche Gebiet eingefallen sein und die Großen Männer verjagt haben. Ihre neuen religiösen Vorstellungen zwangen sie den Bauern auf. Und die Bauern? Für sie mochte es ein Ausdruck des Willens der Götter sein, dass ihr Großer Mann so sang- und klanglos das Feld räumte oder getötet wurde. Was war er noch wert, wenn ihn seine Ahnen und die Götter nicht schützten? Diese hatten ihn einst legitimiert, nun hatten sie ihn verlassen. Wechsel der Herrschaft, tiefgreifende Wechsel des Zusammenlebens lassen sich vermittelt in den Schichten der mythologischen Überlieferung feststellen, in den Götterkämpfen, den Siegen und Niederlagen, dem Aufstieg immer neuer Götter. Meist waren es die Kinder der alten Herren, die diese mit drakonischen Mitteln entmachteten, so wie Zeus seinen Vater Kronos mit einer Sichel entmannte, in dem Moment, in dem er sich mit Gaia vereinen wollte. Der entmannte Gott bedeutet im Mythos nichts anderes als der entmachtete Gott. Natürlich konnte ein Gott, der die Welt erschaffen, der Götter und Menschen gezeugt hatte, denn die Erschaffung stellte man sich in der alten Zeit als Zeugung vor, den man dann aber seiner Zeugungsfähigkeit beraubt, nicht mehr als mächtig verehrt werden. Gerade diese Variante entstand mit dem Übergang zur kretisch-mykenischen Kultur, also zu dem Zeitpunkt, als die Achäer als Einwanderer die Macht übernahmen. Ein neuer, junger siegreicher Gott überwand den alten und entmannte ihn.

Diese stärker stammesartige Organisation, die Herrschaft, die nicht allein Hierarchie, sondern auch Befehlsgewalt und Besitz bedeutete, hatte Dolmar im Süden und bei den Hügelgräberleuten kennen und schätzen gelernt. Der Handel Freiheit gegen Sicherheit schien ihm unerlässlich. So kam es, dass Dolmar auf seinem Streitwagen seiner Heimat entgegenfuhr, und Schmerz ergriff ihn, als er sah, wie ärmlich diese Siedlungen im Vergleich zu denen waren, die er auf seinen Reisen im Süden gesehen hatte. Nicht nur, dass die Erinnerung in den Jahren in der Fremde ein immer größeres und bunteres Bild seiner Heimat zauberte, nicht nur, dass er andere Siedlungen und inzwischen auch Städte und Metropolen großer Reiche gesehen hatte, die im Vergleich seine Heimat in ein ärmliches Licht tauchten, nein, sie zerfiel auch tatsächlich. Bevölkerungszuwachs und Klimaverschlechterung sorgten für einen Rückgang der landwirtschaftlichen Produktion. Handel und Handwerk hatten sich nicht emanzipieren können. Ohne prosperierende Landwirtschaft kamen auch sie zum Erliegen. Wenn die Bauern nicht mehr in der Lage waren, ihre Familien zu ernähren, wie sollten sie ausreichend den Großen Mann ernähren können, der Handwerker und Händler alimentierte, ernährte und beauftragte. Der Große Mann bekam von den Bauern Abgaben, damit versorgte er die Handwerker und trieb Handel. Doch wenn die Landwirtschaft immer weniger Erträge abwarf, konnte er den Handel und das Handwerk nicht weiter mit Aufträgen versehen, denn wozu sollten seine Bauern Lebensmittel gegen Handwerkswaren eintauschen? Einen Markt hatte diese Form von suprafamiliären, patrimonialen Strukturen, die auf Gewinnverteilung beruhte, nicht hervorgebracht. Die Herrschaft der Verteilung nach starren Prinzipien verhinderte die Herausbildung von Märkten und führte zum Niedergang, weil in dem starren, willkürlich bestimmten System keine Emanzipation und Erneuerung möglich war.

Als Dolmar vor dem Palast auf der Höhensiedlung, den er nicht mehr Palast nennen wollte – nachdem er wirkliche Paläste gesehen hatte –, seine Pferde anhielt und in schimmernder Wehr mit Bronzepanzer und Armschutzschienen umhüllt vom Streitwagen stieg, schnitt ihn der Anblick des zerfallenden Anwesens tief ins Herz. Nun wusste er, dass er im Recht gewesen war und sein Vater im Unrecht, als der Große Mann ihn damals vertrieben hatte. Wenn man sich nicht ändert, geht man unter.

Er zog sein Schwert und betrat den Palast. Da trat ihm sein Bruder entgegen: mit dem Stabdolch als trauriges Zeichen seiner vergehenden Würde in der einen und mit dem gegen ein Schwert untauglichen Vollgriffdolch in der anderen Hand. Gestern und Heute standen sich unversöhnlich gegenüber. Doch was sollten ein Stabdolch, der nicht zum Kämpfen, sondern zum Kult geschmiedet worden war und ein kleiner Dolch gegen eine Streitaxt und ein langes Schwert ausrichten? Mehr noch, was sollte ein kriegsunerfahrener Priester und Verwalter gegen den rauen, durch viele Kämpfe gehärteten Krieger erreichen? Dolmar steckte beide Waffen ein, packte kurzerhand seinen Bruder am Kragen und jagte ihn mit Fußtritten aus der Höhensiedlung. Soll er irgendwo sein Leben fristen! Dann nahm er die Himmelsscheibe und nagelte sie ans Tor zum Zeichen, dass sie ihre Macht verloren hatte. Über das Sonnenschiffchen, mit dem sein Bruder Hathui, der Intrigant, einen wie immer faulen Kompromiss zwischen Mond- und Sonnenreligion hatte schließen wollen, konnte Dolmar nur lachen. Mit ihm begann hier und jetzt das Zeitalter der Sonne.

Im Norden wie im Süden hatte der Sonnengott seine Herrschaft angetreten. Jahrhundertelang hatten die Aunjetitzer Bronze verarbeitet und als Waffen, Meißel, Schmuck und Gewandnadeln in den Norden exportiert. Dort begann man zaghaft, das Eingeführte nachzuschmieden. Und so entwickelte sich sehr langsam aus den endneolithischen Gemeinschaften eine bronzezeitliche Ökumene. Starke, selbstbewusste Bauern, von denen einige zu Bauernfürsten wurden, Priester und Sänger, schließlich auch Schmiede bildeten ihre Stämme heraus. Ihre Toten begruben sie in Baumsärgen wie in Muldbjerg, Borum Eshoj und Olby und in Mooren. Im Dänischen Nationalmuseum in Kopenhagen sind diese Moorleichen in spezialglasgesicherten Vitrinen ausgestellt. Sie sind durch den Luftabschluss mumifiziert und so gut erhalten, dass man Menschen, die vor knapp 3 500 Jahren gelebt haben, ins Gesicht schauen kann und einen plötzlich das Gefühl der Zeit ergreift. Die Männer trugen Filzkappen, manchmal auch mit Leder versetzt, schürzenartige Schafwolle um den Leib und wollene Umhänge. Die Kleidung wurde bereits gefärbt. Die Frauen kannten schon den wollenen langen Rock und ein wollenes Leibchen. Die Haare wurden mit Steckkämmen gehalten. Sie hielten Rinder, Schafe, Schweine und Pferde, bauten Getreide an und jagten und fischten. Für die Jagd benutzten sie Pfeil und Bogen und ihre Äxte und Messer. Fische wurden mithilfe von Fischzäunen gefangen. Langsam ging man dazu über, größere Boote zu bauen, um Waren zu transportieren und sicher auch für den gemeinsamen Fischfang zu nutzen. Möglich, dass der Bootsbau mit dem Fischfang, aber auch mit dem Landesausbau zusammenhing, bevor das Boot als Transportmittel für Handelsgüter eingesetzt wurde. Gerade an den insel- und fjordreichen Küsten Skandinaviens verkürzten sich Entfernungen, wenn man zum gegenüberliegenden Acker, den man gerade urbar machte, zu der auf der anderen Küstenseite sich befindenden Siedlung von Sippenmitgliedern nicht über unwegsames Gebirge klettern musste, sondern einfach mit dem Schiff übersetzen konnte. Oder die Benutzung von Booten ermöglichte es überhaupt erst, die ungenutzten Weideflächen auf den vorgelagerten Inseln für das eigene Vieh zu nutzen. Gerade Schiffsbau, Fischfang und extensive Weidewirtschaft förderten innerhalb der Siedlung gemeinschaftlich durchgeführte Arbeit und die Entstehung von festeren Strukturen, die eines Tages zu Stammesverhältnissen führten.

Die Schwerter, die bei ihnen aufkamen, waren dem Kampf vorbehalten. Wahrscheinlich kannten sie keine eigene Kriegerkaste, sondern wurden die Bauern einfach im Falle der Gefahr zu Wehrbauern, die sich selbst verteidigen konnten und auch unter ihrem Fürsten zum Kriegszug zusammentraten. Das daraus resultierende Selbstbewusstsein sollten sie niemals verlieren. Nach und nach entwickelten sich auf der Grundlage der Familien und Sippen Stammesstrukturen heraus, die in der jüngeren Bronzezeit dann feste Konturen annehmen sollten. Lange schienen die Menschen des europäischen Nordens in neolithischen Kulturen zu verharren, während im übrigen Europa die Bronze die Gemeinschaften und Gesellschaften veränderte. Dennoch partizipierten sie ganz unaufgeregt an dieser Entwicklung, indem die wichtigen, von ihnen begehrten Metallwaren von ihnen erhandelt werden konnten. Diese waren weniger Luxusgegenstände, sondern vielmehr Waffen und Werkzeuge wie Beile, Dolche, aber auch Bronzebarren für einheimische Schmiede, deren Zahl langsam anwuchs. Denkbar, dass sich wandernde Schmiede auch im Norden niederließen – sicher in geringer Zahl, wie der Archer von Amesbury, aber immerhin. Diese nahmen sich dort Frauen und gründeten Familien von Schmieden. Spätestens ihre Nachkommen gehörten dann ganz zu den alteingesessenen Clans. Ganz weit im hohen Norden dürften noch mesolithische Jäger und Sammler durch Taiga und Tundra gezogen sein, die um den Polarkreis herum lebten. Und vielleicht finden sich bei den Lappen noch Nachfahren von Gmrs und Thdrs Sippe.

Anfang des vorigen Jahrhunderts wurde Moorland bei Trundholm im nordwestseeländischen Dänemark für die landwirtschaftliche Nutzung trockengelegt. Der Bauer, der im Herbst des Jahres 1902 den neuen Acker pflügte, entriss mit seiner Pflugschar ein bronzenes Pferd dem Boden. Kurz darauf entdeckte er in der nächsten Furche eine goldene Scheibe. Er nahm den Fund, den er für Kinderspielzeug hielt, mit nach Hause, verwahrte die Scheibe auf dem Dachboden und gab seinen Kindern das bronzene Pferd zum Spielen. Doch die Kunde von den seltsamen Stücken, die der Bauer in seinem Acker gefunden hatte, machte die Runde, sodass der Forstverwalter die Gegenstände zu betrachten wünschte und ihre Bedeutung erahnte. Pferd und Scheibe sowie weitere bei einer Grabung erbrachte Teile des »Sonnenwagens von Trundholm« kamen ins Dänische Nationalmuseum nach Kopenhagen, wo er noch heute zu besichtigen ist und die Gemüter durch seine Schönheit und durch sein Geheimnis berührt. Wenn man ihn auch nur flüchtig betrachtet, spürt man sofort, dass einem hier uralte, bronze- und goldgewordene Geschichte gegenübersteht. Mehr noch, Geschichte im allerinnersten, im allerreligiösesten Sinn. Im »Sonnenwagen von Trundholm« vergegenständlichen sich die Glaubens- und Weltvorstellungen der Menschen in Mittel- und Nordeuropa vor 3400 Jahren. So sehr regt der Sonnenwagen die Fantasie an, dass es sogar dazu kam, dass ein psychisch kranker Mensch mit einem schweren Hammer zunächst die Vitrine zerschlug, um dann sein Zerstörungswerk am Sonnenwagen fortzusetzen. Im Polizeiverhör zeigte er sich völlig davon überzeugt, dass Thor ihm befohlen hatte, den Sonnenwagen zu zerstören, weil er die alten Götter beleidigen würde. Erstaunlich daran ist, dass der Kult des Sonnenwagens viel älter ist als die germanische Religion und der verwirrte Attentäter das entweder nicht wusste oder er den Anspruch der jüngeren gegen die älteren Götter durchsetzen wollte. In einer ganz anderen, weitaus klareren Weise als bei der Himmelsscheibe von Nebra für die ältere Bronzezeit veranschaulicht der Sonnenwagen den Kult der mittleren und jüngeren Bronzezeit, der sich zu einem Sonnenkult gewandelt hatte. Bei ihm stellt sich die Frage nach dem Schmied gar nicht, zu überindividuell kommt er uns entgegen, sowie wir auch nicht fragen, wer jeweils den Kelch oder das Kruzifix in der christlichen Kirche hergestellt hat. Und wie bei Kruzifix und Kelch lässt sich auch der Sonnenwagen sehr klar in seiner Funktion als Sakralgegenstand, als notwendiges, so utilitaristisches wie geheiligtes Instrument erkennen, ohne den bestimmte Riten nicht durchgeführt werden konnten.

Technisch gesprochen besteht der Sonnenwagen aus einem Pferd, aus einer Scheibe, die mit komplizierten Mustern versehen ist, und einem Fahrgestell mit sechs Rädern. Als kohärent zum Kult gehörend können lediglich das Pferd und die Scheibe angesehen werden, während man Räder und Wagen nur als technisches Beiwerk brauchte. Deshalb führt die inzwischen eingebürgerte Bezeichnung als Sonnenwagen in die Irre. Der »Sonnenwagen« existiert kultisch nicht. In der religiösen Vorstellung sehen wir die Sonne, die von dem Pferd gezogen wird. Um aber im praktischen Ritual die Bewegung von Pferd und Sonne nachzuahmen, musste physikalischen Gegebenheiten Rechnung getragen werden: Die Scheibe musste stehen, und sie musste aufrecht und ruhend bewegt werden können. Also wurde sie auf einer Deichsel mit Rädern befestigt. Das Pferd bekam, obwohl das nicht unbedingt nötig war, auch Räder als Verlängerung der Beine untergesetzt. Eine abgebrochene Öse am Hals des Pferdes interpretierte man dahingehend, dass hier die Zügel befestigt waren, die zur Scheibe führten. Man kann aber auch vermuten, dass außer den Zügeln, die von der Öse an der Scheibe zu der Öse unter dem Pferdehals führten und so dem Betrachter deutlich vor Augen stellte, wer das Sagen hatte, Scheibe oder Pferd, eine kaum sichtbare Sehne befestigt worden war, um den Wagen wie von Geisterhand im Ritual zu bewegen, indem man ihn zog. Das würde auch hinreichend die Räder unter dem Pferd erklären, denn die wären notwendig, wenn man Pferde und Sonne gleichmäßig, ruhig und stabil ziehen wollte, ohne das heilige Sonnenpferd zu berühren. Fasste man das Pferd an und zöge man mit ihm die Sonne, benötigte man keine Räder, dann bliebe für sie nur das Argument der gleichen Höhe, wofür zwei Räder wie bei der Scheibe genügt hätten.

Ein Priester oder ein Helfer bewegte zu den heiligen Festen der Sonnenwende möglicherweise mittels einer durchsichtigen Sehne wie von Geisterhand Pferd und Sonne und führte damit rituell Sonnenauf- und Sonnenuntergang zur Sonnenwende durch. In dem Ritual erlebten die Menschen die mythische, also für sie vollkommen wahre Geschichte der Reise der Sonne durch den Tag und durch die Nacht. Um beides rituell darstellen zu können, hatte man die eine Seite mit Gold verziert, die andere aber in einem dunklen, nächtlichen Ton belassen, wenngleich genauso aufwändig bearbeitet. Die Verzierung beider Seiten der Scheibe, die im Übrigen identisch ist und sich nur durch den dunklen oder goldenen Ton und die Anzahl einzelner gleicher Objekte unterscheidet, befähigt sie, die Sonne zur Tages- und zur Nachtzeit zu symbolisieren. Wenn die vergoldete Tagseite zum Zuschauer zeigt, bewegt sich die Sonne von links nach rechts, so wie auch wir ihre Bewegung von Ost nach West am Tag wahrnehmen, und wie übrigens auch unsere Schreibrichtung verläuft, die wiederum mit der tradierten und bereits zum unbedingten Reflex gewordenen Links-rechts-Ausrichtung in Mittel- und Nordeuropa übereinstimmt. Nachts kehrt die Sonne wieder zurück, auf einem im Dunklen, in der Unterwelt verlaufenen Rechts-links-Weg. Auch hier bestätigt sich wieder die Vorstellung vom Leben als Kreislauf. Der zerbrochene Kreis würde das Chaos darstellen. Der Kreis aber bedeutet Leben, nicht abreißende Verbindungen der Lebenden zu den Toten, der Menschen zu ihren Ahnen, denn sie werden nach ihrem Aufenthalt auf Erden ja selbst zu Ahnen. Mittels des Kreises kommen sie in ihrer Unendlichkeit an. Aber die Unendlichkeit ist eine begrenzte, sie verliert sich nicht trostlos im All, sondern endet wieder dort, wo sie begonnen hat. Insofern stellt der Kreis die getröstete Unendlichkeit, genauer die ewige Endlichkeit dar, die stets als Gleiches wiederkehrt. Man schaue sich nur einmal die Ornamentik der Sonnenscheibe an. Kreise, von Kreisen umrahmt, die wiederum von Kreisen umgeben werden, dann im Mittelgrund 16 Kreise, die von einem in sich verschlungenen Endlosband verbunden, begrenzt und paarweise durch eine Ellipse eingeschlossen werden. Hypothesen existieren, Vorschläge wurden unterbreitet, aber bei allen Vergleichen von Zahlenverhältnissen lässt sich für das Ornament en détail keine schlüssige Interpretation in einem astronomischen oder kalendarischen Sinn finden.

Aber vielleicht ging es den Menschen der Nordischen Bronzezeit auch nicht darum. Die Kreisformen der Scheibe, die ja selbst einen Kreis darstellt, sind als Sonnensymbole so allgemeinverständlich und -gültig wie das Kreuz für den Gott der Christen. Und so wie das Kreuz Gegenstände, Bekleidung, Schmuck und sakrale Mittel weihte und zierte, so findet sich das Sonnensymbol in dieser und den darauf folgenden Kulturen in Mittel- und Nordeuropa wieder, sei es auf Schwertern, auf Beilen, auf Kämmen und Schmuckstücken. Selbst die Räder des Alltagswagens dürfen als Sonnensymbol verstanden werden, wodurch der profane, als Mittel aber notwendige Wagen durch seine Räder eine Überhöhung erfährt. Aus der Vorstellung des Kreislaufs des Lebens entstand die Idee von der nicht endenden Reise der Sonne und des Sonnengottes durch Welt und Unterwelt, die zwar ewig, aber nicht ungefährdet ist. Im ägyptischen Mythos muss der Sonnengott ständig gegen die Apophisschlange verteidigt werden, die die Sonne verschlingen will. Doch die Reise darf man sich nun nicht etwa als endloses Dahingleiten vorstellen. Das würde Dämmern und in seiner Konsequenz wieder Ununterscheidbarkeit, Chaos und Tod bedeuten. Im ägyptischen *Pfortenbuch* passiert die Sonne zwölf Pforten und muss von Pforte zu Pforte begleitet und übergeben werden. Das Passieren der Pforte verlangt die Lösung immer neuer Aufgaben für die Begleitung der Sonne, so wie der Mensch am Tag stets neue Aufgaben zu lösen hat. Es ist ja nicht selbstverständlich, dass man morgens aufsteht, sich wäscht, frühstückt, arbeitet, eine Mittagspause macht, dann weiterarbeitet und den Abend mit seiner Familie verbringt. Hinzu treten bei religiös empfindenden Menschen die Gebete und Andachten, die den Tag strukturieren. Auch wenn uns diese Einteilungen und Gewohnheiten selbstverständlich vorkommen, entstanden sie in langen Zeiträumen. Religion und Ritus verleihen dem Tag ein Zeitkorsett, wie religiöse Maximen moralische und hygienische Regeln aufstellen. Mit dem *Pfortenbuch* wurde eine geheiligte Zeitordnung symbolisiert und definiert. Auch die Ägypter benutzten die sich endlos ineinander schlängelnde Linie, die sie konsequent auch als Schlange darstellten, die aus ihrer Unendlichkeit die Stunden gebiert.

»Sie (die Stundengöttinnen) stehen da auf ihrem See,
sie lenken Re (den Sonnengott) über ihr Ufer.
Re sagt zu ihnen:
Hört ihr Stundengöttinnen, was euch zugerufen wird!
Ihr habt (die Zeit) verbracht, die ihr seid,
ihr habt eure Pforten eingenommen.
Eure Vorderseite gehört der Finsternis,
eure Hinterseite dem Licht.
Eure Lebensdauer ist ›Die Entfernende‹ (Schlange),
ihr lebt von dem, was aus ihr hervorgeht.
Euer Bedarf befindet sich in der Dat (im Jenseits, das in der alten Dynastie noch im Himmel lokalisiert, später in der Unterwelt verortet wurde).
Ihr verschlingt das, was die ›Entfernende‹ gebiert,
und vernichtet das, was aus ihr hervorgeht.
Möget ihr mich leiten, (denn) ich bin es, der euch geboren hat!
Ich handle gemäß meiner Begrüßung,
und ihr seid ja zufrieden meine Stunden.

Ihre Opferspeisen sind Brot
Ihr Bier ist Djeseret (nicht identifiziertes Getränk)
Ihre Erfrischung ist Wasser.
Ihre Opferspeisen werden ihnen gegeben
als denen, die vor den Achu (die Ahnen, die selig Verstorbenen) herausgehen.«
(*Das Pfortenbuch*, 20. Szene, 4. Stunde)

Und:

»Öffne deine Windungen, damit deine Mysterien herauskommen!
Der große Gott wartet, bis er versehen ist mit seiner Stunde
durch jeden einzelnen von diesen Göttern (?).
Dann kommt eine Stunde aus einer Windung hervor,
dann nimmt (sie ihren) Platz ein.«
(*Das Pfortenbuch*, 49. Szene, 8. Stunde)

Es ließen sich mehr Beispiele anführen. Die Ägypter stellten sich das Leben als eine Reise vor, wie in überhöhter Form ja auch die Sonne eine Reise durch den Tag und die Nacht und durch das Jahr unternimmt. Aus dieser Reise, die eine endlose Schlange oder ein endloses Band ist, gehen die Stunden hervor. Schaut man auf das Endlosband in der Mitte der Sonnenscheibe könnte man auf die Idee kommen, dass auch dieses Band die Stunden hervorbringt. Die Kreisobjekte auf dem äußeren und auf dem mittleren Ring, die hervorgehen oder umrahmt sind vom Endlosband, unterscheiden sich nicht in ihrer Ornamentik, aber in ihrer unterschiedlichen Zahl auf der Tages- und der Nachtseite. Gleich allerdings ist die Anzahl der acht Kreise, die sich um das Zentrum, den mittleren Kreis verteilen. Da wir nicht wissen, welche Zahlensysteme diese Menschen benutzten, ob unser Zehnersystem oder das sumerische Sechsersystem oder vielleicht ein Achter- oder Neunersystem, wie es der Mittelpunkt der Sonnenscheibe assoziiert, lässt sich die Darstellung nicht bis ins letzte Detail entschlüsseln. Auch ist uns nicht bekannt, ob diese Menschen das Jahr wie wir in zwölf Monate und den Tag in 24 Stunden teilten. Es gibt aber keinen Grund anzunehmen, dass die Verzierung auf der Sonnenscheibe nicht die auch mathematische Wiedergabe einer religiösen Anschauung von der Ewigkeit des Daseins im Kreislauf verbundener Endlichkeiten darstellt, wie es Zeugung, Geburt, Leben, Tod und Wiedergeburt nun einmal sind. Man muss keine direkten Entsprechungen suchen und ägyptische oder griechische oder sumerische Analogien zur Folie oder Interpretationsbasis machen, was in seiner Konsequenz in die Irre führte. Ohnedies finden wir in den verschiedenen bronzezeitlichen Kulturen ähnliche religiöse Vorstellungen, die im Glauben an die Sonne beziehungsweise den Sonnengott gipfeln, der als mächtigster aller Götter auf seiner ewigen Reise Tag und Nacht, Sommer und Winter, Leben und Tod, mit einem Wort die Zeit erschafft. Denn die Zeit leitet sich von den Stationen des Sonnengottes auf seiner Reise her, ist also der innere Sinn oder die Verheiligung des Raums. Mit der Erfindung der Zeit schuf der Mensch seine Orientierung im Raum, obwohl er sie nicht als eigene Erfindung, sondern als Wirken, eben als Erfindung der Götter verstand. Da aber der Mensch der Vorzeit auch seine Kinder nicht erfand, sondern sie zeugte und gebar, erfanden die Götter auch nicht die Zeit, sondern zeugten und gebaren sie.

Auf dem heutigen Seeland versammelten sich vor 3400 Jahren Menschen, um in einem strengen Ritus, durchgeführt von Priestern der Sonne, die Geburt der Sonne, ihre Reise durch den Tag und durch die Nacht, ihre Gefährdung durch die mordlüsternen Kräfte des Chaos und der ewigen Finsternis und ihre Rettung aus eigener Stärke oder durch von ihr erschaffene Götter und Hilfsgötter zu erleben. Das Pferd, das die Sonne dabei zieht, wobei es von ihr gelenkt wird, gehört zu diesen Hilfsgöttern. Denke man sich einmal Räder und Wagen vom Pferd und von der Sonne weg und füge in Gedanken dicke Zügel hinzu, dann kommt man der Vorstellung sehr nahe, die die Menschen auf Seeland in dem Ritus erlebten und wie es auf Felsbildern in Dänemark, beispielsweise in Jütland, dargestellt wurde: ein wildes und kräftiges Urpferd, das die Sonne fest an der Kandare hält. Auf Rasiermessern wurden Szenen geritzt, die zeigen, wie die Sonne auf das Schiff gelangt, wie sie übergeben wird, so als ob sie wie im ägyptischen Mythos von Stunde zu Stunde wechselnde Hilfskräfte besitzt, die zu ihrer festgelegten Stunde pflichtschuldig hervortreten. So ein Bild der Übergabe auf einem Rasiermesser könnte genau die Stunde symbolisieren, in der sich der Mann, der die Klinge besitzt, rasiert, denn die Übergabe der Sonne schafft erst diese bestimmte Stunde. Die Rasur selbst konnte eine heilige Handlung sein.

Mächtige Sonnenschiffe nebst Besatzung, Schiffe, die in Steven enden, welche Pferde darstellen, finden sich auf Felsen in Südschweden zuhauf. Die Sonnensymbole von der Sonnenscheibe entdeckte man auf Fundstücken in Schweden, Dänemark, Nordwestdeutschland und Mecklenburg-Vorpommern. Die Menschen der nordischen Bronzezeit, der Stader Gruppe, der Oldenburg-emsländischen Gruppe und der Südhannoverschen Gruppe schufen sie vor sehr langer Zeit als Ausdruck ihrer religiösen Überzeugung und vom Wunsch beseelt, einen Weiheplatz zu haben. Knüppel- und Bohlenwege, die sie durch sumpfiges Gebiet verlegten, wie bei Varel gefunden, verdeutlichen, dass sich der Transport mit dem Wagen durchgesetzt hatte. Der schwere Holzscheibenwagen wurde, wie auch die Räder des Sonnenwagens von Trundholm zeigen, durch leichtere Speichenräder abgelöst. Das Speichenrad wird zur Realität, aber auch zum bildnerischen und religiösen Symbol und steht in seinem Bedeutungszusammenhang zu den Begriffen von Reise und von Sonne, die religiös definiert sind.

Es war ja nicht so, dass man einfach in den ICE stieg und in der gleichen Welt, in der fast gleichen Stadt mit den gleichen Regeln, den gleichen Institutionen und den gleichen Supermärkten ankam. Reise bedeutete immer Wechsel und Übergang, Gefahr und wagemutiges Unternehmen. Nicht einmal die mächtige Sonne konnte sich, wie wir gesehen haben, gefahrlos auf die Reise begeben. Auch für sie war das Reisen eine immense Gefahr, der sie sich aussetzte. Die Menschen erlebten in den Kulthandlungen ihrer Riten und erzählten sich in ihren

Hütten die Geschichten, wie in Vorzeiten die Sonne überfallen und versteckt, gefangen gehalten oder auch getötet worden war von den Mächten des Chaos und wie sie von dem Urgott, dem Urerschaffer schließlich gerettet wurde, wobei wahlweise ein göttlicher Verwandter, Sohn oder Bruder oder Schwester dem Sonnengott Hilfe leistete. Interessanterweise sagt auch nichts anderes die Geschichte des Wortes »Reise« selbst aus: Reisen leitet sich in den germanischen Sprachen von »sich bewegen« und »aufbrechen«, aber auch von »sich erheben«, »steigen«, aber auch »fallen« her. Das Englische »to rise« stammt daher und ist mit unserem »reisen« verwandt. In »sunrise« für Sonnenaufgang bildet sich mustergültig die Vorstellung von der Reise der Sonne ab. Die indogermanische Urwurzel bringt den Sachverhalt des »sich in Bewegung setzen«, des »in die Höhe bringen«, aber auch der Abwärtsbewegung zum Ausdruck. Im Germanischen entwickelt sich aber noch eine andere Bedeutung, die sich in der Bezeichnung des berittenen Kriegers des »Reisigen« darstellt. Eine Reise unternehmen bedeutete sehr früh bereits auch »plündern«, »rauben«, »in den Kampf ziehen«.

Die Verwendung von Schwertern, die Sonnensymbole und die Sonnenreligion, die weitere Differenzierung der sozialen Struktur, die Herausbildung von Gesellschaften und die mehr oder weniger starke Herrschaft einiger sich zu Fürsten und Anführern entwickelnden reichen Personen haben die nördlichen Bronzezeitleute mit den südlichen Gruppen der Hügelgräberleute gemein. Auch die Sitte der Männer, sich zu rasieren, kam in dieser Zeit auf. Die Menschen der mittleren Bronzezeit begruben ihre Toten unter großen Grabhügeln in gestreckter Rückenlage. Das heißt: Wie der Fürst von Leubingen schauten sie in den Himmel, in den sie eingehen würden und über den die Sonne reist, in deren Gefolge sie eintreten werden. Die mächtigen Männer liegen in der Mitte des Grabhügels, Kinder und Frauen stärker an den Rändern. Diese Grabhügel werden, wenn sie einmal errichtet sind, mehrfach genutzt, das heißt, über Jahrzehnte werden hier Bestattungen vorgenommen. Menschen aber, die Angehörige in einer bereits bestehenden Grabstelle beisetzen, haben auch eine Beziehung zu diesem Begräbnisort und zu denjenigen, die bereits dort ruhen. Diese Grabhügel dürften Ausdruck fester Sippenstrukturen sein, die bereits klare Vorform eines Stammes sind. In den Hügelgräbern zeichnet sich die beginnende Ethnogenese, das Ethnie- oder Stammwerden in Mitteleuropa ab. Und wie wir es bereits kennen, werden die Hügelgräber eingekreist, mit einem Schutzkreis versehen, entweder durch ein Stein- oder durch ein

Pfostenrund um das Grab. Wir haben gesehen, wie alt die Idee des Kreises ist, und entdecken, wie sie sich fortsetzt.

Durch Nordrhein-Westfalen bis nach Hessen, Bayern, Österreich, die Schweiz, nach Frankreich und Ostdeutschland, in der Vorlausitzer Gruppe setzt sich diese universale Kultur der Mittleren Bronzezeit fort. Es scheint verlockend, den ikonografischen Boden von den Schiffsdarstellungen in Ägypten, im Zweistromland und Griechenland über die Himmelsscheibe von Nebra nach Norddeutschland und Skandinavien zu ziehen, doch mangelt es hier an zeitlich in die Transformationsfolge passenden Funden, die der Himmelsscheibe aussagekräftige Gesellschaft verschaffen würden. Für Mitteldeutschland, wo es nicht genügend Funde gibt, die uns Auskunft geben, was aus den Aunjetitzern geworden ist, scheint die Hügelgräberzeit eine Art Achsenzeit zu sein, die schließlich in eine wieder gut belegte späte Bronzezeit führt, die den Höhepunkt und den Ausklang der Bronzezeit auch in Mitteldeutschland markiert.

Dolmar schlief in der ersten Nacht unruhig in seinem Palast, das Schwert griffbereit, falls sein Bruder zurückkehrte, um ihn im Schlaf zu erschlagen. Aber es war nicht Hathui, der sich nachts zum Palast schlich, wie Dolmar bei einem kleinen Gang durch den Palast bemerkte. Es war sein zweiter Bruder Hadhu, der sich mühte, die Himmelsscheibe von der Tür zu montieren und mit den Nägeln kämpfte. Dolmar stellte ihn zur Rede, wie er es wagen könne, ihm zuwiderzuhandeln. Hadhu schien unendlich müde, auch war es ihm gleichgültig, was mit ihm geschah. Er wollte nur die Scheibe den Göttern opfern, den alten und den neuen, dem Mondgott und dem Sonnengott, um Glück für seine Familie und für die Menschen des Sprengels in diesen unruhigen Zeiten zu erbitten. Dolmar, hart und eisgrau geworden, rührte mit einem Mal die traurige Gestalt seines Bruders. So half er ihm und gab ihm noch zwei Schwerter mit, damit er wirklich die alten und die neuen Götter um Hilfe bitten konnte, denn tief im Herzen spürte er eine große Unsicherheit, ob er dieses sterbende Land wieder zu Wachstum und Reichtum bringen konnte.

Auf dem alten Heiligtum von Nebra opferte Hadhu mit den Schwertern, den Beilen, dem heiligen Meißel seiner Familie, mit dem die Scheibe auch bearbeitet wurde, und dem Schmuck die Himmelsscheibe und bat um Hilfe und Schutz und für seinen Bruder, dass er das Richtige tat. Dann verschloss er das Opfer mit Steinen und schüttete die Grube mit Erde zu. Ein letztes Mal sah er vom Mittelberg in das Land, mit erwartungsvollem Blick auf den heiligen Berg, über dem der Mond stand, groß und schön und kalt wie sein Geschick. Dann setzte er sich an einen Baum, denn er fühlte, dass seine Zeit gekommen war, zu den Ahnen zu gehen. Gern wäre er zum heiligen Berg, der heute Kyffhäuser heißt, zum Ahnenberg gelaufen, um sich dort zur Ruhe zu betten, doch dazu fehlte ihm die Kraft. Es würde auch so gehen.

Wieder zeigt sich, dass eine Zeitreise so unsicher wie die Archäologie ist, denn nie weiß man, wann Erstere von einem Zeitstrudel erfasst, man weitergerissen wird, obwohl man verweilen möchte, und Zweitere hoffen darf auf neue Entdeckungen, die helfen, das Leben der Menschen in fundarmer Zeit zu entschlüsseln.

Wir wissen nicht, ob es Dolmar gelang, einen neuen Aufschwung zu schaffen oder ob er bereits für den Sprengel, aber auch für sich selbst zu spät kam, ob er vielleicht von Hathui hinterrücks erschlagen oder vergiftet wurde. Wir wissen nur, dass Jahrhunderte später ein Nachfahre Dolmars, der merkwürdigerweise Hadhu hieß, mit einem goldenen Hut, der wie ein goldener Kegel aussah, beim heiligen Berg im Kyffhäusergebirge seine Beschwörungen für die Aussaat der Bauern seines Sprengels an die Fruchtbarkeitsgötter richtete.

13. Der Mann mit dem Goldhut

»Durch Gifttäler
Gleitet von Osten
mit Schneiden und Schwertern
der Schreckenstrom.«
Edda, Der Seherin Gesicht

Hadhu beendete seine Opferhandlung, verließ die Höhle, befand sich bereits auf dem Rückweg, da hörte er plötzlich das Brechen von Stöckchen, ein Knistern im Unterholz, viele menschliche Schritte. Schritte, die aufgeregt klangen. Er nahm seine weithin leuchtende Kopfbedeckung ab und verbarg sich hinter einem Baum. Fackeln erhellten den unweit verlaufenden Weg. Auf dem Weg gingen Frauen mit Fackeln in der Hand, gefolgt von Männern. Einer der Männer, der ein buntes Gewand trug, das mit goldenen Fibeln zusammengehalten wurde, und der an Hals und Rücken tätowiert war, was Hadhu aber im Flackern der Fackeln kaum erkennen konnte, hielt in seinen Händen vor dem Körper einen bronzenen Miniaturwagen, der einen Kessel auf Rädern darstellte. Hadhu musste zweimal hinschauen, bis er erkannte, dass dieser Mann, den er für einen Priester hielt, sein Gesicht in einer Hirschmaske unter einem mächtigen Geweih verbarg. Er war nicht mehr der Priester, er war längst ein Teil seines Gottes geworden, ein Sohn der Großen Mutter.

Was er sah, beunruhigte Hadhu sehr. Fremde Menschen bedeuteten fremde Götter, die begannen, das Heiligtum seiner Götter in Besitz zu nehmen. Verjagen konnte er sie nicht, so allein wie er war. Beim Anblick des hirschköpfigen Priesters schlich sich Angst in sein Herz. Unwillkürlich, von einer Macht getrieben, die seine Neugier noch übertraf, folgte er ihnen unauffällig bis zu den Eingängen zur Unterwelt. Ihm schauderte, die Prozession drang in die Unterwelt durch die Löcher im Fels ein, in die Wohnung der Fruchtbarkeitsgötter und der Dämonen, die nur Hadhu betreten durfte. Aus dem Inneren der Höhle leuchteten die Fackeln und klang Musik von Okarinas und Reibehölzern. Widerstrebend zwar, doch getrieben, die Wahrheit zu erkunden, folgte er diesen fremden Menschen in die Höhle. Der Priester tanzte und sang, die Männer schroteten Getreide, währenddessen die

Einer der rätselhaften Kesselwagen aus der Urnenfelderzeit, der für kultische Opferhandlungen in der Sonnenreligion benutzt wurde, möglicherweise auch zu Menschenopfern.

Frauen in einem Spalt verschwanden. Sie hatten Gras- und Getreidebüschel bei sich. Das Schrotmehl wurde in Gefäße gefüllt. Die Frauen kamen nach einer geraumen Zeit wieder aus dem Spalt zurück, ohne Gras- und Getreidebüschel, mit geöffnetem Haar, bar ihres Schmucks, ihrer Fibeln, ihrer Spangen und ihrer Kämme. Sicher hatten sie es in der Grotte ihren Göttern geopfert. Nun machten sie sich daran, das Schrotmehl mit Wasser zu Opferklößchen zu formen. Die jüngste der Frauen nahm die große Schüssel mit den Opferklößchen und brachte sie in die Grotte, aus der sie nicht wieder zurückkam. Die Frauen verließen die Höhle, und die Männer folgten dem hirschköpfigen Priester durch den schmalen Spalt in die hintere Grotte. Hadhu wollte schon folgen, als er Geräusche vom Eingang der Höhle vernahm. Er duckte sich wieder hinter seinen Felsvorsprung und bemerkte zwei Männer, die zwei Knaben mit sich führten, mit denen sie in der Grotte verschwanden. Vorsichtig schaute Hadhu zum Eingang. Er wartete eine ganze Weile. Dann vernahm er zwei schreckliche Schreie und schlich zur Grotte. Der Anblick, der sich seinen Augen bot, ließ sein Blut in den Adern gefrieren. Der hirschköpfige Priester hatte bereits die beiden Knaben getötet, jetzt schnitt er dem Mädchen, das vorher noch die Opferklößchen geformt hatte, die Kehle durch. Die Köpfe wurden abgeschnitten und in Schalen erhitzt, menschliche Gliedmaßen, die vom Körper abgetrennt worden waren, kochte man gemeinsam mit den Extremitäten der Opfertiere, den Läufen zweier Schafe und einer Ziege. Das Blut hatte man in dem Kesselwagen aufgefangen. Der Priester setzte gerade an, das Blut zu trinken, da bekam Hadhu von hinten einen Stoß und landete inmitten der Menschenfresser, die aufschraken, jäh aus ihrer rituellen Trance gerissen, und ihn zunächst verwundert, dann furchterregend kalt ansahen.

Die Elite hob sich durch reichen Schmuck aus Bronze oder wie bei diesem Armband aus Mecklenburg-Vorpommern mit Schmuck aus Gold aus der Masse heraus.

In reichlichem Maße fand die Archäologie Belege für kultischen Kannibalismus gerade zur mittleren und späten Bronzezeit. Sie entdeckte sie in Siedlungsgräbern, aber auch in den Höhlen des Kyffhäusers, in denen der Prähistoriker Behm-Blanke geschrotetes Getreide, zerstörte Keramik, sehr altes getrocknetes Gras, das in der Höhle konserviert worden war, Knochen von Tieren und sehr jungen Menschen ausgrub, die vom Körper gewaltsam abgetrennt worden waren und menschliche Biss- und Nagespuren aufweisen. In einer Zeit, in der die Gemeinschaften einen ungeheuren Aufschwung nahmen, scheint der Rückfall in die Barbarei unglaubhaft, doch die Belege sprechen ihre eigene, sehr eindeutige Sprache. Interessanterweise stellten Ethnologen bei tief im Dschungel lebenden afrikanischen Stämmen fest, dass der höher entwickelte von zwei Stämmen kultischen Kannibalismus betrieb und nicht der primitivere, wie man es erwarten würde.

In der mittleren und späten Bronzezeit nahmen der Reichtum und die soziale Differenzierung zu, und die Gemeinschaften entwickelten sich langsam zu Gesellschaften, die klare und institutionalisierte

Machtpyramiden aufwiesen und immer stärker ein Spezialistentum entstehen und sich etablieren ließen, Spezialisten wie Handwerker, Händler, Priester, Krieger. Die mittlere Bronzezeit, die übergangslos und nicht abgrenzbar in die späte Bronzezeit überging, stellte in der Tat eine Übergangszeit, eine Achsenzeit dar. Bereits in der Frühbronzezeit bildeten sich kleine Siedlungsgemeinschaften, die ein Zentrum, das in einer Höhensiedlung und einem Heiligtum bestehen konnte, besaßen. Das Heiligtum mochte in der Höhensiedlung entweder integriert oder in erreichbarer Entfernung gelegen haben. Da der Große Mann der Höhensiedlung auch als Priester fungierte, repräsentierte er das administrative und kultische Zentrum in Personalunion. Zwischen den sich herausbildenden Eliten entstanden europaweit Beziehungen, die Handel und Güteraustausch grundierten und ermöglichten. Allerdings entstand der Handel zunächst auf der Grundlage des Geschenkeaustausches und führte dazu, dass man sich einander verpflichtete. Diese vertrauensbildenden Maßnahmen schufen den Boden dafür, dass sich überhaupt so etwas wie Handel entwickeln konnte, der schließlich und sehr langsam zum Warenaustausch aufstieg, denn Handel benötigt Sicherheiten und Regeln. Durch den Austausch von Geschenken und Gaben auf der Grundlage von religiöser Verpflichtung und Kenntnis des anderen entstanden diese Regeln erst – noch gab es ja kein international verbindliches Handelsrecht. Das Handwerk prosperierte, wenngleich es in auch wirtschaftlich enger Verbindung zum Großen Mann, der die Ressourcen kontrollierte, gedacht werden muss. Sei es durch Veränderung des Klimas, Ermüdung der Böden, Bevölkerungszuwächse, sei es durch kriegerische Einfälle oder Migrationsbewegungen aus dem Südosten, die reiche, handwerklich prosperierende und händlerisch erfolgreiche Aunjetitzer Kultur verschwand spurlos. In den Gebieten, mit denen sie verbunden war, begann am Beginn der mittleren Bronzezeit (1600 bis 1200 vor Christus) ein mühsamer, aber durchaus wahrnehmbarer Aufschwung. Das Metallhandwerk wurde inzwischen europaweit von Schweden bis zu den Alpen ausgeübt. Die neolithischen Bauerngemeinschaften des Nordens entwickelten eine eigene Bronzeproduktion mit eigenen Formen, die eine sich entwickelnde Religion und Weltsicht dokumentierte, in deren Mittelpunkt die Sonne und ihre Reise stand. Der Totenkult änderte sich zusehends. Die Verstorbenen wurden unter großen Grabhügeln begraben, auf dem Rücken liegend, in den Himmel blickend. Diese Hügelgräber nutzte man für Mehrfachbestattungen, so wie wir es noch heute von Familiengrüften und Mausoleen kennen. Die Beisetzungen, auch das ein Indiz dafür, dass

In der späten Bronzezeit, in der es bereits einen Kriegerstand gab, existierte eine wahre Formenvielfalt an Schwertern.

sich die Gemeinschaften zu Gesellschaften wandelten und ganz entfernt eine zaghafte Ethnogenese wetterleuchtete, spiegelten familiäre oder sippenhafte Beziehungen wider, die allerdings noch nicht vollständig zu erklären sind.

In der Bronzebearbeitung nahmen der Einsatz und die Vielfalt der Gusstechniken zu. Aus den Großen Männern wurden Häuptlinge, ja Fürsten, wie man an den reichen Grabausstattungen erkennen kann. Überall um das Aunjetitzer Gebiet lässt sich dieser Fortschritt erkennen, sowohl im Norden als auch im Süden als auch im Osten. Der Übergang von der Hügelgräberzeit, der mittleren Bronzezeit zur Spätbronzezeit (1200–800 vor Christus) erfolgte schleichend, nicht als Bruch, sondern als ein Steigerung, als ein Mehr an Handwerksformen, ein Mehr an Grabbeigaben, ein Mehr an Handel, ein Mehr an Siedlungstätigkeit. Es entstanden Siedlungen mit kleineren, dafür aber mehr Häusern, in denen nun Familien im heutigen Sinn lebten. Das Werden einer Gesellschaft setzt kleinere Einheiten voraus, die sich wiederum zu größeren zusammensetzen können. Die Römer kannten von alters her drei Namen, die jeder Vornehme trug. Zum einen den Eigennamen der Person, einen Beinamen der Familie, der er entstammte, und den Namen des Geschlechts, dem diese angehörte. Im Namen des Geschlechts (»Gens«) leitete sich die Person als Glied einer langen Tradition von einer Gründerfigur her. Caius Julius Caesar beispielsweise hieß mit Eigennamen Caius, und Caesar war der Beiname der berühmtesten Familie der Gens Iulia, die sich auf Iulus (= Askanios, der Sohn des Aeneas) zurückführte. Der Himmel und der Sonnenkult nahmen an Bedeutung zu, doch als Gegengewicht dazu durften die Fruchtbarkeitsgötter nicht vernachlässigt werden. Der auffälligste Unterschied zwischen den beiden Epochen in den Grabsitten zeigt sich in der sich durchsetzenden Urnenbestattung, ohne dass Körperbestattungen und Hügelgräber ganz aufhören. Körperbestattungen müssen im Übrigen nicht an die großen Grabhügel gebunden sein, sie können auch in anderen Typen, etwa in Steinkistengräbern stattfinden. Aber aus dem Südosten kommt eine neue Sitte, wahrscheinlich auch mit neuen Einwanderern, nämlich die Toten zu verbrennen. Wenn der vergängliche Körper nur die Hülle der Seele auf Erden ist, dann befreit man sie zeitlich früher aus dieser Hülle und ermöglicht ihr Eingehen in die andere, in die ewige Welt weitaus rascher, wenn man den Körper verbrennt und somit die Seele erlöst. Zunächst wird der Körper den Flammen übergeben, zumeist über der Grabstelle, und dann werden die Überreste im Flachgrab, das wieder durch Steine umstellt oder selbst eine Steinkiste ist, zerstreut. Dem Verstorbenen werden Speis und Trank für die Reise in Keramik mitgegeben. Schließlich wird die Asche selbst in Keramik, in einer Urne beigesetzt. Große Felder, ganze Friedhöfe mit diesen Beisetzungen entstanden, deshalb nannte man sie auch Urnenfelder und die Leute, die diesen Grabbrauch pflegten, Urnenfelder Leute oder Urnenfelderkultur. In der Chronologie ist sie die letzte bronzezeitliche Kultur, die in viele Kulturen und Gruppen unterteilt wird, die sich hinsichtlich ihrer Keramik, ihres Siedlungsgebietes und anderer Merkmale unterscheiden.

Größerer Reichtum bringt Neid hervor und entfacht das Begehren. Die Höhensiedlungen wurden zu Burgen, die über meterhohe und sehr dicke Wälle verfügten. Oftmals wurden bereits angelegte Höhensiedlungen erweitert und ausgebaut wie auf dem Alten Gleisberg bei Jena, aber auch der Jenzig, die Schalkenburg bei Quenstedt oder die Heunischenburg in Bayern. Diese befestigten Höhensiedlungen, die sicher auch in der Nähe lebende Bauern als Fluchtburg benutzten, mussten verteidigt werden. Eine Kriegerkaste bildete sich heraus, wie es uns auch die Vielzahl der Schwerter bestätigt, die in Depots gefunden worden sind. Die Sitte der Opferung in Depots erreichte in der Urnenfelderzeit ihren Höhepunkt. Zentnerschwere Depots mit Brucherzen oder Bronzebarren wurden gefunden, Horte mit Schwertern oder Lanzen, wie das Depot von Kehmstedt, in dem sich sieben Schwerter und eine Lanzenspitze befanden, oder von Bothenheilingen mit sechs

So könnte sie ausgesehen haben: eine der spätbronzezeitlichen Höhensiedlungen, die aus einer frühbronzezeitlichen Höhensiedlung erwachsen ist.

Schwertern. Die verschiedenen Formen der Schwerter weisen auf weit reichende Beziehungen bis nach Frankreich hin, wie man am Auvernier-Schwert sieht. Über wie viel Reichtum muss man aber verfügen, wenn man es sich leisten kann, so viel Bronze dem wirtschaftlichen Kreislauf zu entziehen und zu opfern? Die Krieger besaßen Schwerter, Dolche und Pfeil und Bogen. Sie benutzten Pferde und trugen Bronzehelme und teilweise Rüstungen in der Art von Brustharnischen. Die Zeiten waren kriegerisch und stürmisch. Es ging um Macht und Besitz, aber auch um Landgewinn. In ganz Mitteleuropa saßen Fürsten in ihren befestigten Siedlungen und Burgen, kontrollierten das Land und die Bauern. Sie fungierten selbst nicht mehr als Priester, sondern hatten dafür einen Spezialisten für Kultfragen. Dieser Priester nahm nun mit seinen Gehilfen die Opferungen vor. Die neuen Götter, besonders aber die Mutter Erde, deren Kult aus dem Süden kam, die in Kleinasien verehrt wurde, über Südosteuropa mit Einwanderern nach Zentral- und Mitteuropa drang, forderte Menschenopfer. Zumeist opferte man sehr junge Menschen, die aus Altersgründen noch nicht initiiert waren, noch nicht zur Gemeinschaft der Frauen oder der Männer gehörten und mithin in der sakralen Handlung die Rolle des Fruchtbarkeitsgottes übernehmen konnten, der unter den Männern aufgeteilt wurde, die im geheimen Teil des Ritus die Opferspeise, die aus Getreide, Tier und Mensch bestand, zu sich nahmen. Durch die gemeinschaftliche

Mahlzeit hatten sie den Bund mit dem Gott oder der Göttin, die sie in sich aufnahmen, geschlossen und erneuert und wurden wieder Kinder der Göttin. Es scheint, als ob diese schaurige Sitte sich nur bis Mitteleuropa ausbreitete, dort wo sich die Gesellschaften bereits in Herrschaftsverhältnisse begeben hatten. Im Norden, wo noch lange eine gewisse Gleichheit und Demokratie geherrscht haben mag, ist sie nicht belegt, zumal dort die Sonnenreligion vorherrschte.

Das gesamte Gebiet Deutschlands, Böhmens und Mährens, Österreichs und Kleinpolens teilte sich in besiedelte Gebiete, in denen Ackerbau und Viehzucht, Handel und Handwerk prosperierten. Auch in Mitteldeutschland hat ein Aufschwung stattgefunden, der sich nach einer dunklen, fundarmen Periode plötzlich wieder im archäologischen Befund zeigt. In Thüringen bildete sich die Unstrut-Gruppe heraus, die im Thüringer Becken und am Südharz lebte. Sie besaß bereits Webstühle, mit denen sie Tücher bis zu 2 Meter Länge herstellen konnte. Ihre Fürsten lebten auf den Höhensiedlungen auf dem Alten Gleisberg bei Graitschen, auf dem Jenzig und dem Johannisberg bei Jena und auf der Altenburg bei Nebra. Die Bauern benutzten Bronzesicheln, deren ergonomisch perfekte Handform noch heute staunen macht. Außerdem gehörten Messer, Beile und Sägen aus Bronze zum verfügbaren Handwerkszeug. Auf der einen Seite huldigte man den Göttern in einem sehr blutrünstigen Glauben, in dem Amulette aus menschlichen Unterkiefern und ritueller Kannibalismus eine wichtige Rolle spielten, auf der anderen Seite gab es bereits Menschen, die sich darüber hinwegsetzten und Grabräuberei betrieben. In einem Grab bei einem Dorf mit dem zufällig dazu passenden Namen Altengottern wurde ein Grab mit deutlichen Anzeichen antiker Grabräuberei gefunden. Der Spitzbube grub einfach einen Schacht in den Grabhügel und plünderte die wertvollen Beigaben. Sicher gehörte der Grabräuber nicht der Familie oder Sippe des Beerdigten an. Doch das zeigt, wie unsicher die Zeiten waren, wie viele Fremde durch dieses Gebiet zogen.

Denkbar, dass es Angehörige der Saale-Unstrut-Gruppe waren, denen Hadhu beim Kyffhäuser begegnete und die die Höhlen des Gebirges als Kulthöhlen nutzten, in denen man der Großen Mutter opferte, der Vegetations- und Fruchtbarkeitsgöttin, aus der im Alten Orient Astarte, bei den Griechen Artemis und bei den Römern Demeter wurde. Sie trat zusammen mit Hirschdarstellungen auf. Der Kultwagen von Strettweg zeigt eine Prozession, die der Großen Göttin gilt. In der Mitte ist die Göttin selbst dargestellt, eine sehr große Frauenfigur, die eine Opferschale hält. Auf dieser Schale dürfte das zu Opfernde gelegen haben, Blut, Getreide, aber auch Köpfe, die man erhitzte und denen man dann die Schädeldecke öffnete, denn rituell sollte das Gehirn verspeist werden. Vor, neben und hinter der zentralen Göttin tanzten Männer und Frauen. Krieger auf Pferden mit Helmen, Lanzen und Schilden begleiteten oder bewachten sogar die Gruppe, die vorn in der Mitte einen Hirsch mit sich führte. Sie hatten Kontakt, wie die Funde belegen, zu ihren Nachbarn. Östlich und nördlich von ihnen lebten Menschen, die man heute zur Helmsdorfer Gruppe rechnet. Befestigte Höhensiedlungen unterhielten sie bei Bösenburg auf dem Burgberg, der etwa 600 Meter lang und 250 Meter breit ist, bei Quenstedt auf der Schalkenburg, bei Ballenstedt. An der unteren Saale zeigte sich eine so genannte Saalemünder Gruppe, die sich nur in den Details von ihren Helmsdorfer und Saale-Unstruter Nachbarn unterschied. Östlich von ihnen aber bildete sich die bedeutendste urnenfeldzeitliche Gruppe in der Region heraus, die Teile Polens, Böhmens und Mährens, Südmecklenburgs und Ostbrandenburgs umfasste und die auch auf dem Territorium siedelte, auf dem heute Berlin steht, nämlich die Lausitzer Gruppe. Die Archäologen unterscheiden hier diverse Untergruppen. Die Lausitzer scheinen aus der Vorlausitzer Gruppe der mittleren Bronzezeit hervorgegangen zu sein. Sie begruben ihre Toten in Körper-, vor allem aber in Brandbestattungen, für die sie große Urnenfelder als Friedhöfe anlegten. In Lossow errichteten sie eine Höhensiedlung, deren Holz-Erdwall sechs Meter hoch und 3,5 Meter breit war. Im polnischen Biskupin konnte eine befestigte Siedlung ausgegraben werden, die rekonstruiert und wiederaufgebaut worden ist.

In Süddeutschland entstanden ebenfalls rekonstruiert eine Wasserburg bei Bad Buchau neu und am Bodensee die Pfahlbauten und Pfahldörfer. Bei Poing wurde ein ganzer Wagen mit in das Grab gegeben. Reste eines beigegebenen Wagens wurden auch in Gräbern in Baden-Württemberg und in Hessen festgestellt. Die Sitte, Pferd und Wagen mit in das Grab zu geben, herrschte schon weitaus früher bei den Kurgan-Leuten in der südrussischen Steppe. Den großen Reichtum der Fürsten erkennt man an den reichen Beigaben in den Gräbern, wie Pferde, Wagen, Waffen, Gold- und Bernsteinschmuck. Die mit Sicherheit prächtigen Gewänder haben sich leider nicht erhalten. Überall zeigt sich das gleiche Bild des Lebens und der übergreifenden religiösen Symbole wie Sonnenräder, Pferde- und Vogelköpfe, die allesamt zum religiösen Komplex der Sonne und ihrer Reise stehen. Ob Sonnenkult und Fruchtbarkeitskult, in dessen Zentrum die Große Mutter stand, sich ausschlossen oder parallel oder amalgamiert praktiziert wurden,

Der Eingang zu dem erstaunlichen Großsteingrab von Kivik aus der Nordischen Bronzezeit, die Grablege eines sehr bedeutenden Mannes war.

darüber lässt sich nach dem derzeitigen Stand der Forschung nichts sagen.

Im Jahr 1853 wurden in Baalberge bei Köthen Steinkisten geborgen, die im Inneren bemalt waren. Man konnte nur noch feststellen, dass sie die Hinterbliebenen von oben nach unten weiß, schwarz, rot gefärbt hatten. Nicht nur die Häuser wurden farbig gestaltet, auch die Grabkisten als Häuser der Toten waren mit gemalten Botschaften geschmückt. Leider gingen viele dieser Botschaften verloren, aber auf einem der eindrucksvollsten Funde der Nordischen Bronzezeit erzählen sie ein ganzes Ritual. Bereits im 18. Jahrhundert grub man einen großen Steinkegel, der einen Durchmesser von 75 Metern hatte, in der Nähe des schwedischen Ortes Kivik aus. Darunter befand sich eine Steinkammer von 4,40 Metern Länge, die aus neun Steinplatten bestand. Leider wurden sie bei der Bergung schwer beschädigt, und die neunte fehlt ganz, sodass es schwierig ist, die Geschichte, die in den Bildern erzählt wird, zu dekodieren. Zeichnungen von Doppeläxten und Kegeln lassen es als sehr wahrscheinlich erscheinen, dass hier ein Priester begraben wurde, zumindest jemand, der für die Menschen eine außerordentlich große Bedeutung besaß. Die Bilder begleiteten den Toten in die andere Welt und konnten von den Trauernden nicht eingesehen werden. Sie wirken wie eine Prozession, wie eine Reise, wie ein Zug durch die Zeit. Zu den

Steinplatten des Sarkophags des bedeutenden Mannes, die eine geheimnisvolle Jenseitsreise darstellen.

einzelnen Bildmotiven gehören ein Goldkegelhut, wie Hadhu ihn trug, zwei rituelle Doppeläxte, die als religiöses Symbol bis nach Griechenland belegt sind, Schiffe, Sonnenräder, Pferde und Rinder, geschwungene Gestalten, die wie große Vögel oder Priester in langen Umhängen wirken, zwei Menschen, die zwischen sich eine Pflanze, womöglich einen Lebensbaum haben, den sie berühren, und die von einem oben offenen Kreis umgeben sind, ein Mann auf einem Streitwagen, eine Gruppe von drei tanzenden und anbetenden Menschen, wie wir sie auch auf dem Stein von Anderlingen aus Niedersachsen besichtigen können. Dazwischen befindet sich ein Mensch mit einem der ältesten Musikinstrumente der Menschheit, einer Lure, die man sich vom Klang ein wenig wie ein Alphorn vorstellen muss. Diese Form der Anbetung schien überregional verbindlich zu sein. Die Sonne begibt sich auf eine mythische Reise, sie fährt auf einem Schiff, wird getragen, weitergereicht und schließlich von helfenden Geistern und Göttern übergeben und unterstützt. Diese helfenden Geister mögen uns in den Wesen, die wie Vögel oder Priester wirken, entgegentreten und Mischwesen darstellen. In der babylonischen Mythologie existieren Mischwesen, die dem Sonnengott zuzuordnen sind. Es sind dies der Skorpionmensch, der Löwenmensch, der Fischmensch und der Stiermensch. Sie wehren Gefahren und böse Dämonen ab, beschützen die Sonne und auch hin und wieder den Menschen und gelten als mächtige Wächter. Sie vereinen die Kraft und den Verstand des Menschen mit den besonderen Kräften, die dem Tier zugesprochen werden, mit dem sie jeweils vermischt, also magisch erschaffen wurden. Im alten Mesopotamien zierten sie die Eingänge von Palästen und Tempeln und spielten eine Rolle in vielfältigen Beschwörungszeremonien. Ihre Funktion bestand darin, Schaden abzuwehren. Die Sonne passiert zweimal am Tag die Grenze zwischen Diesseits und Jenseits. Diese Grenze wird vom Skorpionmenschen bewacht.

> »Als er an den Zwillingsberg herankam,
> der täglich den Aufgang der Sonne bewacht,
> – seine beiden Gipfel stützen das Himmelsgefüge,
> unten reicht deren Brust bis an die Unterwelt heran –
>
> da halten Skorpionmenschen Wacht an dessen Tor,
> die furchtbaren Schrecken erregen; sie anzusehen, führt zum Tod!
> Angsteinflößend ist ihr Strahlenglanz, er hält das Gebirge bedeckt!
> Beim Sonnenaufgang und beim Sonnenuntergang bewachen sie die Sonne.«
> (*Gilgamesch-Epos*, Neunte Tafel)

Nun werden wir selbstverständlich nicht erwarten dürfen, den Skorpionmenschen auf den Grabsteinen von Kivik zu finden, doch die von den Mischwesen bewachte Pforte ist auch im Norden bekannt, sie lassen die Sonne passieren, verwehren aber allen anderen den Eintritt, mit Ausnahme befugter Personen, wie der Tote von Kivik einer gewesen sein könnte. Mit anderen Worten, es ist durchaus vorstellbar, dass die auf den Grabsteinen dargestellte Reise nicht nur die Reise der Sonne, sondern auch die Reise der Seele des Verstorbenen darstellt, der sich als Ahn dem Gefolge der Sonne anschließt und so ins Jenseits, in die einzige und wirkliche, weil ewige Welt gelangt.

Als »Sohn des Sonnengottes« hält der Stiermensch beispielsweise auf syrischen und anatolischen Darstellungen die Sonnenscheibe in der Hand. Diese Mischwesen sind also im Vorderen Orient im Zusammenhang mit der Sonne und dem Sonnengott zu denken, sie sind Begleiter oder Helfer der Sonne.

Der Weltenbaum, der Lebensbaum wird in den mesopotamischen Mythen, in der Bibel, ja auch später in der germanischen Vorstellung immer wieder aufgerufen. Er verbindet Unterwelt, Welt und Oberwelt miteinander. Er kommt tief aus der Erde, er wächst weit in den Himmel.

>»Drei Wurzeln
gehen nach drei Seiten
von der Esche Ygdrasil;
Hel wohnt unter einer,
unter der andern die Reifthursen,
unter der dritten der Degen Volk.«
(*Edda, Das Grimirlied*)

Ygdrasil ist der Weltbaum der Germanen, der drei Wurzeln besitzt, eine in das Totenreich, das die männerfressende Göttin Hel repräsentiert, eine zu den Frostriesen und eine zu den Menschen. Ein Beben des immergrünen Baums kündigt Ragnarök an, den Untergang der Götter. Doch von der Darstellung, die auf die Grabplatte von Kivik geritzt wurde, geht nicht diese Vorstellung von Leid und Vernichtung aus, sondern die des Anfangs des Lebens. Das Kiviker Bildnis erinnert eher an die Bibel, an Adam und Eva als an die Untergangsprophetie der Edda. In dem Urei, in dem Mann und Frau den Weltbaum anbeten, sind sie geschützt. Der Weltbaum steht für die Macht des Lebens und für die Ewigkeit der Seele, indem er die drei Sphären verbindet. Die Seele des Toten reist wie die Sonne durch die Gefahr, durch Tod und durch Wiedergeburt und wird so zur Ewigkeit, die sich immer wieder neu erschafft. Diese Reise, die auf den Grabplatten erzählt wird, könnte von den Menschen in überhöhter Weise auch als Totenritus gefeiert worden sein. Ein Priester mit dem Goldhut leitete das Ritual, das mit sakralen Gegenständen wie den Doppeläxten, die eine kultische Bedeutung als Opferäxte anzeigen, durchgeführt wurde. Ob sie wie der Sonnenwagen von Trundholm Teil eines technisch-sakralen Mechanismus waren, wie der Wissenschaftler Christoph Sommerfeld vermutet, lässt sich nicht sagen, doch Goldhut und Doppelaxt zeigen, dass wir es mit einem besonderen Ritual zu tun haben, das nur von einem Priester durchgeführt werden kann und das womöglich für einen Priester stattfand, nämlich für den Toten im Steingrab. Ob es die Flotte von Nors ist, die aus 100 kleinen Goldbooten bestand, oder der Schatz von Bernstorf, der als unvergänglicher Goldschmuck von einem priesterlichen Bekleidungsensemble übrig blieb, von Norden bis Süden, von Osten bis Westen erlebte die Bronzezeit in ihrer letzten Epoche eine vielgestaltige, bisher nur im Ansatz interpretierte und interpretierbare Blüte.

Hadhu aber, der zwischen den Menschen stand, deren kannibalischen Kult er unterbrochen hatte, und vor dem sein großer Goldhut lag, wusste, dass er eine heilige Handlung gestört hatte und dass er nicht auf Gnade hoffen durfte. Da er als Erwachsener und mithin Unreiner nicht geopfert werden konnte, durfte man ihn an diesem heiligen Ort auch nicht töten. Der Priester befahl zwei Männern, Hadhu weit weg von ihnen zu führen und ihn im Großen Fluss zu ertränken. Zwei Tage waren sie unterwegs. Hadhu, dem die Hände auf den Rücken gebunden waren, wurde in der Mitte des Großen Flusses vom Boot geworfen. Unter Wasser gelang es ihm, die Fesseln zu lösen. Mehr tot als lebendig schwamm er an das andere Ufer und verbarg sich unter den Wurzeln einer Pappel, die ins Wasser ragte. Als er Tage später ohne Goldhut, der war beim Priester in der Höhle geblieben, erschöpft durch die Siedlungen lief, sah alles aus wie früher, nur die Bauern schienen ihn böse anzuschauen und wichen ihm aus, als hätte er das Unglück im Schlepptau oder den bösen Blick. Nichts Gutes ahnend beschloss er, im Schutz der Dunkelheit zur Höhensiedlung zu schleichen. Als er sich dem Hauptplatz näherte und sich unter das Volk mischte, wurde ihm bewusst, dass ein Fest gefeiert wurde, und in der Mitte des Platzes entdeckte er den Priester aus der Höhle mit seinem Goldhut auf dem Kopf inmitten seiner Krieger, von denen er ein paar wiedererkannte. Zu seinem Schrecken sah er den Großen Mann der Höhensiedlung, der dem fremden Priester huldigte. Dieser fremde Priester war der neue Fürst und sein Gott der neue Gott, zu dem sich in Demut unter ihm stehend die alten Götter bewegten. Hadhu schlich aus der Höhensiedlung und ging über ein Feld unter einem mächtigen Sternenhimmel, der endlos war, in eine Ferne, von der er nichts wusste und von der er auch nichts erwartete. Da diese Leute aus dem Süden kamen, ging er nach Norden ... in die Geschichte ... zu einem neuen Anfang.

Sein Goldhut wurde gefunden und außer ihm noch drei weitere, einer in Avanton bei Poitiers in Frankreich, ein zweiter in Schifferstadt bei Speyer, ein dritter in Ezelsdorf-Buch in der Nähe von Nürnberg, und der vierte, dessen Herkunft nicht ermittelt werden konnte, wurde für eine bedeutende Summe dem Museum für Vor- und Frühgeschichte in Berlin verkauft. Außerdem kann man diesen Hut in bildlichen Darstellungen auf Steinen, Wänden und Siegeln entdecken, wie beispielsweise auf sumerischen Rollsiegeln oder eben auf der Grabplatte von Kivik. Das legt die Vermutung nahe, dass der Goldhut als universeller Bestandteil zur Kleidung der Priester in der späten Bronzezeit gehörte. Da die übrige Bekleidung und auch die konkreten Inhalte der einzelnen Religionen sich unterschieden, kann der Hut nur auf ein zentrales religiöses Element deuten, auf das er buchstäblich verweist, nämlich auf die Sonne. Die Sonne nahm in allen spätbronzezeitlichen Religionen eine zentrale Stellung ein, vielleicht darf man sie sogar den Hauptgott der späten Bronzezeit nennen.

Die Form des Goldhutes überliefern auch hebräische Darstellungen. In der frühen Neuzeit gelten sie als Ketzer- und Heidenhüte, die man den armen Menschen aufsetzte, bevor man sie zum Autodafé trieb und verbrannte. Sie stellen für uns, und hier schließt sich auf eigenartige und doch seltsam folgerichtige Art und Weise der Bogen in die Gegenwart, noch heute den Hut des Zauberers schlechthin dar, wie wir von Kindergeburtstagen, vom Kinderfasching aus unserer Kindheit und inzwischen von Harry Potter wissen, wenngleich er nicht mehr aus Goldblech getrieben und so reich und rätselhaft verziert ist und sich im Laufe der Jahrtausende an ihm auch allerhand Tand angesammelt hat. Dennoch bleibt die Mondsichel die Mondsichel, ob sie nun auf der Himmelsscheibe von Nebra dargestellt oder auf den Zauberkegelhut eines heutigen Kindes geklebt wurde.

Der Berliner Goldhut ist mit seinen 74,5 Zentimetern Höhe und seinen 450 Gramm Gewicht der größte der vier. Er ist wie die anderen Hüte, wie auch die Gold- und Bronzeschilde und Amphoren aus dieser Zeit, so wie der Schild von Herzsprung und die Sonnenscheibe des Sonnenwagens von Trundholm mit Buckeln verziert, die eine regelmäßige Anordnung verraten. Der Direktor des Berliner Museums, Wilfried Menghin, hat herausgefunden, dass diese ominösen Buckel einen lunisolaren Kalender darstellen, das heißt einen modernen Kalender, bei dem bereits Sonnen- und Mondjahr verschaltet worden sind. Im Jahre 432 vor Christus hatte der Grieche Meton in Athen den 19-jährigen Mondzyklus berechnet und damit die Grundlage für unseren modernen Kalender geschaffen. Doch nun stellt sich heraus, dass die mitteleuropäischen Priester des Sonnengottes das bereits vor ihm herausgefunden und praktisch umgesetzt hatten. Unwahrscheinlich ist diese Interpretation deshalb nicht, weil die bronzezeitlichen Priester Mitteleuropas seit jeher die Herren der Zeit waren, denn wer die Zeit besaß, dem gehörte das Leben, der übte Herrschaft aus. Als Herren der Zeit beobachteten sie über Jahrtausende hinweg intensiv Sonne, Mond und Sterne vom Observatorium von Goseck bis zur Goldhütezeit, vom fünften bis zum ersten vorchristlichen Jahrtausend. Auch wenn sich die Gemeinschaften zu Gesellschaften entwickelten, neue Leute kamen, die sich mit der einheimischen Bevölkerung vermischten und arrangierten – die religiösen Ideen, zu denen das astronomische Wissen gehörte, das aus Beobachtungen entstanden war, erhielten sich, wurden weitergegeben, bearbeitet und transformiert, auch ohne Schrift. Auch für den Hut von Schifferstadt liegen Berechnungen und Untersuchungen vor, die auf die kalendarische Nutzung seiner Ornamente verweisen. Nach Berechnungen des Schweizers Martin Kerner erfüllte auch die Himmelsscheibe von Nebra eine kalendarische Funktion. Die jüngste Hypothese, die in der Himmelsscheibe einen lunarsolaren Kalender sehen möchte, scheint nicht recht glaubhaft, zumal sie sich auf die Dicke der Mondsichel eines 2–3 Tage alten Neumondes bezieht und einen sehr weit weg liegenden und eher apokryphen Text aus dem Vorderen Orient zum Beweis anführt. Es ist verständlich, dass man wieder eine Neuigkeit zur Scheibe benötigt, aber etwas konziser und kohärenter wäre wünschenswert.

Doch die Zeit galt niemals als die Zeit des Menschen, sie war immer die Zeit der Götter, an der die Menschen teilhaben durften. Nur aus dieser Perspektive lassen sich astronomische Sachverhalte auf den Hüten, Scheiben und Schilden begreifen: als eine groß angelegte und demütige Verehrung und Erkenntnis göttlichen Wirkens. Im Ritual erlebten die Menschen der Bronzezeit die göttliche Zeit und mithin das wahre Leben. Ein Verständnis ihres Leben muss von diesem Mittelpunkt ausgehen, der sich in Goseck und Stonehenge, an den Grabhügeln von Leubingen und Helmsdorf, in den Höhlen des Kyffhäusers und im Grab von Kivik Orte, Raum, ja Geografie geschaffen hatte, um die göttliche Zeit als inneren Sinn erleben zu können. In unserem säkularen Zeitalter können wir kaum diese Weltsicht verstehen. Die Menschen der Bronzezeit waren alles andere als modern. Der Bruch mit ihrem Weltverständnis ereignete sich spätestens im 17. und 18. Jahrhundert nach Christus, als die Aufklärung das Gottweltbewusstsein der Alten zerbrach und der moderne Mensch entstand, der ein privater und erst in zweiter Linie ein öffentlicher und eventuell auch religiöser Mensch ist.

Während wir Hadhu nachschauen, der immer weiter nach Norden geht, ohne Hoffnung im Herzen, aber nicht ohne Zukunft, wie einst seine Urahnen väterlicherseits, spüren wir einen sanften Zeitsturm, der uns sacht anhebt. Ein wenig ergeht es uns wie Benjamins Engel der Geschichte. Während der Sturm der Geschichte unsere Flügel aufgespannt hat und uns hindert, sie zu schließen, entfernen wir uns bereits von dem, was wir noch ansehen. Wir haben das Antlitz der Vergangenheit zugewandt und werden rückwärts vorwärts getrieben in unsere Gegenwart. Nur sehen wir im Gegensatz zum Engel der Geschichte keine Katastrophen, sondern Menschen, die versuchten, ihrer kurzen Lebensspanne einen Sinn zu geben. Einen letzten Blick werfen wir auf die großartige frühe Epoche Europas, in der dezentrale Vernunft funktionierte im Gegensatz zur zentralen Bürokratie, die man noch nicht kannte. Doch in unserer nun schon historischen Perspektive entdecken wir die Stämme, die später Germanen heißen werden, die Sueben und Kimbern, die gen Süden drängen, und die Verbände, die später Kelten genannt werden, die aus dem Westen kommen, und der Osten steuert die Kimmerer bei, allesamt Männer des Eisens, das überall zu finden ist und keines Handels, keiner Absprachen mehr bedurfte, sondern nur ein entschlossenes Zugreifen verlangte. Im achten vorchristlichen Jahrhundert gehen die spätbronzezeitlichen Kulturen in die germanischen und keltischen Stämme über, indem sich die ortsansässige Bevölkerung mit den Ankömmlingen aus dem Norden, aus Schweden, Dänemark und Norddeutschland oder aus dem Westen vermischt. Doch das ahnen wir nur noch aus der Ferne, denn schon wird der Sturm kräftiger, wir fallen in ein Zeitloch, sind schneller als gedacht im Heute und reiben uns die Augen.

Fand diese Reise wirklich statt, oder war es nur ein Traum? Und während wir darüber noch nachdenken, entdecken wir ein *Harry-Potter*-Plakat mit dem Zauberhut, dessen Form wir ja gut genug kennen, sehen Bilder von den sieben Zwergen, die in einem Bergwerk wie im Mitterberg arbeiten und auch am Berg abseits der Siedlungen wohnen wie ihre bronzezeitlichen Vorbilder. Wir schauen auf unseren Ehering, spielen mit unseren Kindern das Brettspiel »Die Böse Sieben« oder denken bei ihrer Kommunion an die Initiationen der Bronzezeit. Wenn wir nur die Augen aufmachen und genau in unseren Alltag schauen, werden wir staunen, wie viel wir in unserer unmittelbaren Gegenwart wiederentdecken von dem, was wir während unserer Reise durch die Bronzezeit gesehen haben.

Unter unseren Füßen harrt eine große Epoche ihrer Entdeckung. Viel wurde geleistet und wenig ist getan, das weitaus meiste ist noch unentdeckt. Die Prähistoriker und Archäologen haben sich der schwierigen und Geduld erfordernden Entdeckung dieses Kontinents weit vor unserer Zeit verschrieben. Dass ihnen dafür die notwendigen Gelder zur Verfügung gestellt werden, ist ihr gutes Recht und die Pflicht der Gesellschaft, auch wenn der eine oder andere kurzsichtige Kämmerer meinen mag, die Investitionsmittel gehörten zum Großteil in die technischen oder Naturwissenschaften, weil sie Rendite und Zukunft versprechen würden. Wie wir kommenden Problemen wie der Klimaveränderung, der Überbevölkerung, der Migration und der Globalisierung wirksam begegnen können, lernen wir aus der Vergangenheit, denn diese Probleme sind alles andere als neu. Es hat Klimaveränderungen größten Ausmaßes gegeben. Denken wir an die Eiszeit, als deren Folge der Neandertaler von der Erde verschwand. Es veränderten mehrere Globalisierungen die Welt gründlich, und große Migrationsströme schufen neue Völker und zerstörten Weltreiche. Wir sind, ob wir das wahrhaben wollen oder nicht, das Produkt von Klimakatastrophen, Einwanderungswellen und erfolgreichen Globalisierungsschüben. Wer seine Vergangenheit nicht kennt, hat keine Zukunft. Er bleibt ein Lemming, trotz technischer Möglichkeiten. Auf das Ende der Lemminge geschaut ist es schließlich gleich, auf welche Weise – auf die althergebrachte oder die hoch technisierte – man zukunftsblind auf die Katastrophe zusteuert.

Doch der Mensch ist kein Lemming, denn er besitzt ein Gedächtnis. Geschichtswissenschaft ist dazu da, diesem wunderbaren Gedächtnis auf die Sprünge zu helfen und uns eine wertvolle Bekanntschaft zu vermitteln, nämlich die mit unseren näheren, ferneren und nur scheinbar ganz fernen Vorfahren, den Ahnen der Bronzezeit zum Beispiel. Vergessen wir nicht, die erste geistige Operation, die den Menschen zum Menschen machte, war die Erinnerung.

Auswahlbibliografie und Quellen

I. Auswahlbibliografie

A. Allgemeine Darstellungen

Assmann, Jan: *Ägypten*, Frankfurt 1999

Assmann, Jan/Müller, Klaus E. (Hrsg.): *Der Ursprung der Geschichte. Archaische Kulturen, das alte Ägypten und das frühe Griechenland*, Stuttgart 2005

Ausst.-Kat. *Mykene – Nürnberg – Stonehenge. Handel und Austausch in der Bronzezeit*, Nürnberg 2000

Birkhahn, Helmut: *Die Kelten*, Wien 1997

Dahlheim, Werner: *Die Antike. Griechenland und Rom*, Paderborn 1994

Eggebrecht, Arne (Hrsg.): *Das alte Ägypten. 3000 Jahre Geschichte und Kultur des Pharaonenreiches*, München 1984

Harding, Anthony F.: *European Societies in the Bronze Age*, Cambridge 2000

Hrouda, Barthel (Hrsg.): *Der alte Orient. Geschichte und Kultur des alten Vorderasiens*, München 1991

Klengel, Horst: *König Hammurapi und der Alltag Babylons*, Zürich 1991

Korn, Wolfgang: *Megalithkulturen. Rätselhafte Monumente der Steinzeit*, Stuttgart 2005

Krause, Arnulf: *Die Geschichte der Germanen*, Frankfurt/New York 2002

Kulke, Hermann/Rothermund, Dieter: *Geschichte Indiens. Von der Induskultur bis heute*, München 1998

Maier, Bernhard: *Die Religion der Germanen. Götter – Mythen – Weltbild*, München 2003

Müller-Karpe, Hermann: *Handbuch der Vorgeschichte, Bd. IV: Bronzezeit*, 3 Teilbde., München 1980

Müller-Karpe, Hermann: *Grundzüge früher Menschheitsgeschichte*, 5 Bde., Stuttgart 1998

Wiesehöfer, Josef: *Das antike Persien*, Zürich 1993

Wiesehöfer, Josef: *Das frühe Persien. Geschichte eines antiken Weltreichs*, München 1999

B. Bronzezeit in Mittel- und Nordeuropa

Ausst.-Kat. *Der geschmiedete Himmel. Die weite Welt im Herzen Europas vor 3600 Jahren*, Stuttgart 2004
Ausst.-Kat. *Menschen – Zeiten – Räume. Archäologie in Deutschland*, Berlin 2002
Behm-Blancke, Günter: *Höhlen – Heiligtümer – Kannibalen*, Querfurt 2005
Freeden, Uta von/Schnurbein, Siegmar von (Hrsg.): *Spuren der Jahrtausende. Archäologie und Geschichte in Deutschland*, Stuttgart 2002
Hänsel, Bernhard: *Mensch und Umwelt in der Bronzezeit Europas*, Kiel 1998
Probst, Ernst: *Deutschland in der Bronzezeit*, München 1996

C. Religionsgeschichtliche und ethnologische Literatur

Asmussen, Jes Peter/Laessøe, Jørgen/Colpe, Carsten (Hrsg.): *Handbuch der Religionsgeschichte*, 3 Bde., Göttingen 1971–1975
Burkert, Walter: *Kulte des Altertums, Biologische Grundlagen der Religion*, München 1998
Eliade, Mircea: *Schamanismus und archaische Ekstasetechnik*, Frankfurt 1974
Eliade, Mircea: *Schmiede und Alchimisten*, Stuttgart 1980
Eliade, Mircea: *Geschichte der religiösen Ideen*, 5 Bde., Freiburg 1997
Eliade, Mircea: *Die Religionen und das Heilige. Elemente der Religionsgeschichte*, Frankfurt/Leipzig 1998
Gennep, Arnold van: *Übergangsriten*, Frankfurt/New York 2005
Haas, Volker: *Magie und Mythen in Babylon*, Gifkendorf 1986
Haas, Volker: *Babylonischer Liebesgarten. Erotik und Sexualität im Alten Orient*, München 1999
Leroi-Gourhan, André: *Die Religionen der Vorgeschichte*, Frankfurt 1991
Lévi-Strauss, Claude: *Strukturale Anthropologie*, 2 Bde., Frankfurt 1967/1975
Mauss, Marcel: *Die Gabe. Form und Funktion des Austauschs in archaischen Gesellschaften*, Frankfurt 1990
Turner, Victor: *Das Ritual. Struktur und Antistruktur*, Frankfurt/New York 2005

D. Quellentexte

Die Schöpfungsmythen. Ägypter, Sumerer, Hurriter, Hethiter, Kanaaniter und Israeliten, Düsseldorf 1998
Das Totenbuch der Ägypter, Düsseldorf/Zürich 1997
Die Unterweltsbücher der Ägypter, Düsseldorf/Zürich 1997
Die Weisheitsbücher der Ägypter, Düsseldorf/Zürich 1997
Ägyptische Mythen und Legenden, Düsseldorf/Zürich 1998
Das Gilgameschepos, übersetzt und kommentiert von Stefan M. Maul, München 2005
Das Lied von Ullikummi. Dichtungen der Hethiter, Leipzig 1977

Haas, Volkert: *Materia Magica et Medica Hethitica*, Berlin 2003
Die Edda, Jena 1914
Homer: *Werke*, 2 Bde., Berlin/Weimar 1983
Herodot: *Historien*, Berlin/Weimar 1985
Hesiod: *Sämtliche Werke*, Leipzig 1965
Strabo: *Geographica*, Wiesbaden 2005
Plinius d. Ä.: *Naturkunde*
– Buch 2: *Kosmologie*, Düsseldorf/Zürich 1974
– Buch 3/4: *Geographie. Europa*, Düsseldorf/Zürich 1988
– Buch 33: *Metallurgie*, Düsseldorf/Zürich 1984
– Buch 34: *Metallurgie*, Düsseldorf/Zürich 1989
– Buch 37: *Steine: Edelsteine, Gemmen, Bernstein*, Düsseldorf/Zürich 1994
Tacitus: *Germania*, Wiesbaden 2000

II. Quellen

Wichtige Einsichten vermittelten mir folgende Bücher, außer denen, die bereits in die Auswahlbibliografie aufgenommen worden sind und ebenfalls als Quellen zu gelten haben:

Monografien:

Beier, Hans-Jürgen: *Das Neolithikum im Mittelelbe-Saale-Gebiet und in der Altmark*, Willkau-Hasslau 1994
Bertemes, François: *Das frühbronzezeitliche Gräberfeld von Gemeinlebarn. Kulturhistorische und metallurgische Studien*, 2 Bde., Bonn 1989
Bertemes, François/Heyd, Volker: *Der Übergang Kupferzeit-Frühbronzezeit am Nordwestrand des Karpatenbeckens. Kulturgeschichtliche und paläometallurgische Betrachtungen*, Halle
Bessel, Wilhelm: *Über Pytheas von Marsillien und dessen Einfluss auf die Kenntnis der Alten vom Norden Europas insbesondere Deutschlands*, Göttingen 1858
Billerbeck, Adolf: *Susa. Eine Studie zur alten Geschichte*, Leipzig 1893
Dumézil, Georges: *Aspekte der Kriegerfunktion bei den Indogermanen*, Darmstadt 1964
Hansen, Svend: *Studien zur Metalldeponierung während der frühen Urnenfelderzeit im Rhonetal und Karpatenbecken*, Bonn 1994
Hergt, Gustav: *Die Nordlandfahrt des Pytheas*, Halle 1893
Hodder, Ian: *The domestication of Europe. Structure and contigency in Neolithic societies*, Oxford 1990
Jensen, Adolf Ellegard: *Die getötete Gottheit. Weltbild einer frühen Kultur*, Stuttgart 1966
Kerner, Martin: *Die Kalenderscheibe von Nebra*, Kirchdorf 2005
Krause, Rüdiger: *Studien zur kupfer- und frühbronzezeitlichen Metallurgie zwischen Karpatenbecken und Ostsee*, Rahden 2003
Lichardus, Jan: *Die Kupferzeit als historische Epoche*, 2 Bde., Bonn 1991

Lüning, Jens: *Studien zur neolithischen Besiedlung der Aldenhover Platte und ihrer Umgebung*, Köln 1997

Lüning, Jens: *Steinzeitliche Bauern in Deutschland. Die Landwirtschaft im Neolithikum*, Bonn 2000

Lund, Allan A.: *Die ersten Germanen. Ethnizität und Ethnogenese*, Heidelberg 1998

Maran, Joseph: *Kulturwandel auf dem griechischen Festland und den Kykladen im 3. Jahrtausend vor Christus*, Bonn 1998

Mihovilic, Kristina/Terzan, Biba/Hänsel, Bernhard/Matosevic, Damir/Becker, Cornelia: *Rovnij vor den Römern*, Kiel o.J.

Müller, Johannes: *Soziochronologische Studien zum Jung- und Spätneolithikum im Mittelelbe-Saale-Gebiet (4100–2200 vor Christus)*, Rahden 2001

Müller-Beck, Hansjürgen: *Die Steinzeit*, München 1998

Müller-Karpe, Hermann: *Geschichte der Steinzeit*, München 1974

Müller-Karpe, Hermann: *Einführung in die Vorgeschichte*, München 1975

Müller-Karpe, Hermann: *Frauen des 13. Jahrhunderts vor Christus*, Mainz 1985

Peschel, Karin: *Die Billendorfer Kultur westlich der Elbe*, Berlin 1990

Potts, Timothy: *Mesopotamia and the East. A archaeological and historical study of foreign relations ca. 3400–2000 B.C.*, Oxford 1994

Schachmeyer, Fritz: *Mykene und das Hethiterreich*, Wien 1986

Schmitt, Rüdiger: *Studien zur indogermanischen Dichtersprache*, Saarbrücken 1965

Schmitt, Rüdiger: *Magie im Alten Testament*, Münster 2004

Trnka, Gerhard: *Studien zu neolithischen Kreisgrabenanlagen*, Wien 1991

Veit, Ulrich: *Studien zum Problem der Siedlungsbestattung im europäischen Neolithikum*, Münster 1996

Warburg, Aby M.: *Schlangenritual. Ein Reisebericht*, Berlin 1992

Whittle, Alasdair: *Europe in the Neolithic. The creation of the new world*, Cambridge 1996

Wunn, Ina: *Götter, Mütter, Ahnenkult. Religionsentwicklung in der Jungsteinzeit*, Rahde 2001

Sammelbände

Ausst.-Kat.: *Gaben an die Götter. Schätze der Bronzezeit Europas*, Berlin 1997

Becker, Cornelia (Hrsg.): *Chronos. Beiträge zur prähistorischen Archäologie zwischen Nord- und Südosteuropa. Festschrift für Bernhard Hänsel*, Leidorf 1997

Hänsel, Bernhard (Hrsg.): *Die Indogermanen und das Pferd. Akten des internationalen interdisziplinären Kolloquiums*, Berlin 1992

Hänsel, Bernhard (Hrsg.): *Handel, Austausch und Verkehr im bronze- und früheisenzeitlichen Südosteuropa*, München 1995

Horejs, Barbara (Hrsg.): *Interpretationsraum Bronzezeit. Bernhard Hänsel von seinen Schülern gewidmet*, Bonn 2005

Meid, Wolfgang (Hrsg.): *Sprache und Kultur der Indogermanen. Akten der X. Fachtagung der indogermanischen Gesellschaft*, Innsbruck 1998

Zeitschriften und Sonderdrucke

Archäologie in Deutschland, Heft November/Dezember 2005: Kreisgrabenanlagen: Monumente zwischen Himmel und Erde, Stuttgart 2005
Sonderdruck: *Archäologie in Sachsen-Anhalt, Die Himmelsscheibe von Nebra,* Halle 2002
Sonderdruck: *Archäologie in Sachsen-Anhalt, Die Kreisgrabenanlage von Goseck,* Halle 2004
Simon, Klaus: Höhensiedlungen der älteren Bronzezeit im Elbsaalegebiet, in Jahresschrift der mitteldeutschen Vorgeschichte, Band 73, Halle/Saale 1990, S. 287–330

Aus dem Fundmaterial, den religionsgeschichtlichen und ethnografischen Fakten und Theorien konstruierte ich eine Familiengeschichte, die so oder so ähnlich oder in dieser Art in Teilen stattgefunden haben könnte und die das Leben in diesen frühen Perioden, in denen uns aus Mangel an schriftlichen Quellen nur Spuren von Menschen überliefert sind, bildhaft und persönlich darzustellen ermöglicht. So banal es klingen mag, aber in der Geschichte der Menschen interessiert uns der Mensch, den es zu finden gilt. Alles andere ist lediglich Mittel zum Zweck, Material für die Rekonstruktion, die immer wieder der Wahrheit so nah als möglich zu kommen versucht.

Dank

Danken möchte ich für die freundlichen Gespräche, für die Hinweise und Erläuterungen Herrn Prof. Dr. Ernst Pernicka, der das Geheimnis der antiken Bronze mit bewundernswertem Ideenreichtum und steter Akribie entschlüsselt, Herrn Prof. Dr. Clemens Eibner, der mithilfe der Experimentalarchäologie zu hoch interessanten Einsichten über die konkreten Lebens- und Produktionsweisen der Bronzezeit kam, an denen er mich in unvergesslicher Form teilhaben ließ. Prof. Dr. Wilfried Menghin verdeutlichte mir die kalendarische Funktion der Goldhüte, über die ich von Frau Prof. Dr. Sabine Gerloff an einem späten Nachmittag in Erlangen Bedenkenswertes über ihre Verbreitung und Universalität hörte. Dr. Louis Nebelsieck führte mich zu den Höhensiedlungen an der Rauen Furt bei Meißen. Ihm verdanke ich meine erste und sehr eindrucksvolle Begegnung mit diesen frühen Siedlungen. Seine Erklärungen erlaubten mir in den erdüberhäuften und gras- und waldüberwachsenen Wällen ihre frühere Gestalt zu ahnen. Ebenfalls verdanke ich Prof. Dr. Peter Ettel aus Jena wertvolle Kenntnisse über die Höhensiedlungen im mitteldeutschen Raum. Er war es, der mich explizit auf die Bedeutung der frühen Salzgewinnung hinwies. Die Domänentheorie, die Dr. Bernd Zich auf der Konferenz »Der Griff nach den Sternen« im Februar 2005 in Halle/Saale vortrug, zeigte mir sozusagen das Missing Link in der Siedlungstheorie der Bronzezeit. Dr. Reichenberger und Frau Stadelbacher vom Landesmuseum für Ur- und Frühgeschichte in Halle möchte ich an dieser Stelle für die exzellenten und fachlich anregenden Gespräche danken.

Eine sehr große Freude war es, mich ausführlich mit Herrn Prof. Dr. François Bertemes von der Martin-Luther-Universität Halle-Wittenberg unterhalten zu dürfen über die neolithische Besiedlung Mitteleuropas, über den Archer von Amesbury und vor allem über die Kreisgrabenanlagen. Seine Liebe zur Exaktheit der Wissenschaft und die gleichzeitige Freude an der denkerischen Fantasie ließen jedes Gespräch mit ihm zu einem einzigartigen Erlebnis werden.

Auf dem internationalen Symposion »Der Griff nach den Sternen. Wie Europas Eliten zu Macht und Reichtum kamen« im Februar 2005 in Halle/Saale wurde eine Vielzahl wichtiger Gedanken zur Vernetzung europäischer Eliten in der Bronzezeit geäußert, die einen aktuellen Einblick in den Stand der wissenschaftlichen, vornehmlich archäologischen Diskussion jener eindrucksvollen Zeit der Prähistorie boten. Es ist sehr zu wünschen, dass die Diskussionsbeiträge alsbald einem breiteren Publikum statt nur den Teilnehmern des Symposions als Konferenzband zugänglich gemacht werden.

Sehr danken möchte ich Sabine Niemeier, Steffen Geier und Matthias Michel, die mich ermutigend und vertrauensvoll begleitet haben.

Eine große Dankesschuld empfinde ich gegenüber Thomas Montasser, ohne den das Buch niemals entstanden wäre.

Bildnachweise

Schwarzweiß-Abbildungen

Die genannten Ziffern beziehen sich auf die Seitenpaginierung

Archäologisches Landesmuseum, Mecklenburg-Vorpommern, Lübstorf 112, 130, 194, 195
bpk / Museum für Vor- und Frühgeschichte, Staatliche Museen zu Berlin 197
Gemälde von Jane Brayne © 2002 / Wessex Archaeology Ltd 102
Prof. H. Hauptmann, Heidelberg 36
Peter Palm 115
picture-alliance / akg-images / Rainer Hackenberg 117
picture-alliance / akg-images / Erich Lessing 8, 91
picture-alliance / akg-images 27, 100, 199, 202, 203
picture-alliance / dpa-Report 87
picture-alliance / KPA/HIP/The British Museum 11
picture-alliance / ZB-Fotoreport 136
Dr. Knut Rassmann, Römisch-Germanische Kommission, Frankfurt 127

Abbildungen im Farbteil

In der Reihenfolge ihres Erscheinens

Prof. H. Hauptmann, Heidelberg: Maske
picture-alliance / ZB-Fotoreport: Goseck, 25.8.2004
picture-alliance / dpa/dpaweb: Goseck, 20.12.2005
picture-alliance / akg-images / Werner Forman: Bronzeluren aus Dänemark
picture-alliance / Martin Werner/OKAPIA: Felszeichnungen bei Hellristningar, Westschweden
picture-alliance / HB-Verlag: Felszeichnungen bei Aspeberget, Südschweden
picture-alliance / Janfot/Naturbild/OKAPIA: Stonehenge, England
picture-alliance / akg-images: Sonnenwagen von Trundholm
picture-alliance / ZB-Fotoreport: Schätze aus Mecklenburger Fürstengrab
picture-alliance / dpa-Bildarchiv: Goldhut von Schifferstadt,
Landesmuseum Mainz (Ursula Rudischer): Bronzener Helm aus Mainz
picture-alliance / dpa-Bildarchiv: Berliner Goldhut

Register

Aborigines 33
Abraham 43–45, 111
Achäer 80, 174, 178, 180
Ackerbau 37, 39, 41 f., 48, 52, 56, 65, 67–71, 77, 84, 158, 182, 200
Adab (Mesopotamien) 79
Adlerberg-Kultur 90
Adria 28, 81, 118, 178
Afghanistan 168, 177
Afrika 22, 40, 102, 107 f., 110, 195
Ägäis 116, 118, 120, 174
Ägypten 9–11, 19, 24, 28, 55, 79 f., 100, 107, 118, 122 f., 135, 158, 160 f., 175, 186–189, 191
Alchimie 135–137, 140
Almwirtschaft 72
Alpen 19, 26, 28 f., 34 f., 71 f., 81, 99, 104, 121, 138, 143, 151, 196
Altenburg 200
Altengottern (Thüringen) 200
Alter Gleisberg 97, 198, 200
Altsteinzeit siehe Paläolithikum
Amazonas 33, 40
Amputationen 12, 64
Anatolien 36, 38, 41, 45, 56, 61, 65, 79–81, 89, 93, 118, 175, 177, 205
Anderlingen (Niedersachsen) 204
Aneolithikum siehe Endneolithikum
Annahmeritus (auch Einordnungsritus) 124
Anthropologie, Anthropologen 52 f., 105
Apolda (Thüringen) 131
Apollon 28
Archäologische Kultur 5.
Archer von Amesbury 103–106, 173, 183
Ard (Hackenpflug) 70
Ardennen 116
Armringe, Armspiralen 73, 120 f., 126, 131, 133, 135, 137, 140, 170 f., 195
Arnstadt (Thüringen) 115 f.
Artemis (griech. Göttin) 200
Aryas 89
Asien 22
Astarte (orient. Gott) 200
Astrologie 153
Astronomen, Astronomie 12, 60, 62 f., 65–67, 124 f., 138, 144–146, 149, 155, 160, 186, 208
Aunjetitzer Kultur 54, 89, 91–93, 95, 98, 113, 120 f., 123, 128, 140 f., 143, 146, 148, 161–163, 167 f., 171 f., 175, 179 f., 182, 191, 196 f.
Aussaat, Aussaattermin 17, 48, 58, 62–64, 70, 95, 111, 122, 150, 192
Australien 22
Auvernier-Schwert 199
Avanton (Frankreich) 207

Awesta (Zoroastrismus) 15
Azteken 40

Baalberge (Sachsen-Anhalt) 202
Babylon 9, 15, 23, 39, 45, 63, 75, 108, 118, 153–155, 159, 175, 204
Bad Buchau (Baden-Württemberg) 201
Baden-Württemberg 179, 201
Balkan 44, 72, 74, 80
Ballenstedt (Sachsen-Anhalt) 201
Baltikum 118
Banat (osteurop. Region) 178
Bandkeramiker 46, 51–55, 70, 89, 92, 94
Bären, Bärenklauen 35, 48 f., 101, 105–107
Bartelheim, Martin 112 f.
Basileos 110, 166
Basken 53, 56, 89
Bauern 41–43, 46–50, 52, 54, 58–61, 63–65, 67 f., 70 f., 78, 80, 83 f., 86, 92, 95 f., 101, 107, 111, 113 f., 117, 121 f., 125, 129, 131, 150, 164, 166, 170, 172, 174, 179–183, 192, 196, 198–200, 206
Bayern 59, 81, 104, 112, 179, 190, 198
Behm-Blanke, Günter 195
Beile 121, 137 f., 142, 147, 170 f., 173, 178, 183, 186, 191, 200
Belgien 50
Belur 85
Benedikt XVI. 10
Bergbau, Bergleute 78, 101, 103, 108 f., 116, 142, 154, 167, 169, 171, 176 f., 209
Berlin 7, 138, 201, 207
Bernstein 27 f., 57, 71, 81, 96, 98, 114, 117–121, 168–170, 172, 179, 201
Bernstorf 206
Bertemes, François 59, 143
Bestattungsformen, Bestattungsriten 19, 51, 54, 123 f., 127 f., 179, 190, 196, 198
Bevölkerungsentwicklung 71, 94, 130, 181, 196
Bewässerungskanäle 42, 77, 82
Bibel 15, 23, 25, 43–45, 47, 55, 79 f., 86, 123, 205
Biskupin (Polen) 201
Bochum 96
Bodensee 201
Böhmen 81, 90, 92, 112, 115, 118, 143, 172, 179, 200 f.
Bonifatius 29
Borum Eshoj 182
Bösenburg (Sachsen-Anhalt) 201
Bothenheiligen 198
Braasch, Otto 59
Brahmanen 18 f.
Brandenburg 179, 201
Brandrodung 68

Bretagne 81, 96, 116, 118, 167f.
Briquetagen 117
Britische Inseln 50, 96, 118, 177
Brocken (Berg) 150, 156
Bronzeschiffchen (siehe auch Goldschiffchen) 18f.
Bulgarien 20, 59
Bullenheimer Berg (Franken) 98
Burgberg (Höhensiedlung) 115, 201
Burk 129

Caesar, Caius Julius 197f.
Carnac (Bretagne) 50
Carnuntum (röm.) 27, 118
Cascioarele (Rumänien) 38
Çatal Hüyük (Anatolien) 36f., 40, 55
Chalkolithikum 36, 69, 71, 101
Cheops-Pyramide 51
Childe, Gordon 40
Christliche Kirchen 10, 29, 32, 44, 121, 149, 154, 159, 184
Christlicher Glaube 11, 103, 128, 186
Chthonische (erdverbundene) Götter 101f., 107, 126
Cooper, James Fenimore 34
Cornwall 81, 96, 116, 118, 167f.

Dahlheim, Werner 93
Daktylen 109, 121
Dämonen 18, 22, 31–35, 40, 46, 74, 82, 86, 88, 100f., 109, 128, 153f., 193, 204
Dänemark 50f., 53, 121, 179, 182f., 189, 209
Delos (Kykladen) 28
Demeter (röm. Gott) 200
Deponierungen, Depots 62, 90, 98, 114f., 119–121, 131, 140f., 143, 146–149, 169–172, 198
Deutschland 20, 26, 81, 92, 104, 200
Dieskau 129
Dimurzi (babylon. Vegetationsgott) 39, 49, 63
Diorit 126
DNA 52f., 133
Dohna 97, 115
Dolche 95, 133, 147, 167, 170, 172f., 181, 183, 199
Dolmar 173–176, 178–182, 191f.
Domberg (Bayern) 98
Donau 54, 74, 81f., 90, 112, 116, 118, 172, 179
Dörfling 129
Drama (Bulgarien) 59
Drei-Felder-Wirtschaft 45
Druiden 15, 18
Dschingis Khan 53
Dynamik 14f., 66

Ea (babylon. Muttergott) 154
Eberzähne 101, 106f., 110, 170
Edda 15, 101, 108, 205
Einkorn 37
Einwanderung (siehe auch Migration) 24, 47, 53, 68, 71, 81, 92–94, 199, 210
Eisenach 116
Eisenzeit 24, 45, 48, 91, 106, 143, 174
Elam (Reich) 77f., 80
El-Argar-Kultur 129
Elbe 74, 81, 116, 172
Eliade, Mircea 33, 38, 60, 108
Eliten 24f., 94, 114, 118, 122, 162, 169, 195f.
Elliei (sibir. Schmied) 108
Emmer 37
Endneolithikum 69f., 74, 89f., 106, 182
England 20, 59, 81, 96, 103, 129, 149
Enkidu (Gilgamesch) 153, 175f.
Enlil (sumer. Hauptgott) 10
Enmesarra (mesop. Gott) 153
Epidemien 71, 79
Ereschkigal (babylon. Göttin) 39

Erfurt 116
Eridu (Mesopotamien) 75, 79, 153
Ernte, Erntezeiten 18, 37, 40, 42, 70, 101, 111, 123, 157, 164
Ertebölle-Kultur 51, 53
Erzgebirge 101, 168
Esperstedt 97
Ethnogenese 190, 197
Ethnologie 15, 22, 33, 67, 76, 83, 109, 123, 195
Etrusker 109
Ettel, Peter 97
Etymologie 62
Eulau (Sachsen-Anhalt) 14, 87, 90f., 108
Euphrat 42, 75
Ezelsdorf-Buch 207

Färbemittel 70
Finckelstein 44
Fingeropfer (siehe auch Opfer) 12f., 64
Finne (Höhenzug) 116
Franken 98, 116
Frankreich 7, 20, 26, 50, 81, 116, 179, 191, 199, 207
Freising 98
Friedhöfe 86, 103, 198, 201
Fruchtbarkeitsgötter 12, 22f., 38, 43, 63, 107, 153, 159, 192f., 198–201
Fürsten 7, 76, 79f., 93, 96, 110, 125, 131, 134, 146–148, 162, 174, 179f., 182f., 190, 197, 199–201
Fürstengräber 93, 128f., 131f., 134, 141, 146, 148f., 164

Gaia (griech. Erdgott) 180
Gallemose (Dänemark) 121
Gallien 26
Gamur (siehe auch Gmr) 125, 164, 179
Gatur 47, 49, 55–57, 68, 166, 169f., 173f.
Gebrüder Grimm 15, 54, 154
Genealogie 75f., 155
Geophysikalische Prospektion 59
Germanen 9, 16, 26f., 48, 62, 94, 101, 118f., 160, 184, 190, 205, 209
Gesellschaft, gesellschaftliche Strukturen 14, 19, 29, 24, 40f., 43, 51, 60, 65–67, 70, 78, 80, 90, 92, 94, 100, 106, 114, 118, 129, 165, 168, 173, 179, 183, 190f., 195–197, 200, 208, 210
Getreide 43, 59, 95, 182, 193–195, 199f.
Gewandnadeln 54, 90, 114, 131, 142, 167, 170, 182
Gilgamesch 10, 15, 24, 55, 75f., 153, 175
Girsu (Mesopotamien) 79
Glockenbecherkultur 82, 89, 103, 105
Gmr 31–34, 37, 42, 45–51, 53, 55–59, 61, 64f., 68f., 71, 84f., 96, 125, 164, 183
Gneiding (Bayern) 59
Göbekli Tepe (Anatolien) 38
Goldhut von Schifferstadt 207f.
Goldhüte 7, 13, 17, 19f., 23, 25, 29, 35, 67, 139, 192f., 202, 205–208
Goldringe 18f., 103, 114, 126, 171
Goldschiffchen von Nors 161, 206
Görisch (Sachsen) 113, 116
Goseck (Sachsen-Anhalt) 15, 38, 55, 59f., 62–67, 87, 106, 129, 144, 150, 161, 208
Grabausstattung, Grabbeigaben 65, 82, 104, 106, 114, 122, 140, 146, 167, 197, 200f.
Gräber, Gräberfelder 54, 58, 69, 85, 88–90, 93, 95, 104–106, 113–116, 122, 127–130, 132–134, 142, 146–149, 167, 179, 190, 195, 200f., 208
Gräberfeld von Eulau 14, 87, 91
Grabungen 12, 97, 103, 129, 132
Graitschen (Thüringen) 200
Griechenland 28, 44, 55f., 71, 79–81, 93,

109f., 118, 121, 123, 158, 166, 168, 177f.,
   188, 190, 200, 203, 207
Griffzungendolche 104
Großbritannien (siehe auch britische Inseln)
   26, 103
Größler, Hermann 128f.
Guben-Bresinchen 171

Haas, Volkert 154
Hacilar (Anatolien) 40
Hadhu 18–20, 23, 29f., 35, 67, 111, 113f.,
   116–118, 120, 122, 124–127, 169f., 173,
   176f., 179f., 191–193, 195, 200, 202, 206,
   208
Hainichen (Thüringen) 130
Hainleite (Thüringen) 116
Halle 116f., 138f., 143
Halskragen von Deersheim 161
Hamitisch-semitische Sprachfamilie 50, 56, 89
Hammurapi 9
Handel 27f., 72, 78, 80f., 96, 98, 113,
   115–122, 125, 131, 142–144, 148f., 158,
   164, 166–169, 171–174, 177, 179, 181f.,
   196f., 200, 209
Handwerk 17, 70, 77f., 81, 83, 86, 92f., 95,
   106, 109, 111, 114, 117, 121, 129, 139,
   142, 144, 147f., 158, 164–166, 169, 172,
   174, 179, 181, 196f., 200
Hänsel, Bernhard 118
Hanu 69, 85f.
Harz (Gebirge) 101, 112, 116, 200
Hathui 69–75, 77–82, 84–87, 95f., 98, 100,
   103, 110f., 113, 125, 173, 175, 179, 182,
   191f.
Hatti (Kleinasien) 81, 93f.
Hattussa (Hatti) 81, 175
Hawking, Stephen 15
Hehlerei 137f.
Hel (germ. Göttin) 205
Helmsdorf 116, 129, 208
Helmsdorfer Gruppe 201
Hephaistos (griech. Gott) 109
Herodot 28, 55, 128
Hesiod 15, 55, 91, 173
Hessen 59, 116, 179, 190, 201
Hethiter 9f., 81, 89, 93, 118, 143, 157, 175
Heunischenburg 198
Hierarchie 35, 111, 118, 130, 132, 148, 158,
   180
Hieroglyphen 171
Hildebrandslied 76
Himmelsscheibe von Nebra 18, 23, 29f., 65,
   134, 136f., 139–153, 155f., 158–163, 182,
   184, 191, 207f.
Hiob 86, 88
Hirsche 35, 48
Hirten 50, 71–74, 80f., 86, 104, 117, 128,
   167, 172, 177f.
Hochkulturen 19–21, 26, 78
Hochofen 99, 101, 103
Hockergräber 19, 55
Hockstellung 57, 90, 127, 130f.
Höfer, Paul 129
Hohe Straße (auch Königsstraße, Handelsweg)
   116
Höhensiedlungen 17, 96–98, 103, 111f., 114–
   116, 122, 124f., 131, 148, 156, 163–165,
   168, 175f., 179, 181f., 196, 198–201, 206
Höhlen von Altamira 26
Höhlen von Lascaux 26
Homer (siehe auch *Ilias*, *Odyssee*) 8f., 27, 60,
   80, 91, 110
Hörensagen 72–74, 104
Hortfunde 90, 119–121, 141, 148, 170f., 198
Horus (ägypt. Gott) 10f., 100
Hügelgräber 19, 54, 141, 148, 196, 198, 200
Hügelgräberkultur 148, 162, 179f., 190f., 197
Hünengräber, Hünensteine 50

Hunnen 53
Hurriter 107f., 118

Iberer 53
Idole 40
Ilias 8f., 15, 26, 55
Illyrer 94, 119, 179
Immendorf (Niederösterreich) 59
Indianer 34, 82
Indien 18, 56, 89, 93, 108
Indios 33
Indogermanen, Indogermanistik 15, 28, 56,
   63, 67, 81, 89, 93f., 178, 190
Initiation, Initiationsriten 19, 31, 56, 64, 109,
   121, 123, 147, 157, 164, 199, 209
Ippesheim (Hessen) 59
Iran 56, 77, 89, 108, 128, 168, 177
Irland 26, 96, 168
Ischtar (babylon. Himmelsgöttin) 10, 39, 76
Isin (Mesopotamien) 79
Isis (Göttin der Liebe) 10, 100
Islam 10, 145
Isländersagas 76
Isotopenuntersuchung 139
Istrien 174
Italien 28, 44, 56, 81, 116
Ithaka 28

Jäger 31–38, 41–43, 45–49, 51–53, 60, 80, 84,
   182f.
Jakuten 108
Jena 198, 200
Jenzig (Berg) 98, 198, 200
Jesus Christus 13, 63, 149
Johannes Paul II. 53
Johannisberg 98, 200
Jordanien 40
Jungsteinzeit 48, 69
Jütland 189

Kalbsriet (Thüringen) 129
Kalender 12, 19, 48, 58, 62f., 66, 114, 153,
   155, 186, 207f.
Kamegg (Niederösterreich) 59
Kannibalismus 195, 200, 206
Kant, Immanuel 60, 144
Kantorowicz, Ernst 148f.
Kanur 86
Kaparten, Kapartenbecken 45, 51, 71f., 81f.,
   90, 142, 172, 179
Kasserit (Zinnstein) 167
Kassiten (Mesopotamien) 175
Kaukasus 89, 177
Kavya (iran. Schmied) 108
Keilschrift 15, 171
Kelten 9, 18, 26, 94, 157, 209
Keramik 69, 71, 82f., 90, 104, 114, 129f.,
   171, 195, 198
Kerner, Martin 208
Kesselwagen 193–195
Kimbern 209
Kimmerer 209
Kis (Mesopotamien) 79
Kissensteine 105f.
Kivik (Schweden) 29, 202, 204f., 207f.
Kleidung 83
Kleinasien 109, 199
Kleinkorbetha (Sachsen-Anhalt) 129
Klopfleisch, Friedrich 128, 132f.
Klunker 99
Köln 96
Kongo 108
Konzil von Chalkedon 149
Kopenhagen 182, 184
Koran 13
Kosihu-Caka-Gruppe 90
Kosmogonie 83, 145, 154f.
Köthen (Sachsen-Anhalt) 202

Kothing-Eichendorf (Bayern) 59
Kreisgrabenanlagen 38, 59–62, 64–67, 82, 88, 113, 124, 133, 143 f., 150, 154, 156
Kreta 79 f., 109, 118, 165, 174, 180
Kroatien 81
Kronos 180
Krypta 12
Kuckenburg 97
Kulmer Steig 115
Kultureller Horizont 97
Kultwagen von Strettweg 200
Kumbari (hurrit. Göttervater) 107
Kunst 27, 29, 36, 67, 73, 83, 93, 98, 117, 121, 139, 152, 162, 165, 168, 173, 175, 179
Kupfer 71–73, 77 f., 98 f., 101, 104 f., 142, 151, 168, 172, 176 f., 179
Kupferschiefer 101
Kupfer-Steinzeit 71
Kurgane (Rundhügel) 89, 93, 128
Kurgan-Gruppe 89, 201
Kybele (gr. Göttin) 109
Kyffhäuser (Gebirge) 18, 66, 150, 156, 191 f., 195, 200, 208
Kyhna (Sachsen) 120, 122, 171
Kykladen 120–122, 143

Lagas (Mesopotamien) 76, 79
Langhaus, Langhäuser 17, 45 f., 48 f., 56–59, 64 f., 69
Lappland 50, 183
Larsa (Mesopotamien) 79
Lausitzer Gruppe 201
Legierungen 77, 93, 106, 160
Lehm 40, 77, 100, 113, 132
Leipzig 112
Leubingen 28, 116, 129, 131 f., 134, 141, 146–149, 162, 190, 208
Levante 122
Libia 47, 49, 55–59, 65, 69, 84
Limes 26
Löbsal (Sachsen) 116
Lossow 201
Luftbildarchäologie, Luftbildprospektion 9, 59, 66, 97, 143
Lugalkingenesdudu (Herrscher) 76
Luren 204
Luther, Martin 53
Luwier 89, 93, 175

Magdeburg 116, 139
Magie, Magier 7, 19, 23, 64, 67, 73, 82 f., 88, 95, 99–101, 109, 121, 135 f., 204
Mähren 81, 90, 98, 106, 112, 118, 179, 200 f.
Maikop (Russland) 177
Malachit 140
Mansfelder Land 90, 101
Marduk (Gott) 10, 76
Marsovice (Böhmen) 106
Maureske 145
Mauss, Marcel 169
Mecklenburg 51, 201
Mecklenburg-Vorpommern 179, 189, 195
Medizin 82, 104, 124
Megalithgräber 50
Megalithkultur, Megalithleute 46, 50 f., 53 f., 56, 59, 70
Meißel 106, 114, 133, 135, 137 f., 140, 142, 147, 182, 191
Meißen (Sachsen) 97, 113, 116
Meisternthal (Bayern) 59
Menghin, Wilfried 138, 207
Menhir (siehe auch Megalith) 50, 59
Mesolithikum 34, 38, 41, 45, 49, 52 f., 80, 84, 183
Mesopotamien 41, 44, 75–77, 79, 82, 118, 122, 153, 158, 161, 175, 191, 204 f.
Meton 207
Migration 93, 196, 210

Minoische Palastepoche 174, 178
Minos 79
Mittani (hurrit.) 175
Mittelalter 45, 60, 64 f., 70, 116, 148 f.
Mittelberg (Nebra) 136–139, 150 f., 156, 191
Mitteldeutschland 7, 17, 28, 81 f., 90, 92 f., 95–98, 113, 115–118, 120–122, 128, 130 f., 142–144, 167 f., 172, 179 f., 191, 200
Mittelmeer, Mittelmeerraum 50, 96, 177
Mitterberg (Salzburg) 101, 142, 168, 176 f., 209
Mittlere Steinzeit siehe Mesolithikum
Mokodonja (Istrien) 174
Moldau 54, 74, 172
Mond 18, 37, 58 f., 63, 66, 135, 140, 142, 151, 153–156, 158–160, 164, 170, 191, 207 f.
Mondgott, Mondgöttin 62, 95 f., 153–156, 159 f., 163, 174, 182, 191
Mongolen 53
Morava-Gruppe 90
Muldberg 182
Mursilis (König von Hattusa) 175
Mykene 80, 117 f., 142 f., 152, 165, 174, 178, 180

N1A-Haplotyp 52 f.
Nanna (mesop. Mondgott) 76
Naturwissenschaft 12, 60, 145, 210
Neandertaler 26, 51, 210
Nebra (Sachsen-Anhalt) 134–138, 140 f., 143 f., 146 f., 149 f., 156, 191, 200
Neckar-Gruppe 90
Nekropole 128, 132
Neolithikum 22, 38–41, 45, 49, 52, 55, 59 f., 66 f., 74, 80, 84, 106, 108, 110, 123, 150, 179, 183, 196
Nero 29
Niederlande 50, 92
Niedersachsen 179, 204
Nienstedt (Sachsen-Anhalt) 116
Nienstedt (Sachsen-Anhalt) 129
Nippur (Mesopotamien) 79
Nitra-Gruppe 90
Nitriansky Hradok (Slowakei) 98
Nomaden 37, 72, 89, 178
Nordamerika 34, 81
Norddeutschland 50, 68, 180, 191, 209
Nordeuropa 9, 22, 25, 29, 52 f., 55, 67, 71, 80 f., 89, 118, 161, 168, 183–186
Nordrhein-Westfalen 190
Nordsee 50, 168
Nordwestdeutschland 50, 189
Nordwesteuropa 168, 171, 173
Norsuntepe (Ostanatolien) 36
Nowgorod 26
Nürnberg 207

Oberhof 116
Oder 94
Odyssee, Odysseus 9, 27 f., 110
Olby 182
Oldenburg-emsländische Gruppe 189
Opfer, Opferriten 12, 39, 61, 64, 80, 109, 114, 116, 119 f., 127, 131, 141, 149, 169–171, 193–195, 198–200
Orlishausen (Thüringen) 116
Ösenhalsring 120 f., 168, 171
Ösenkopfnadel 116, 133
Osiris (ägypt. Gott) 10–12, 100
Ostdeutschland 82, 179, 191
Österreich 20, 59, 81, 90, 104, 112, 118, 143, 172, 179, 190, 200
Osteuropa 89, 142
Ostsee 28, 72, 96, 117 f., 120
Ötzi 9, 26, 138

Paläolithikum 34, 45
Palästina 41

Palisaden 62, 64, 96, 123, 143, 150
Pamir (Zentralasien) 108
Pannonien (röm. Provinz) 178
Papua-Neuguinea 40
Pariser Becken 19, 45, 96, 118
Pernicka, Ernst 77
Pfeilspitzen 88, 104, 120 f., 143
Pferde 86, 93, 176, 179, 181 f., 199, 201, 203
Pflüge (siehe auch Ard) 83
Pharaonen 9, 79, 107, 114, 118, 160 f.
Pharu 85–87
Phönizier 168
Plejaden (Siebengestirn) 18, 62, 150 f., 153–156
Plinius der Ältere 15, 27, 55, 77, 118 f., 121
Poing (Bayern) 201
Poitiers (Frankreich) 207
Polen 20, 26, 82, 96, 113, 116, 129, 143, 200 f.
Portugal 50
Prag 93, 128
Priester 7, 15, 18, 20, 23, 35, 42, 63, 69, 76, 82, 86, 95 f., 103, 106, 111, 121 f., 124, 155 f., 164–166, 172, 181 f., 185, 188, 193–196, 199, 202–208
Prinzessin von Fallingbostel 122
Produktionsweise, aneignend (extensiv) 33, 41, 45, 80
Produktionsweise, produzierndee (intensive) 41, 80
Prosimerice (Mähren) 106
Ptah (ägypt. Gott) 100
Pyramiden 28, 50
Pytheas von Massalia 168

Quenstedt 198, 201

Ramsdorf (Bayern) 59
Randleistenbeile 135, 140
Rasiermesser 189
Raubgräberei 98, 136–138, 200
Raue Furt 97, 113, 116
Re (ägypt. Sonnengott) 161
Religion 10, 12, 19, 22–24, 32, 35, 38 f., 42, 45, 60–65, 67, 69, 73, 75, 83 f., 88, 92, 98, 100, 102, 106, 108, 111, 113, 118–121, 123 f., 133, 144–146, 148, 150, 154 f., 157–162, 164–166, 178, 180, 184, 186–189, 196, 201 f., 207 f.
Religionsgeschichte, Religionswissenschaft 12, 15, 38, 107, 123, 156, 159
Rgveda 15
Rheda 47, 49, 56 f., 59
Rhedaru 85
Rhein, Rheinland 26, 54, 81, 172, 179
Ries-Gruppe 90
Rinder 70, 85, 127, 182, 203
Riten (siehe auch Bestattungsriten, Initiationsriten) 13, 22 f., 31 f., 39 f., 48, 61, 63 f., 82, 85 f., 88, 99, 101–103, 109, 111, 118 f., 121, 123 f., 126, 136, 144, 156 f., 170, 173, 176, 184 f., 187–189, 195, 199, 201 f., 205 f., 208
Robisch (Höhensiedlung) 115
Rom 11, 24, 26, 28, 103, 168, 197, 200
Römhild (Thüringen) 116
Rössener Kultur 54
Rumänien 20, 38
Runen 143
Russland 24, 26, 55, 80, 89, 93, 128, 178, 201
Ryzner 92, 128

Saale, Saaletal 31, 98, 116, 172, 201
Saaleck 96
Saalemünder Gruppe 201
Saale-Unstrut-Gruppe 200 f.
Saat siehe Aussaat
Säbelnadel 125
Sachsen 90, 106, 120, 132, 179
Sachsen-Anhalt 14, 59, 90, 106, 138, 140
Salz 117, 121, 142, 170 f.

Salzburg 101, 142, 168
Sammler 31, 33 f., 36–38, 42, 45–49, 51–53, 60, 80, 84, 183
Schachtgräber von Mykene 25, 117 f.
Schalkenburg 198, 201
Schamanen 32–35, 37, 42 f., 47–50, 56, 61, 82
Schifferstadt 207 f.
Schild von Herzsprung 207
Schlesien 92, 112, 116
Schleswig-Holstein 179
Schliemann, Heinrich 8, 25 f.
Schlossberg 97
Schlosser, Wolfhard 62, 150 f.
Schmiede, Schmiedekunst (siehe auch Wanderschmiede) 77, 83, 95, 98–100, 102, 105–111, 114, 117, 121, 125 f., 133, 139, 142, 144 f., 151 f., 154–156, 158, 160–162, 165–167, 172, 174, 182–184
Schmierdorf (Bayern) 59
Schmuck 73, 89 f., 103 f., 114, 131, 182, 186, 191, 194 f., 201, 206
Schmücke (Höhenzug) 116
Schnurkeramiker 14, 54, 82, 87–90, 92, 95, 105
Schrift, Schriftkulturen 27, 143, 165, 171, 208
Schriftliche Quellen, Zeugnisse 55, 92, 114, 123, 165
Schwarzes Meer 54, 74, 90
Schweden 121, 179, 189, 196, 202, 209
Schweiz 20, 104, 118, 121, 129, 138, 191
Schwellenritus 123, 128
Schwerter 135–138, 140 f., 143, 146–148, 162, 173, 181, 183, 186, 191, 197–199
Seddin 129
Seele 19, 36, 45 f., 49 f., 77, 145, 147, 198, 205
Seine 54
Serbien 177
Seth (ägypt. Gott) 11, 100, 160
Sethlan (etrusk. Gott) 109
Sethos II. 28, 118
Sibirien 33, 108
Siedlungen (siehe auch Höhensiedlungen) 9, 17, 29, 36, 42, 44–46, 48–50, 59, 65–67, 69, 71, 75, 82–86, 88, 90, 92–98, 101 f., 112–114, 131, 141, 166, 173, 179, 181, 196–199, 206, 209
Silbermann 44
Simon, Klaus 97, 113, 115 f., 131, 148
Singener Gruppe 90, 120
Sipar (Mesopotamien) 79
Skalde (Edda) 108
Skandinavien 26, 142, 180, 182, 191
Skeldal (Dänemark) 121
Sklaven, Sklaverei 78, 80, 111
Skythen 26, 128
Slowakei 27, 98, 112, 118
Sömmerda (Thüringen) 129
Sommerfeld, Christoph 205
Sommersonnenwende 62, 123, 150 f., 157, 164, 185
Somogyvar-Vonkovci-Gruppe 90
Sonne 27, 56–58, 60, 63 f., 66, 73 f., 77, 126, 142, 150, 155, 158–161, 175 f., 182, 185–190, 196, 204 f., 207 f.
Sonnenbarken 135, 142, 150 f., 158–162
Sonnenfinsternis 142, 160
Sonnengott 58, 60, 62, 96, 99, 159–161, 163, 174, 176, 182, 186, 188, 190 f., 194, 198, 200 f., 203–205, 208
Sonnenschiffchen 182, 189
Sonnenwagen von Trundholm 13, 15, 25, 179, 183 f., 186, 188 f., 205, 207
Sörgelschwert 92
Sowjetunion 24
Soziologie 72, 76
Spanien 20, 26, 50, 81, 104, 116, 129, 168, 177
Spätsteinzeit 87, 120

Speyer 207
Spindler, Konrad 72, 138
Spissky Stvrtok (Mähren) 98
Sprachen 8, 18, 41, 47, 54, 56, 67, 71, 81, 96, 119
Sprachwissenschaften 55, 93
Stabdolche 25, 114, 116–118, 121 f., 127, 141 f., 147, 169–172, 174, 181
Stader Gruppe 189
Stannit (Mineral) 77
Staßfurt 117
Statussymbole 25, 78, 84, 89, 95, 114, 122, 128, 133, 141, 146
Stedten (Sachsen-Anhalt) 106
Steinamboss (siehe auch Kissenstein) 105
Steinzeit 14, 40, 51 f., 91, 108, 120, 126, 144, 158
Stoffumwandlung 99, 103
Stonehenge 15, 22, 38, 59, 62, 103 f., 208
Strabo (griech. Geograf) 168
Straße von Gibraltar 168
Straubinger Kultur 54, 89 f.
Streitaxt 14, 86, 89, 181
Streitwagen 78, 176, 178, 180 f., 203
Südamerika 22
Süddeutschland 90, 118, 120, 142, 167, 179, 201
Südeuropa 168
Südhannoversche Gruppe 189
Südostasien 110
Südosteuropa 51, 55, 169, 199
Sueben 209
Sumerer 10, 49, 55, 188, 207
Susa (Hauptstadt Elams) 77 f.
Synkretismus 60, 63, 83, 124, 145 f.
Syrien 41, 153, 205

Tacitus 26, 55
Teáloc 40
Technologie 72, 77, 81, 122
Tell Chuera (auch Tell Huera, Syrien) 153
Tempel 38, 50, 61, 63, 77, 80, 96, 127, 143, 153, 204
Tempern 152
Teschup (hurrit. Wettergott) 108
Thdr 46–50, 56, 69, 183
Theologie 38, 42, 44, 51, 60, 63, 100, 131, 145, 152, 155, 159
Thor (germ. Gott, auch Donar, Donath) 108 f., 184
Thoru 56, 58 f., 65, 69
Thule 168
Thüringen 90, 94, 96, 116, 130, 200
Tigris 42, 75
Tiryns (Griechenland) 174, 178
Tod 20, 22, 25, 32 f., 36, 39, 49, 56, 61 f., 85, 87–89, 114, 123, 134, 145, 153 f., 156, 160, 186, 188, 205
Ton 100
Tondüsen 101, 167
Tonkrüge, Tontöpfe 57, 72, 90
Tontafeln, Tontäfelchen 10 f., 15, 19, 55, 81, 143, 165, 171
Töpfer, Töpferei 71, 73, 83, 100
Totenhütte 127 f., 133
Transdanubien 112
Transhumanz 72, 74, 81, 104, 117, 167
Trennungsritus 123, 128
Trepanation 64, 82
Trichterbecherkultur 82
Trianguläre Dolche 18, 114, 127, 141 f., 169, 171
Troja 8, 25, 80, 96, 175
Tschechien 20, 113
Türkei 53, 72

Überausstattung 147 f.

Ugro-Finnen 56
Ukraine 51
Ullikummi (hurrit. Mythos) 107 f.
Umma (Mesopotamien) 76, 79
Unetice (Tschechien) 93, 128
Ungarn 120, 129
Unstrut 31, 54, 65, 116
Unstrut-Gruppe 200
Unternberg (Bayern) 59
Upelluri (hurrit.)
Ur (Mesopotamien) 44, 51, 79
Urgo-finnische Sprachgruppe 89
Urnenfeldkultur 19, 54, 162, 194, 198, 201
Ursanse (Herrscher) 76
Uruk (Mesopotamien) 75–77, 79, 153
Us (Herrscher) 76

Varel (Friesland) 189
Vaskonische Sprachgruppe 89
Vegetationsgötter 18, 39, 43, 49, 84, 95, 153, 155–157, 200
Verteidigungsanlagen 64
Vieh, Viehzucht 41, 52, 56, 70, 86 f., 158, 183, 200
Völkerwanderungen 24, 53, 70, 132
Vollgriffdolche 85, 121, 170, 181
Vorderer Orient 23, 35 f., 40, 43, 71, 78, 80, 89, 96, 122 f., 143, 165, 177, 205
Vorlausitzer Gruppe 179, 191
Vucedol-Gruppe 90
Vulcanus (röm. Gott) 109

Waffen 25, 34, 73, 78, 83, 92, 95, 100, 110 f., 127, 141, 182 f., 201
Wales 103
Walpurgisnacht 150
Wanderhandwerker 103, 111
Wanderschmiede 101, 103
Wanderungsbewegungen 42, 70
Weber, Max 149
Weichsel 51
Weidewirtschaft 183
Werkzeuge 34, 41, 48, 54, 66, 69, 78, 82, 136, 147, 167, 183
Werra 31
Westeuropa 45, 89
Westpontisches Gebiet 72, 81, 89 f.
Wieland siehe Wölunder
Wien 27, 53
Wilhelmsdorf (Niederösterreich) 59
Wintersonnenwende 62, 123, 150, 157, 185
Wissenschaft 61, 83, 126, 133, 145, 155, 168
Wölfe 48, 159
Wollschafe 70, 182
Wölunder (Edda) 101, 108
Woodhenges 59
Wunderlich, Christian-Heinrich 151

Ygdrasil (germ. Weltbaum) 205
Yongivar 169 f., 173

Zagrosgebirge 77, 175
Zeithorizont 54, 97
Zentralasien 74, 77 f., 80, 93
Zeus 79, 109, 180
Zich, Bernd 97
Ziegel 36, 77, 143
Zikkurat 38, 51
Zinn 77 f., 81, 96, 116, 118, 151, 166–172, 177, 179
Zivilisation 20, 38, 42, 78, 118
Zoonose 49
Zoroastrismus 128
Zweistromland siehe Mesopotamien
Zwenkau (Sachsen) 106
Zypern 177